生きのびるためのアート

現代ロシア美術

鴻野わか菜

Жить искусством.
Современное
русское
искусство

五柳叢書 114　五柳書院

ロシア現代美術

1　ニコライ・ナセトキン　紋様　石油画　2005 Courtesy of the artist and Krokin Gallery

2　ニコライ・ポリスキー　ボブール　2013 Courtesy of the artist

3 マゴメト・カジュラーエフ　無題
2004 Courtesy of the artist

4 レオニート・チシコフ　ラドミール
2019 市原湖畔美術館 photo: Hideto Nagatsuka

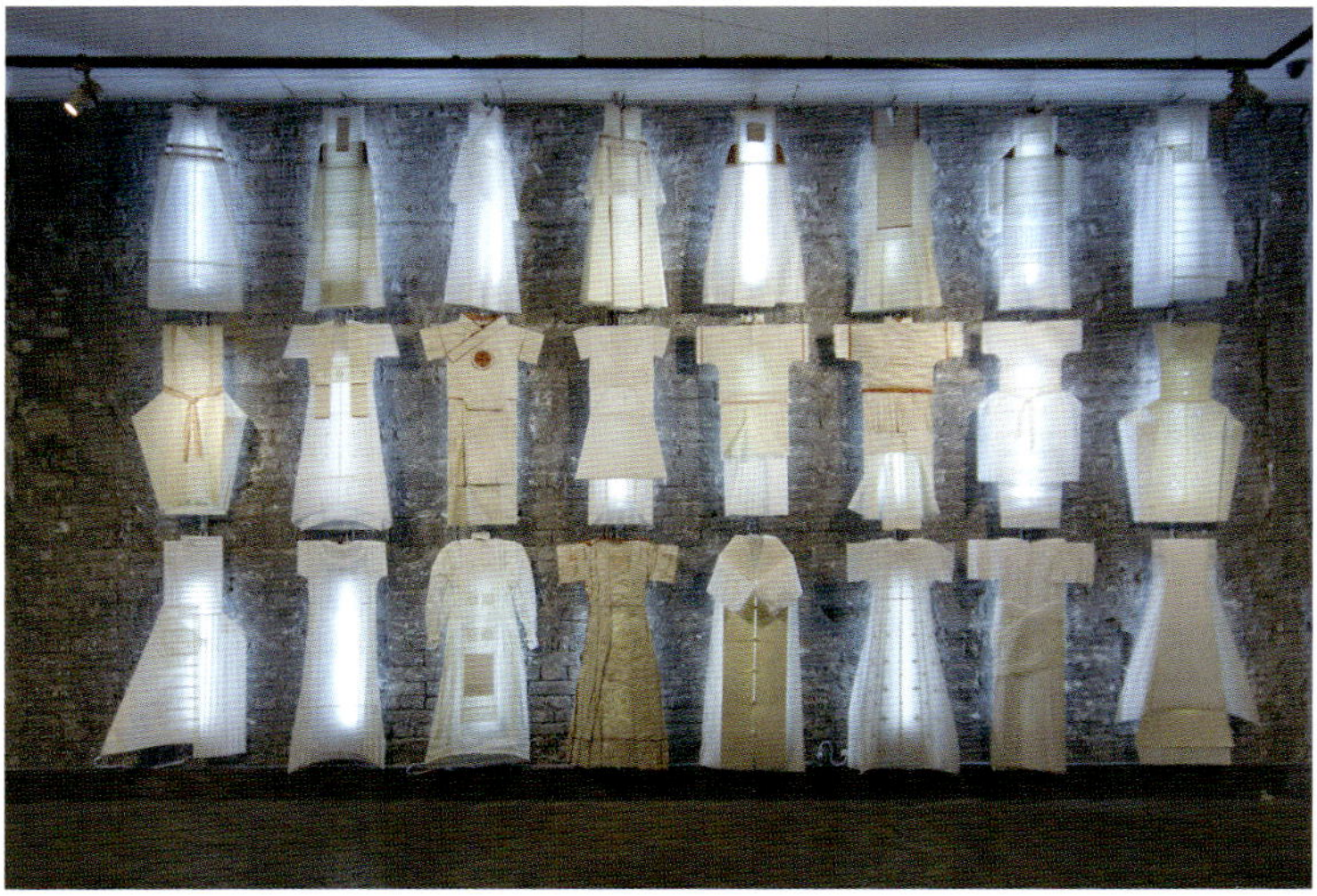

5 ターニャ・バダニナ　白い服　2012　Courtesy of the artist

6 ウラジーミル・ナセトキン　水と金属と石の建築 1999 Courtesy of the artist

7　アレクサンドル・ポノマリョフ　水の下の空　2016 瀬戸内国際芸術祭 Courtesy of the artist

8　アレクサンドル・コンスタンチーノフ　珠洲道海五十三次（笹波口）
2017 奥能登国際芸術祭　提供：奥能登国際芸術祭

生きのびるためのアート——現代ロシア美術

カバー作品　レオニート・チシコフ
僕の月（モスクワ）２００３年
写真　ボリス・ベンジコフ

目次

はじめに

一九九一年十二月、ソ連邦が崩壊し、六九年間続いた社会主義体制が終焉を迎えてから三〇年余りが経過した。この間、ロシアは数度の戦争を引き起こし、ロシア社会は、自由化と反動の間で揺れ動いた。政治、社会、人々の生活が大きく変動したこの時期、文化はいったいどのように変化したのか。本書は、ソ連崩壊以降のロシアの社会や文化の変容を、美術を通して考察しようとする試みである。

本書の根底には、次のような問いかけがある。

文化も国家の重要課題であるとされたソ連では、公認作家が手厚く保護される一方で、非公認作家は厳しい統制下に置かれた。一方、新生ロシアでは、検閲はいったん弱まったが、美術界や出版界にも市場原理が適応され、文化は他の娯楽やメディアとの競争にさらされることになった。この新しい状況下で、文化はいかに「生きのびよう」としたか。

ロシア経済を支える原油価格の下落を契機に、九〇年代後半にロシア財政は著しく悪化し、一九九八年には経済危機が起こった。しかし、二〇〇〇年から二〇〇八年のプーチン第一次政権期には、石油、ガスの輸出増加を背景に国内総生産が倍増し、中間所得層や富裕層が増加した。こうした経済の変化は、美術をめぐるシステムにどのような影響を与えたか。

ソ連崩壊以後、エリツィン、プーチン政権下で、二度のチェチェン戦争が起こり、二〇一四年にはウクライナ紛争が勃発。二〇二二年二月二四日にはウクライナ侵攻が始まった。戦争、民族対立、そしてそれらの問題に対する姿勢の違いによって、社会では大きな分断が広がった。戦争や民族問題は、美術においてどのように表象され、作家たちは、戦争にどのように対峙したか。ウクライナ侵攻に抗議してロシアを出国した作家たちは、何を語り、何を描き出しているか。侵攻に反対しながらも国内にとどまらざるを得ない作家たちは、どのような比喩的な表現に思いを託しているか。

二〇〇五年には、挑発的な「宗教画」を展示したアレクサンドル・サハロフ博物館館長と学芸員が裁判で罰金刑を受け、二〇一二年には、政権批判のパフォーマンスをモスクワの救世主大聖堂で行ったパフォーマンス・グループ〈プッシー・ライオット〉のメンバーが禁固刑を言い渡された。表現の自由に対する統制は徐々に強まり、ウクライナ侵攻も統制のいっそうの厳格化をもたらした。文化に対する検閲の事例から、ロシアにおける芸術と政治、宗教の関係をどのように読み解くことができるか。

女性も過酷な労働を強いられたソ連時代を経験したロシアでは、欧米とは異なる形でフェミニズム運動が展開されてきた。フェミニズム的主題はロシア現代アートでどのような広がりを見せたか。二〇一三年に同性愛宣伝禁止法が成立して以来、美術表現においてＬＧＢＴＱをめぐる主題を扱うことが困難になりつつあるが、現代アートはこの問題をどのように受け止めているか。

詩人や作家を「魂の師」とみなして、文学に社会的な役割を求めてきたロシアの「文学中心主義」のもとに、ロシアでは美術と文学は密接に関わってきたが、その関係はどのように発展してきたか。

ロシアの美術、文学、哲学、文化は、様々な強権的な政治体制や困難な社会状況のもとで、時代を超えてつねに「ここではないどこか」をめざし、宇宙への憧憬、ユートピアの創造、彼方への探検の夢を追い求めてきた。現代ロシアアートにその流れはどのように継承されているのか。

海外渡航や作品発表の自由のないソ連時代を体験した年輩のアーティストと、そうした直接的な経験をもたない若いアーティストは、ソ連と新生ロシアをどのように捉えているのか。ソ連の文化統制と二〇二二年のウクライナ侵攻以降の文化統制の間に、人々はどのような類似と相違を見出しているのか。

生きのびることも困難だった各々の容易ならざる状況において創作を続けてきたアーティスト、および、そうした状況において美術を必要としてきた人々は、美術に何を求め、そこにどのような可能性を見出してきたのか。

現代ロシア美術は、世界の文化と歴史において、いかなる意味を持ち得ているか。

本書は、こうした問いかけのもとに現代ロシア美術を俯瞰し、美術と人間の関係を照射しようとする。

本書は、歴史篇、主題篇、作家篇の三部構成である。

一章の歴史篇では、ソ連崩壊前後から現在に至るロシア現代美術の三〇年余を、新生ロシアにおける美術の「サバイバル」のプロセス、ギャラリーや国際ビエンナーレの誕生、パフォーマンスアートの展開、ヨーロッパ最大の芸術公園ニコラ・レヴィネツにおけるサイトスペシフィックアートの取り組み、エカテリンブルク、ウラジオストク、ダゲスタンなどの各地域における現代アートの隆盛、検閲と統制の動向、戦争への反応などを軸に考察する。

二章の主題篇では、ソ連崩壊を体験した現代ロシア文化全体の問題である「過去へのまなざし」、ノスタルジー、国家の表象、ロシア美術におけるジェンダーやセクシュアリティ、コロナ期のアート、ウクライナ侵攻期の美術について検討している。また、ロシア文化の主要な特徴であるユートピア、宇宙への志向について、文学、思想とも比較しながら考察する。

三章の作家篇では、都市の写真を通じてロシア社会の変化を照射するイーゴリ・ムーヒンの作品、共生と宇宙を主題とするレオニート・チシコフ、自然と人間の関係を模索し、南極で世界初の国際芸術祭を開催したアレクサンドル・ポノマリョフ、ロシア・アヴァンギャルドの伝統を継承するウラジーミル・ナセトキンらの作品をとりあげる。また、近年、彼らを含む多数のロシアの現代作家が、大地の芸術祭、瀬戸内国際芸術祭、奥能登国際芸術祭、いちはらアート×ミックス、北アルプス国際芸術祭等の日本の芸術祭に参加してきたが、作家たちが長年追求してきた主題と、その土地の風土が見事に結びついた彼らの作品を通じて、文化接触や国際芸術祭の意義についても考察する。

本書はソ連崩壊後のロシア美術を扱っているが、社会主義国家の建設と崩壊というロシアの事例は、人類の文化史上においても、きわめてユニークなものである。二〇世紀から二一世紀にかけてのロシアの文化をたどることは、一つの歴史的な「実験」の終わりと、「新世界」の誕生、そしてその新たな終わりを見届けることに他ならない。

それと同時に、「社会に大きな変化が生じた時、文化がそれにどのように応答し、何を作りだすのか」、「極限的な状況における文化の意義とはなにか」、「文化は戦争に対抗しうるのか」という問題は、現代世界の状況を考える上でも普遍的な問題であり、震災や原子力発電所の事故を経験し、相対的貧困率が一五パーセントを超え、二〇二三年度当初予算案で防衛費を大幅増額し「新しい戦前」を迎えつつある現在の日本とも無縁ではない。また、二〇二二年のウクライナ侵攻開始後、ロシアは文化統制を強化させたが、情報統制や文化の弾圧の兆しは、プーチン体制が始まった二〇〇〇年代の最初期からはっきりと現れていた。作家や美術史家らもそれに気づき、声を上げてきたが、専制政治と戦争を止めることはできなかった。では、どうすればよかったのか。その答えを見つけることは容易ではないが、現代ロシアアートの歴史と作品を考察することは、これからの日本や世界の文化、社会を考えるための一つの出発点ともなるのではないか。

ロシアの現代美術史は、困難で危険な状況においても人間は創作を続け、芸術を必要とすることを指し示してきた。ラスコーやアルタミラの洞窟壁画の時代から、アートはつねに人間の友であり、人間にとって身近なもの、生や感情の発露として存在し続けてきたが、ロシアの現代アートの歴史もまた、人間にとっての美術の意味を物語っている。

本書のもう一つの目的は、現代ロシア文化の生彩や、作家をはじめとする人々の生を、様々なアートを通じて提示することである。ロシアは隣国であるにもかかわらず、冷戦終結、ペレストロイカ、ソ連崩壊を経てなお「遠い国」であり、そこでどのような文化的営みが行われているかについて日本で充分に紹介されてきたとはいえない。そして二〇二二年のウクライナ侵攻後、ロシアはいっそう外部との関係を失いつつある。小書が、現代のロシアの文化と人々を知るためのささやかなきっかけとなり、国境を超えて人々をつないできたアートを通じて、未来の可能性について考える手がかりのひとつになったらと願う。

一　歴史篇——現代ロシア美術小史

I　新生ロシア芸術

もし、ぼくたちが美学的な実践をつうじて、生物の異なる種の視点を持つようになれば新しいルネッサンス、美学的な活性化が生まれるはずだ。今はまだ、それを思い描くことさえできないけれど。

（オレク・クリーク）[1]

非公式芸術時代からソ連解体へ

文学、美術、演劇、映画といった様々な分野で、ソ連時代、作家たちは検閲や国家との関係に翻弄されながら作品を生み出してきた。本章では、ソ連崩壊後、作家たちをとりまく環境はどのように変わり、社会とアートの関係がどのように変化したのか、作家たちが新生ロシアの美術界でどのように活動し、生きのびてきたかについて考える。

現在も制作を続ける最年長の世代にあたる一九三〇年代生まれの作家たちは、幼年、青年時代をスターリン統治下で過ごし、二〇歳前後でスターリンの死を経験した。本書で主に取り上げるのはソ連崩壊後のアートシーンだが、その前史として、ソ連の美術史を短く振り返っておきたい。

二〇世紀初頭に始まり、一九一七年の革命と呼応して興隆した「ロシア・アヴァンギャルド」とよばれる前衛芸術は、美術、文学、音楽、演劇、建築、デザイン、絵本などの多様な分野で、実験的な作品の数々を生み出した。だが、一九三〇年代初頭にソ連政権が「社会主義リアリズム」を提唱し、文化統制や粛清を進めたことによって、「ロシア・アヴァンギャルド」は終焉へと向かう。国家がソ連文化の規範と定めた「社会主義リアリズム」は、実際には、手法について言うならば厳密な写実主義にとどまらず、新古典主義からモダニズムまで様々な流派の影響が見てとれる多様な側面を持っていたが、テーマに関しては政治的・社会的であることが求められ、主題も表現も次第に硬直化していった。

一九五三年のスターリン死後、五六年の第二〇回党大会でソ連共産党書記長フルシチョフがスターリン批判を行うと、時代は「雪解け」に向かうかと思われた。たしかに、一九四九年末から一九五三年まで常設展の大部分のスペースでスターリン関連の展示をしていたプーシキン美術館(モスクワ)が、一九五三年一二月二六日に常設展を一新させ、様々な流派の絵画の展示を始めたことは、国の美術政策の変化を示していた(あるいは対外的に宣伝していた)。プーシキン美術館は「雪解け」を象徴する空間となり、一九五〇年代半ばから一九六〇年代にかけて、ピカソ展、フランス絵画展、アメリカ美術展などを次々に開催し、人々は新しい美術を求めて(また、それにも増して、新時代の到来を噛みしめたいと願って)、美術館の周りに何重にも列を作った。一九六三年に同館で開かれたフェルナン・レジェ展について、ジャーナリストのアンドレイ・エヴプラノフ(一九四七年生)は、「思い起こせば、一九六三年の冬、私と姉は四時間も行列に並んで、やっとレジェの展覧会を見たのだ。それは私にとって、現代フランス芸術との最初の出会いだった。巨大な画布に描かれた滑稽でゴムでできたような人間はサーカスの道化を思わせ、サーカスの芝居のような印象が、鮮明で抽象的なコンポジションの効果を高めていた。全体としてそれは祝祭であり、その祝祭はいつも私と共にあった」と回想しているが、この文章から伝わってくるのは、当時一六歳だった青年が、レジェの作品の祝祭性を、新時代を体感しようと美術館に集った人々の心の祝祭と重ねあわせて、受容したことである。

しかし、こうしたプーシキン美術館での欧米の絵画展や、あるいはブラート・オクジャワ（一九二四―一九九七）らの詩の朗読会が「雪解け」の「光」の部分を指すなら、文化界、とりわけ美術界の大部分は、依然として「影」に包まれたままだった。西欧の近現代美術の展示が解禁される一方で、ソ連における芸術活動の自由化は一直線には進まず、一九六二年には、フルシチョフがロシア現代抽象絵画展を見て「ロバの尻尾」で描いた絵だと酷評する事件を機に、美術の検閲がいっそう強化された。

こうして六〇年代には、各都市でアンダーグラウンド芸術家の共同体が次々に誕生した。モスクワでは、詩人で画家のエヴゲーニー・クロピヴニツキー（一八九三―一九七九）を中心とするリアノゾヴォ・グループ、イリヤ・カバコフ（一九三三―二〇二三）やドミトリー・プリゴフ（一九四〇―二〇〇七）を中心とするモスクワ・コンセプチュアリズム・サークルが活動を始めた。

七四年九月には、画家オスカル・ラビン（一九二八―二〇一八）と詩人アレクサンドル・グレゼル（一九三四―二〇一六）が発起人となって現代作家を集め、モスクワ郊外ベリャーエヴォの野原で開いた非公式芸術の野外展覧会が、当局のブルドーザーと散水車、一〇〇人近い警官によって破壊され、五人の芸術家が逮捕されるという「ブルドーザー事件」が起こる。国外のメディアでこの事件が大々的に報道されると、海外の批判を恐れた政府は急遽、同月末にモスクワのイズマイロヴォ公園で非公式芸術家の一日限りの展覧会を開くことを許可し、約一万五千人の観客が作品を目にする機会を得たが、「会期」は四時間余にすぎなかった（海外のメディアは、それを「自由な半日」と呼んだ）。この展覧会は対外的パフォーマンスにすぎず、ベリャーエヴォの野外展を企画したラビンはその後も当局の監視下に置かれ、自宅軟禁を経て一九七七年に海外移住を命じられ、フランス到着後にソ連市民権を剝奪されている。二〇一四年、筆者がパリのラビンの家を訪問した時、ラビンは、「ソ連を出た後に市民権を剝奪されるかどうかは半々の可能性だと思っていた。複雑な思いで電車に乗った」と語っていた。

「ブルドーザー事件」から約一〇年後、「停滞の時代」を経て、八〇年代後半に自由化が進むと、非公認芸術家たちは国内でも徐々に展示の機会を得るようになった。海外では、ペレストロイカへの期待を背景に、「解禁されたソ連非公認美術」が脚光を浴び、作家の海外進出が進んだ。ソ連世界を「再現」するトータル・インスタレーションや、架空の芸術家を主題とする作品によって「もう一つの美術史」を提案するイリヤ・カバコフ。古典的な風景画とソ連的スローガンを組み合わせ、現実とプロパガンダを対比するエリク・ブラートフ（一九三三年生）。ソ連とユダヤという二つの「神話」を対置するグリーシャ・ブルスキン（一九四五年生）。モスクワの非公式芸術家として出発した彼らは、ソ連崩壊前後に次々に海外に拠点を移し、ニューヨークやパリで新しい活動を開始した。それまで美術市場と縁がなく、ソ連を知らない観客と接した経験もほとんどなかった作家たちは、海外進出を機に作風の変化を余儀なくされた。

そうした新たな状況におけるアイデンティティの模索は、国内に残った作家にも共通する課題だった。国内にとどまった作家たちは、ペレストロイカ、ソ連崩壊、チェチェン戦争を経て、美術制度の変化、文化の商業化、さらには近年の検閲の再強化や社会の保守化を体験しながら、各々の世界観や歴史意識を表現し続けている。本章では、今まで日本であまり紹介される機会のなかったロシア国内にとどまった現代作家に焦点を当て、ソ連崩壊後、ロシアのアートシーンがいかに変容し、そこでどのような主題、傾向が生まれてきたかについて検討する。

犬人間の時代——オレク・クリーク

ソ連崩壊前後、ロシア国内では新世代の作家たちが躍動を始めた。この混乱期にアートシーンに浮上してきた代表的な作家の一人が、オレク・クリーク（一九六一年生）である。彼は二〇代のはじめまでキーウで暮らし、シェフチェンコ美術学校、キーウ地質学調査専門学校で学んだ後、カムチャッカでの地質学調査や田舎での隠遁生活を経て、八六年にモスクワに移住。意欲的な活動を展開するギャラリー「リジナ」のキュレーターも務めながら、アーティストとしての活動を本格化させていった。クリークは、一九九三年の騒乱期——エリツィン大統領が議会を強行解散し、抵抗する議会の建物を砲撃した――の美術界を振り返って、次のように語っている。

ぼくたちは自由と民主主義を根気強くずっと求めていたのに、突然、有史前に逆戻りしてしまった。[…]ぼくの師や父たちの多くは、西側に去り、ぼくを孤児のようにモスクワに置き去りにした。それは、ぼくたちの前世代の作家たちだ。イリヤ・カバコフ、エリク・ブラートフ、ヴィクトル・ピヴォヴァーロフ、アンドレイ・モナスティルスキー、ニキータ・アレクセーエフ、医療解釈学グループ、ムハモール・グループ……。そこでぼくたちは、既存のどんな基準とも無関係の、ここで理解してもらえる、この場所の状況に合った芸術を創ることにしたんだ。(2)

こうした発想のもとにクリークが実践した芸術とは、新生ロシアの混乱をストレートに反映する、過激なパフォーマンスや写真だった。ある時は、鏡の破片を接着剤で身体に貼りつけ、一晩中、人間ミラーボールを演じるパフォーマンスによって危うく死にかかり、モスクワの生鮮市場で行ったパフォーマンス《新しい説教》(一九九四)では、「蹄を持つキリスト」に扮して、子豚を抱いて肉売り場をさまよった。九三年には、数名の友人を前に、「生まれ変わるために」牛のヴァギナに頭を突っこむパフォーマンス《ロシアの深奥へ》[図1]を行い、「牛の中で私は、リアリティなど存在しないことを悟った」と語り、九七年には、この経験をもとに、観客が作り物の雌牛のヴァギナに頭を挿入すると、牛の体内に設置された画面に、犬の唾液と人間の食卓が交互に映しだされるという同名のインスタレーションを制作している。犬は条件反射の実験に使われたパヴロフの犬のイメージであるという。クリークはこのように、しばしば、動物と人間を同列に置くことで、人間界の虚栄を揶揄し、人間の性の衝動や生存本能に焦点を当てようとする。ベッドで山羊と裸で抱きあうパフォーマンス《ぼくのボーイフレンド、チャールズを見て！》（一九九四）も、同じ問題系に連なる作品だった。

パフォーマンス《狂犬、あるいは孤独なケルベロスに守られた最後のタブー》（一九九四）［図2］では、ギャラリー前の路上で、全裸で首輪と鎖をつけ、四つん這いになって吠えたてたが、クリークがその後もくりかえし演じ、彼の代表作となったこの「犬人間」のパフォーマンスも、国家崩壊直後の弱肉強食的な社会状況、虚飾を剝ぎ取った、リアルな世界を表現していたといえ

［図1］オレク・クリーク　ロシアの深奥へ　1993 Courtesy of the artist

［図2］オレク・クリーク　狂犬、あるいは孤独なケルベロスに守られた最後のタブー　1994 Courtesy of the artist

［図3］　オレク・クリーク　ロシアのサファリ 1995 Courtesy of the artist

る。

それと同時に、動物を主題とするクリークの作品は、グローバルアートワールドにおけるロシア現代美術の役割という問題をも照射している。その問題意識は、海外のパフォーマンスでとりわけ明確に現れている。クリークは、九〇年代半ば、海外の芸術祭に「犬人間」として参加し、いくつかのスキャンダルをひき起こした。一九九五年には、一九世紀末から二〇世紀初頭にかけて活動したジョージア（サカルトヴェロ）のプリミティブ作家ニコ・ピロスマナシヴィリと現代作家を対置した国際展「サイン&ワンダー」（チューリヒ美術館）の会場入口で、獰猛な犬を全裸で演じて逮捕されているが、クリークは、このパフォーマンスは「作家の人生を物質的な価値に転換し、芸術を商品とみなすこと」への反抗だったと語っている。

また一九九六年には「東西の対話」を目的として、二年越しで準備された国際展「インターポール」展（ストックホルム、ファルグファブリケン現代美術センター）に招待され、オープニングで「犬人間」のパフォーマンスを行ったが、周囲の人間に嚙みつき、他のアーティストの作品を破壊して逮捕されている。ロシアの著名なパフォーマー、アレクサンドル・ブレネル（一九五七年生）も、クリークと共に会場で他作家の作品を破壊したため、美術館館長、および同展の参加アーティスト（フランス、ドイツ、スウェーデン、アメリカ等）は、クリーク、ブレネル、ロシア側キュレーターのヴィクトル・ミジアーノ（一九五七年生）を糾弾する公開書簡を、各国の美術雑誌に送り、抗議活動を展開した。

クリークと共同プロジェクトを行ってきた美術批評家で、クリークの妻でもあったミーラ・ブレジヒナは、クリークの作品において動物という主題は「言語や文化のコードに対する反抗[3]」として機能していると述べているが、「サイン&ワンダー」展や「インターポール」展の場合も、クリークの行動は、ロシアの芸術家にお決まりの役割しかあてがおうとしない西欧に対する反抗としての意味を持っていたことに留意する必要がある。スロヴェニアのキュレーター、ズデンカ・バドヴィナツらが論じるように(そしてクリーク自身が述べるように)、表向きは「対話」を標榜するものの、実際にはロシアの作家にお仕着せのイメージを与えているにすぎない西欧世界に対して、クリークは「飼いならされた犬」から猛犬になることで抗おうとした。ロシアの哲学者ミハイル・ルィクリン(一九四八年生)は、クリークのこのアクションは、「〈普遍性〉を装う西欧文化の無意識的な植民地主義[4]」に対する異議であると指摘している。

美術史家エカテリーナ・ジョーゴチ(一九五八年生)は、ソ連が崩壊した二〇世紀末、欧米の美術界では「グローバルな民主主義的コミュニケーションというユートピア」の夢が生まれたが、ロシアのアーティストは、「ソ連というグローバルなユートピアの実現の失敗」をすでに経験していたため、新しいユートピア思想に対しても懐疑的にならざるを得なかったと述べている。ソ連崩壊後のロシア人作家の意識について述べたジョーゴチの次の言葉は、「インターポール」展におけるクリークの行動を理解する上でも役立つはずだ。

ロシアのアーティストたちは知っていた。西と東の一体化は結局起こらず、二項対立は消滅せず、ロシアは孤立し続けたことを。そして、普遍主義というユートピアには(ソ連時代のユートピアと同様に）潜在的な強い暴力性があることを。だからこそ、一九九〇年代のロシア美術は、しばしば、絶望的なジェスチャーを行い、大胆な実験を目指し、自分たちがよく知っていて一体化している「危険」を主題としたのである。[5]

また、クリークの攻撃は、西欧の普遍主義の名のもとに隠れた差別性だけでなく、ロシア国内の政治、権力にも向けられていた。疾走する車にぶら下がる危険なパフォーマンス《ロシアのサファリ》（一九九五）［図3］は、四〇以上の小党が乱立した下院選挙の混乱を揶揄する作品であるし、二〇〇六年のパフォーマンス《身体は言葉よりも大声で語る》では、クリークは一〇個の乳首をつけたスーツを身にまとって魅惑的に微笑み、有権者が政治思想よりも日々の糧を重視して投票する社会を諷刺した。

一九九九年の写真《ロシア的なるもの（赤の広場）》［図4］では、クリークは、夜のクレムリンを背景に、前足を高く上げた馬に、裸体で跨がっている。その姿勢は、ロシア権力の象徴としてのピョートル大帝を主題としたエティエンヌ＝モーリス・ファルコネ（一七一六—一七九一）の《青銅の騎士像》（一七八二）を思わせるが、詩人アレクサンドル・プーシキン（一七九九—一八三七）に霊感を与えた勇壮な銅像とは対照的に、奇妙な犬を従えた全裸のクリークは、ゴシック的な不気味さを醸しだしている。この作品が制作された一九九九年が、プーチンの首相就任、第二次チェチェン戦争勃発という大国主義の新たな始まりの年だったことを思えば、この写真におけるクリークの百鬼夜行的な行進は、赤の広場における軍事パレードにも端的に現れる

「強いロシア」に対する痛烈なアイロニーにほかならない。

　クリークは自らの身体を用いて、ソ連解体後の社会を赤裸々に表現したが、こうした挑発的な作品と、話題性に富んだ私生活——それは、ハリウッドスターの私生活と同様、なかば公生活だったわけだが——は、現代美術に無関心な層の関心をも惹きつけた。華やかな微笑と上機嫌を連日のパーティーで振りまきながら美術界の寵児としての地位を確立したクリークの名は、モスクワで人気のフリーペーパー『大都市《ボリショイ・ゴーラト》』掲載の「セックス・コラムニスト」オリガ・セルギエンコの記事にまで登場している。「なにがなんでも有名になりたい！　そのためならバラエティ番組や変な映画にも出演するし、クリークの写真のモデルにだってなるわ」[6]と若い女性コラムニストが書いているのは、つまり著名なアーティストの過激なヌードモデルにもなるということだ

[図4] オレク・クリーク　ロシア的なるもの（赤の広場）1999 Courtesy of the artist

[図5] オレク・クリーク　テニス・プレイヤー（連作　自然博物館）2002 Courtesy of the artist

が、クリークは、まさにそのスター性や大衆への接近という特徴においても、ソ連崩壊後の新しいアートの象徴となったのである。

筆者も二〇〇四年三月に展覧会場で頼まれて、クリークのフォトモデルになったことがあった。クリークの創作の現場について知りたいと思い、着衣ならと承諾したが、翌日、マフィア風の服装で迎えに来た男性助手のカーレースのような運転、床に誰かが転がって寝ている殺風景な地下スタジオ、筆者ともう一人のモデル（ロリータ風の少女）にすさまじい早さで化粧を施した女性アシスタント、これまたすさまじい早さで撮影したクリークの動きなど、すべてが早回しの映画のようで、クリークの創作において速度や偶然性も要素となることを実感した。撮影後、クリークは最近の作品を示し、「黒いレオタードを着た人物を撮影したら、手や顔以外は暗い背景と見分けがつかなくなって、失敗したよ」と残念そうに話していたが、次のモスクワ・フォトビエンナーレでは、その作品が、身体の一部を意図的に際立たせた作品だという解説文と共に、連作《断片》というタイトルで展示されていた。クリークの作品の解説文は、後述の「無責任な絵画」展の場合もそうだが、概して、作者の意図を忠実に反映しているというよりも、このようにフィクションの要素が強いのではないかと思う。

その後も、クリークは跳躍する女性テニスプレーヤーの蠟人形（ただし、剝製のように見せるために全身に縫い目がある）を博物館のケースで展示する《テニスプレーヤー》（連作《自然博物館》）（二〇〇二）［図5］などの作品を制作し続けた。本作は、人間を動物のように博物館に展示するという点で、人間と動物の同根性、人間と自然というクリークの生涯のテーマの変奏であると同時に、作家は、ここには自分の持つ女性像「とても望ましく、とても攻撃的な女性のイメージ」が反映されていると述べている。

二〇一九年には、クリークは、赤の広場に面した老舗デパート「グム」のギャラリー「グム・レッドライン」で、「無責任な絵画」展を開催。本展で展示された一六点のアクリル画は、過去の自作の写真や、ソ連期の著名なプロパガンダのポスター《母なる祖国が呼んでいる》、レーニン、スターリン、プーチンの肖像などを、小さな円を画面全体にちりばめるスタイルで描き直したものだ。その不思議な円について、クリークは「ニューラルネットワーク・モデルの形態にインスパイアされた」と述べるが、それらの円は瞳に酷似している。とりわけ、五〇個近くの

［図6］オレク・クリーク　見る者
2019 Courtesy of the artist

［図7］オレク・クリーク　大きな母
2018/2022 Courtesy of the artist

「瞳」を顔面に浮かび上がらせたプーチンの肖像画《見る者》［図6］の主題——独裁者による監視・管理社会——は一目瞭然である。

二〇一九年の時点では、こうした作品を展示することがまだ可能だったが、二〇二二年のウクライナ侵攻後の文化統制の強化により、クリークは、二〇二二年四月に開催されたアート・フェア「アート・モスクワ」に出展した彫刻《大きな母》［図7］によって、「ナチス復興」の罪でロシア連邦捜査委員会の尋問を受けることになった。ウクライナ出身の作家であることも禍いした。《大きな母》は、クリークが二〇一八年に制作した作品だが、剣を天に向けて振りかざす醜悪な女性を描いたこの彫刻が、第二次世界大戦の激戦地ヴォルゴグラード（旧スターリングラード）に一九六七年に設置されたエヴゲーニー・ブチェーチチ（一九〇八—一九七四）のモニュメント《母なる祖国が呼んでいる》のパロディであるとみなされたのである。《母なる祖国が呼んでいる》は、ロシアの男性たちに兵士となることを求める母（＝祖国）の姿をかたどった高さ八五メートルの彫刻で、第二次世界大戦における勝利の象徴でもあるが、クリークの《大きな母》とは、たしかに形態を共有している。前述の「無責任な絵画」展でも、クリークはポスター版の《母なる祖国が呼んでいる》のパロディであるアクリル画《母》を発表していることを想起するなら、作家の当初の意図が推察される。だが、戦争を揶揄する表現が大きな危険をもたらす状況において、クリークは、この作品は「妻との辛い別れ」を機に痛感した「男性性と女性性の戦い」を表現したのだと述べた。美術批評家たちは、剣を振り上げた女性は古今東西の芸術が共有するイメージであるという記事を次々に発表し、その結果、幸いなことに逮捕や裁判には至らなかったが、クリークは、それ以来、モスクワ郊外の自宅に閉じこもり、友人たちに被害が及ぶことを怖れて誰とも連絡を取らないで暮らしている。

種の起源──私たちは生き残ることができるのか

話を戻せば、九〇年代初頭のクリークのような人気パフォーマニストの出現は、言うまでもなく、新生ロシアのアートシーンの変化を背景としていた。ソ連崩壊や資本主義の導入は、ロシアの美術界にいったいどのような変化をもたらし、作家はどのような状況に置かれたのか。

そうしたソ連崩壊後のロシア美術の状況の変化を考察し、作品によって示そうとしたのが、二〇〇六年に富山県立近代美術館、広島市現代美術館で開かれた「種の起源　ロシアの現代美術　私たちは生き残ることができるのか」展である。[7]「種の起源」展のキュレーターを務めたヨシフ・バクシュテイン（一九四五─二〇二四）は、一九七〇年代にアンダーグラウンドの芸術家集団〈モスクワ・コンセプチュアリズム・サークル〉に属し、イリヤ・カバコフやアンドレイ・モナスティルスキー（一九四九年生）といった作家たちと共に、美術制度の変化を体験してきた批評家である。文化史学者ボリス・グロイス（一九四七年生）も同じく〈モスクワ・コンセプチュアリズム・サークル〉の出身であるが、自由な活動の場を求めて八一年にドイツに去ったグロイスとは対照的に、バクシュテインはロシアにとどまり、ソ連崩壊後、国立美術館展示センター「ロシゾ」副館長、国際モスクワ現代美術ビエンナーレのコミッショナーなどの要職を歴任し、現代美術諸問題研究所で若手作家たちを育成してきた。アンダーグラウンドの芸術界出身でありながら、時代の変化に機敏に対応し、美術界の新制度に食いこんだバクシュテイン自身が、じつは興味深い考察対象でもある。

バクシュテインは本展で、ソ連崩壊後のロシア美術をめぐる状況の特徴を、自らも体験してきたソ連の文化統制期と対照させることで浮かび上がらせている。八〇年代初頭までは、「社会主義リアリズム」の規範からはずれるアンダーグラウンドの作家たちは、ひそかに制作した作品を、アパートやアトリエで仲間うちで鑑賞しあっていた。ペレストロイカ、ソ連崩壊を経てそうした状況は一変したが、今度は作家は、観客と資金をいかに獲得するかという新たな問題に直面することになった。バクシュテインは、「美術にとっては、イデオロギーが支配していたソ連時代よりも、市場経済化された世界でのサバイバルのほうが難しい」、「作家にとって理想的な環境など世界のどこにもない」と語り、本展で、「独自の表現方法を確立することで芸術の世界で生きのびようとしている」一六名の個性的な作家たちの取り組みを示し、市場化された世界でのサバイバルの縮図を作りあげた。

変化する環境の中での適者生存を唱えたダーウィンの進化論をふまえた「種の起源」というタイトルは、直接的には、ロシアにおける人間と芸術のサバイバルをテーマにしているが、「種の起源」という主題はさらに重層的に展開されている。政治的パトスや無秩序な運動の発生を画布上で摑みとったダヴィト・テル＝オガニヤン（一九八一年生）の《デモ》（一九九八）、アスリートたちの肖像に人類の闘争の歴史をオーバーラップさせるセルゲイ・ブラトコフ（一九六〇年生）の《ルールなき戦い》（二〇〇〇）。戦場の母子像を画題にしたウラジーミル・ドゥボサルスキー（一九六四年生）＆アレクサンドル・ヴィノグラードフ（一九六三年生）の《降誕祭》（一九九五）［図8］は、「適者生存」の原理を、戦争と人間という視点からアイロニカルかつストレートに露出する。

他方で、「種の起源」という言葉が持つ本来の地平に立ち戻り、種《しゅ》と生殖という観点から問題の核心にせまる作品群がある。果実の生々しい断面を接写したタチヤナ・リベルマン（一九六四年生）の連作《イマジネーションの果実》（一九九七）は、花と女性器を重ねあわせたジュディ・シカゴ（一九三九年生）の作品を彷彿させるフェミニズム・アートである。

ソ連風の貧しいベッドに三人の男性像を描いたジアナ・マチューリナ（一九八一年生）の《理想の父親》（二〇〇三）［図9］は、理想の子供を得るためのパートナーを求める女性の心理を照射した作品である。アポロンは美、スーパーマンは力、ミケランジェロの壁画からとった老人は叡智の象徴であるという。だが英雄的な男性との出会いが夢物語に過ぎないことを、スプリングのない独り寝のベッドが雄弁に語っている。「強者」が子孫を残しやすい社会構造、結婚の高齢化等に伴う不妊の増加、社会的・個人的事情による出産の抑制――生殖はもともと種にとって自明の権利ではなく、見果てぬ夢であることをこの作品は語っているのか。また、マチューリナはおそらく、ロシア現代美術界でフェミニズム的作品を逸早く発表してきたイリーナ・ナホワ（一九五五年生）のインスタレーション《キャンプ》（一九九〇）を意識している。九個の簡易ベッドを並べ、寝台の表面に、痩せ細った、あるいは壊れた大理石の女性像やミイラのイメージを描

[図 8] ウラジーミル・ドゥボサルスキー＆アレクサンドル・ヴィノグラードフ　降誕祭 1995

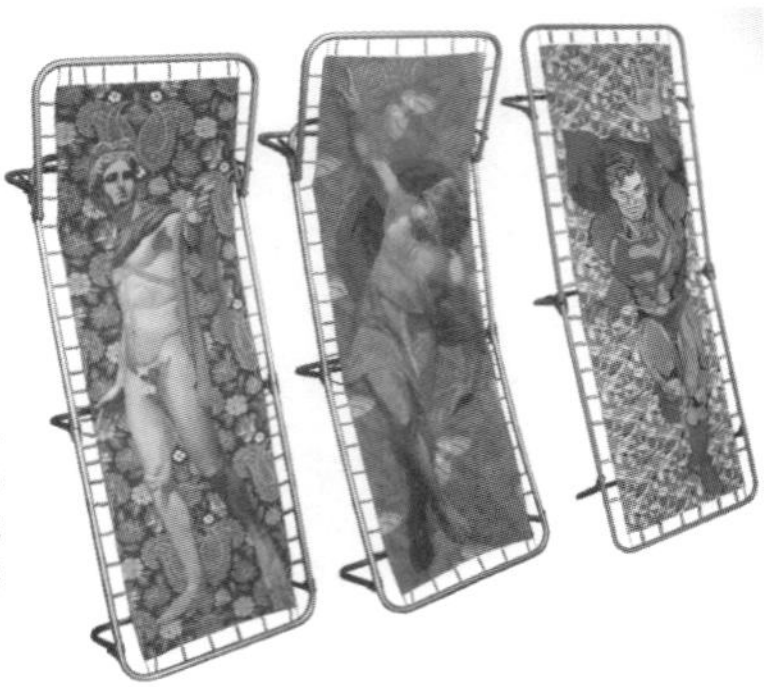

[図 9] ジアナ・マチューリナ　理想の父親 2003
8,9 出典『種の起源：ロシアの現代美術』(「ロシアの現代美術」実行委員会 2006)

いたナホワのインスタレーションは、理想の人間像の死と、生の有限（生は、ひとときの楽しみである「キャンプ」のように短い）を示していたが、マチューリナはナホワの作品を踏襲することで、女性たちの拠り所のない状況を強調している。

芸術の流派という「種」のサバイバル、すなわち伝統と革新という問題意識に端を発した作品群も、本展のテーマの重要な一変奏である。ドゥボサルスキー&ヴィノグラードフがソ連と現代社会の戯画化を目的として社会主義リアリズムの手法を意識的に用いる一方、イーゴリ・マカレーヴィチ（一九四三年生）&エレーナ・エラーギナ（一九四九―二〇二一）は、ロシア・アヴァンギャルドとソ連建築を同じ土壌から自然発生する「きのこ」として表現し、各流派の相互関係性をユーモラスに提示した（《パガン》、二〇〇三）［図10］。スタニスラフ・シュリパ（一九七一年生）らの絵画回帰の潮流［図11］や、ぬいぐるみを使ったインスタレーションによって「優しいかたち」を追求するロスタン・タヴァシエフ（一九七六年生）の作品は九〇年代前半に一世を風靡した、クリークの過激なアクショニズムに対するカウンター勢力として位置づけることができる。また、コミックを模倣したリュドミラ・ゴルロワ（一九六八年生）の連作《秘められた脅威》（二〇〇六）［図12］をはじめとする若手作家の一連の作品も目立った。「美術作家とは、自分が創造したものが芸術と見なされ得ることを毎回証明していかなければならない唯一の芸術家」であり、「優勢であるポップカルチャーに対抗する作品の制作、あるいは自分の目的のためのポップカルチャーの利用」も有効だと述べるバクシュテインは、これら若手作家の作品を、ポップカルチャーやメディアに対する、美術の「種」としての戦いとして位置づけているようだ。

[図 10] イーゴリ・マカレーヴィチ & エレーナ・エラーギナ　パガン　2003

[図 12] リュドミラ・ゴルロワ　秘められた脅威　2006

10, 11, 12 出典『種の起源：ロシアの現代美術』

[図 11] スタニスラフ・シュリパ　亀裂　2006

バクシュテインが「種の起原」展で描きだした現代ロシア美術の状況は、グローバル化、資本主義化した社会でのアートのサバイバルの実情を多面的に浮かびあがらせていると同時に、人間と自然の関係を模索する哲学的な作家たちの作品や、ロシアの宇宙主義の伝統に連なるユートピア的な流派の復興には触れていないという一面性がある。それらの作家たちについては、本書の二、三章で後述する。

現代美術のある場所——ギャラリー・美術館・芸術祭・アートフェア

ソ連崩壊後のロシアで、美術をめぐる環境、ハード面は、どのように変化したのか。モスクワを例に、ロシアのアートシーンの変化を、その後の展開も視野に入れながら時系列的に追ってみよう。

ソ連崩壊前後のアートシーンの最初の変化は、新しいギャラリーの誕生だった。コレクターでキュレーターだったマラート・ゲリマン（一九六〇年生）が一九九〇年に創設したゲリマン・ギャラリーは、ペレストロイカ以降に生まれた最初のギャラリーの一つである。ソ連時代の非公認作家や若手作家たちの中から、政治的な批判精神と先鋭的な表現力を備え持つ作家を選りすぐり、二〇一二年の閉館まで二〇年余りにわたって紹介し続けたゲリマン・ギャラリーの歴史は、現代ロシアのアートシーンの歴史そのものでもある。

一九八八年にセルゲイ・サフォーノフ（一九六三年生）が創設し、現在も活動を続けるギャラリー「方舟《カフチェーク》」、一九九二年に作家アイダン・サラホワ（一九六四年生）が開いたアイダン・ギャラリー、一九九三年に美術史家エレーナ・セリナ（一九五九年生）がオープンし、若手作家にも広く門戸を開いてきたXLギャラリーなども、ゲリマン・ギャラリーと共にロシア・アートを牽引してきた。また、一九九〇年にミハイル・クローキン（一九六二年生）が創設した「ギャラリー・ネオシャーク（新しい歩み）」は、一九九七年にクローキン・ギャラリーと改名され、ロシア現代アートの中核を成すアーティストを堅実に紹介し続けている。作家の政治的な先端性を重視する傾向にあるゲリマン・ギャラリー等に対して、クローキン・ギャラリーは多様な世界観、宇宙観を持つ作家を扱ってきた。布やビーズを使って棍棒や機関銃をかたどった《ゴールド・ラッシュ》（二〇〇一）［図13］、ユーロ紙幣をモチーフにした《ヨーロッパの日没》（二〇〇二）など独自の文明論に基づいた作品を制作してきたドミトリー・ツヴェトコフ（一九六一年生）。絵本作家として活躍するかたわら、建築をハイパーリアリズムの手法でスケッチした連作ドローイング［図14］を発表しているキリル・チョールシキン（一九六八年生）。フォトモンタージュやコラージュの手法に頼らずに、自然の中に幾何学的なオブジェを実際に設置することで、芸術の自然への作用を追求してきたフランシスコ・インファンテ（一九四三年生）&ノンナ・ゴリュロワ（一九四四年生）［図15］。後述のアレクサンドル・ポノマリョフ（一九五七年生）、レオニート・チシコフ（一九五三年生）など、クローキン・ギャラリーに集う作家たちの作品を参照することなしにロシア現代美術の流れを振り返ることは難しい。

アーティストや美術の愛好者がいつでも気軽に集まることができるサロン的な場でもあるクロ

ーキン・ギャラリーをはじめ、新生ロシアのギャラリーは、ソ連時代には自宅やアトリエで少人数で集まっていた作家たちに新たな居場所を与えた。詩人イーゴリ・ヨガンソン（一九三七年生）とアーティストのマリーナ・ペルチヒナ（一九五六―二〇一四）らが一九九四年にモスクワの住宅街の地下に開設し、二〇年近く活動したギャラリー「スパイダー&マウス」や、一九九二年に詩人で美術史家のアレクセイ・サスナー（一九五九年生）が開館したズヴェーレフ現代美術センターでは、展示会場で詩や文学の夕べも催され、詩人、アーティスト、文学や美術の愛好者が集い、様々な新たな出会いが生まれた。当時、ドミトリー・プリゴフやゲルマン・ルコムニコフ（一九六二年生）など一九四、五、六〇年代生まれの詩人たちは「公の場での朗読会など、自分たちが生きているあいだには到底望めない奇跡だと思っていた」と語っていた。九〇年代のい

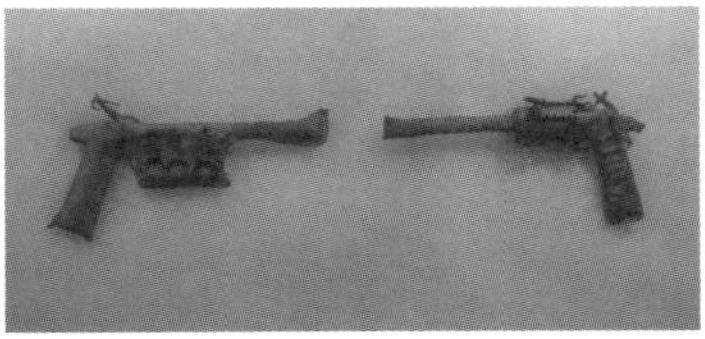

［図 13］ドミトリー・ツヴェトコフ　ゴールド・ラッシュ　2001　Courtesy of the artist and Krokin Gallery

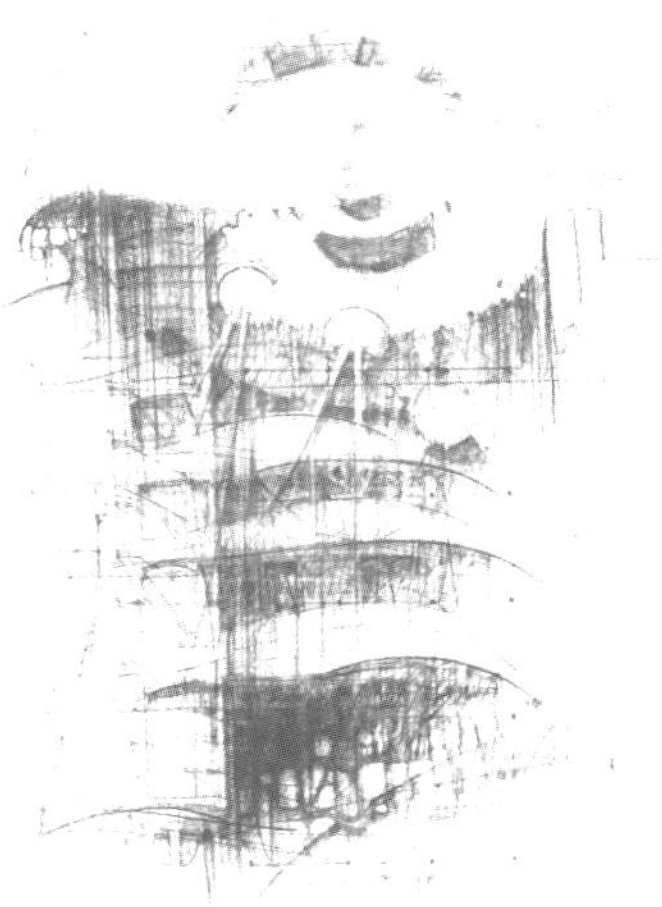

［図 14］キリル・チョールシキン　モジュール　2006　Courtesy of the artist and Krokin Gallery

くつかのギャラリーは、アーティストや詩人が創作と表現と集会の自由を実感する祝祭的な空間となり、それらは、一日の終わりに、予約も料金もなしに、着古したセーターでぶらりと来ることができる、誰にでも開かれた場所となった。長い文化統制の時代を経験したロシアのアーティストや詩人は、誰かに自分の作品を見てもらえるという他国では当然の状況の到来を心から喜び、自分の作品に関心を持つ人々を友人としてあたたかく受け入れてくれる。そうした傾向は、年輩の作家にそのように接してもらった若い世代の作家たちにも受け継がれているように思う。

新生ロシアの美術市場は、ソ連崩壊直後は内向きの傾向が強かったが、二〇〇〇年代後半になると、ロシア現代アートを海外で紹介、販売することに尽力するギャラリーも生まれてきた。エカテリーナ・イラギは、ペテルブルク出身で、長くフランスで学び、パリでキュレーター活動を始めた後、二〇〇八年にモスクワにギャラリー・イラギを設立し、サイケデリック・リアリズムの作家パーヴェル・ペッペルシュテイン（一九六六年生）をはじめとするロシアの現代美術作家を海外のアートフェアで精力的に紹介してきた。元非公認芸術家で晩年は詩的なドローイングの制作を続けたニキータ・アレクセーエフ（一九五三―二〇二一）［図16］を最後まで支えたギャラリーでもあり、アレクセーエフは、ロシア現代アートを海外で販売するいくつかの良心的なギャラリーのおかげで作家たちの生活が安定してきたこと、自分も安心して自宅とアトリエを往復する静かな生活を送れることについて優しい表情で語っていた。

ロシア作家の作品を海外で販売する新しいギャラリーとして、アレクセーエフがもう一つ紹介してくれたのが、グリッチン・ホールだった。オーナーのセルゲイ・グリッチン（一九六一年生）は、開発事業や宝飾品販売で財を成した後、二〇〇九年、モスクワ市から二〇キロ離れたドミートロフスコエ村にグリッチンホールを開設。コンクリートの壁と黒色タイルの床がモダンな展示ホールでは、線による構成を重視する平面作品を制作するドミトリー・グートフ（一九六〇年生）などのすでに名を知られている作家や、彫刻家アーニャ・ジョールチ（一九八一年生）などの多くの若手作家のすぐれた展覧会が開催されてきた。ホールの上階に設置されたアトリエや居室では、しばしば作家たちが滞在制作している。

筆者がアレクセーエフらと共に一、二年おきにグリッチン・ホールを訪れる度に、グリッチンは、いかにロシアのギャラリーや美術市場が今まで内向きであったかを語り、ロシア現代美術を

［図15］フランシスコ・インファンテ＆ノンナ・ゴリュロワ　時間の空間　2006
Courtesy of the artists and Krokin Gallery

［図16］ニキータ・アレクセーエフ　ゴシキヒワ　2012　Courtesy of the artist and Gridchinhall

海外で販売することが作家の状況を改善することについて、そして、アーティストにとって理解や愛情だけでなく収入を与えることがどれほど切実であるかについて、世間への憤りもあらわに力説した。中庭をはさんでギャラリーの向こう側にある彼の私邸には現代アートの作品や古代のガラスが展示されていたが、ある壁には一面、九つほどのカナリヤの鳥かごが配されていた。同行していた詩人も語っていたように、カナリヤは革命前のロシアでは裕福な生活のシンボルだったが、その光景は、自分が裕福だからこそアーティストを支援することもできるし、文化界で軽蔑されがちな富もまた重要なのだというグリッチンの自負の表れのようでもあった。欧米とは異なり、富豪がギャラリーを経営することが比較的少数派で、六〇〜八〇年代のソ連の貧しいアンダーグラウンド文化への郷愁が強いロシアでは、グリッチンらにはロシアの文化界での特有の立ち位置や苦労があるように思われた。彼はいつも、「アーティストと共にいる私たちは同志だ」と語っていた。グリッチンが歳を重ねても相変わらず怒りながら闘い続けているのを見ると、安堵を覚えた。

こうした様々なタイプのギャラリーの誕生に対して、一九九二年に国立現代芸術センターの創設が文化庁によって決定され、一九九四年に活動を開始したことは、現代美術をめぐる公的機関の最初の大きな変化だったといえる。国立現代芸術センターは、現代アートの発信地として多彩なプロジェクトを展開し、二〇〇四年にはモスクワで新館も落成した。新館完成の前年、創立一一周年を記念して、工事現場で一日限りの展覧会が催された。守衛室になる予定の部屋には、モスクワ・コンセプチュアリズム・サークル時代から「窓」をテーマに制作してきたイワン・チュイコフ（一九三五―二〇二〇）のインスタレーション《自由》（連作《迷宮》二〇〇三）［図17］が展示された。卓上に置かれたピストルは、カーテンに大書された「自由」を護っているのか、脅かしているのか。一方、海や伝説の島など、水にまつわる壮大な作品で知られるアレクサンドル・ポノマリョフが、光の水が揺らめく新作《ニロク》（二〇〇三）［図18］の展示に選んだ場所はトイレであり、水という主題がユーモラスに表現されていた。二〇〇三年、夏の晴れた日に工事現場と中庭で繰り広げられた展覧会とカジュアルな立食パーティーで、学芸員や作家達は晴れやかな笑顔を浮かべ、そこには、現代美術をめぐる場所がこれから次々に生まれ、ロシアの文化状況はいっそう良くなるという希望と安心感があった。二〇〇〇年代初頭は、プーチン体制下で

[図17] イワン・チュイコフ　自由　2003
Courtesy of the artist

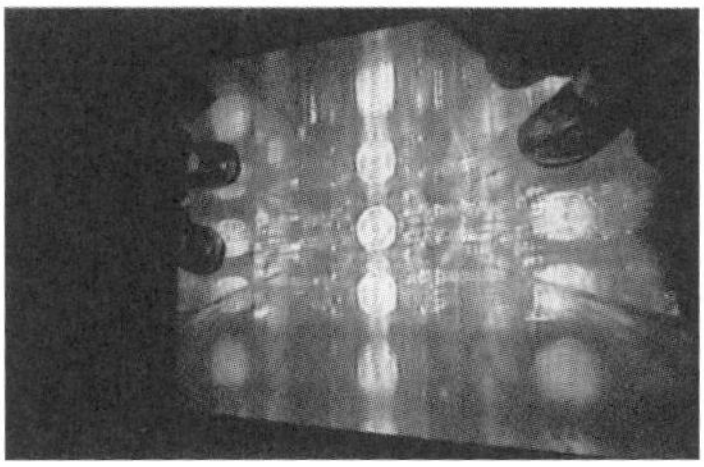
[図 18] アレクサンドル・ポノマリョフ
ニロク　2003　Courtesy of the artist

情報統制は確実に進んでいたが、約二〇年後にウクライナ侵攻に伴う統制強化のもと、作家たちが次々に出国するほどにまで国の状況が悪化するとは夢にも思えない時代だった。当時、国立現代芸術センターは、モスクワだけでなく、サンクト・ペテルブルク、ニージニイ・ノヴゴロド、エカテリンブルク、カリーニングラード、トムスク、サマーラにも支部を持ち、各地で現代アートの展覧会や講演会が盛んに催されていた。

一九九六年には、ロシア初の写真美術館であるモスクワ写真美術館が開館し、ユーリー・アヴァクーモフ（一九五七年生）企画の現代建築写真展シリーズなど求心力のある展覧会を開催してきた。三〇〇〇近くの展覧会を国内外で企画した後、五年間の工事休館を経て、二〇一〇年には七階建ての新しい建築が完成し、それを機にモスクワ・マルチメディア美術館と改名し、現在では、写真展に加え、インスタレーションや絵画も展示している。

トレチャコフ美術館のような、ソ連時代にはきわめて権威的だった美術館も変化した。イコンから二〇世紀初頭の象徴主義までを常設展示する旧館に対して、モスクワ川沿いにある新館では、ロシア・アヴァンギャルドや社会主義リアリズムの作品が展示されるようになり、さらに一九九九年には、カバコフらモスクワ・コンセプチュアリズムや、ヴィタ―リー・コマル（一九四三年生）&アレクサンドル・メラミート（一九四五年生）などのソッツ・アートといった六、七〇年代の非公式芸術と、二〇世紀末アートのセクションがオープンしたのである。トレチャコフ美術館新館は、流派やイデオロギーを越えてロシア二〇世紀美術を見渡せる場となったわけだが、つい四〇年前まで、社会主義リアリズムの路線から外れた非公式芸術の作品を見るためには、作家のアトリエをめぐり歩かなくてはならなかったことを思えば、隔世の感があった。トレチャコフ美術館の常設展示の変化は、ソ連時代に検閲によって歪曲されてきたロシア現代美術史の新たな書き換えを意味していた。

二〇〇〇年代後半には、アートと都市文化の融合をめざす二つの施設が生まれた。二〇〇七年には、モスクワのクルスカヤ地区に、古いビール工場の建物を再利用した総合文化施設ヴィンザボートがオープン。二万平方メートルの敷地には、モスクワ各地から移転してきた老舗ギャラリーや、作家のアトリエ、書店、カフェが立ち並んでいる。文学の世界でも、一九九〇年代末から二〇一二年までモスクワ中心部の裏通りで開店していたクラブ・オギが、若者が集うカフェバーで詩の朗読会を開いて文学愛好者の層を広げ、その後もいくつもの文学カフェバーがそうした拠点となったように、アートの世界では、ヴィンザボートが、現代美術と若者の文化が出会う場所のひとつとして機能してきた。ヴィンザボートのあるクルスカヤ地区には、モスクワに九つある長距離列車のターミナル駅の一つがあるが、モスクワではターミナル駅のある地区はどこも、混沌とした荒々しい空気感があると同時に、様々な人が集い、遠くへつながっている場所、規範から外れ得る自由な場所という意識を抱かせる。モスクワの中でも、すぐれたストリートアートが生まれてきた地区でもある。ヴィンザボートがこの線路とモスクワ川に挟まれた都市の隙間のような場所にあることは、現代美術は特権的なものだというイメージを変えてきた。現在入居しているギャラリーの中では、美術史家でトレチャコフ美術館元学芸員のセルゲイ・ポポフ（一九七六年生）によって二〇〇四年に創立され、二〇一一年にヴィンザボートに移転したpop/off/art

ギャラリーがとりわけ旺盛な活動を続け、ウクライナ出身で現在はスロヴァキアで暮らし、身体や政治を主題にした平面作品を主に制作するヴラート・ユラシコ（一九七〇年生）、歴史、政治、美術史を主題とする連作を展開するイワン・ノヴィコフ（一九九〇年生）［図19］、世界史や日常をテーマとするヴィターリー・プシニツキー（一九六七年生）［図20］らの展覧会を開催している。

二〇〇八年には、ヴィンザボートの近隣に位置する電子機器工場跡地に、展覧会場、建築事務所、ショップなどの集合体であるデザイン・センター・アートプレイ（二〇〇三年創設）も移転し、二〇一九年以降は、アートプレイ、ヴィンザボートは、モスクワ市と共同で、クルスカヤ地区全体を有機的なアート空間にするプロジェクトに取り組んでいる。

一方、二〇〇五年、モスクワ市北部のバウマンスカヤ地区では、まだ半分稼働中の紙工場の敷地に創造的インダストリアル・センター・ファブリカが開館した。作家のアトリエ、展示ホール、出版社、音楽スタジオが同居するファブリカは、「仕事と創造のための快適な空間を作ること、実験的で非商業的なアートプロジェクトを展示し、現代作家を支えること」を目的としている。二〇一五年からここにスタジオを構え、グループ〈Agency of Singular Investigations〉（略称ASI、「特異な研究エージェント」の意）として活動するスタニスラフ・シュリパとアンナ・チトワ（一九八四年生）は、「工場の労働者が行き来し、物が生産され、様々な人が集うこの場所は、対話と出会いの場所にふさわしい」と語った。

また、二〇〇八年には、アート・ディレクターのダリヤ・ジューコワ（一九八一年生）が、当時の夫で実業家のロマン・アブラモヴィチ（一九六六年生）と共に、ガレージ現代美術館を創設

［図 19］ イワン・ノヴィコフ　私は森を恐れたい　2014　Courtesy of the artist

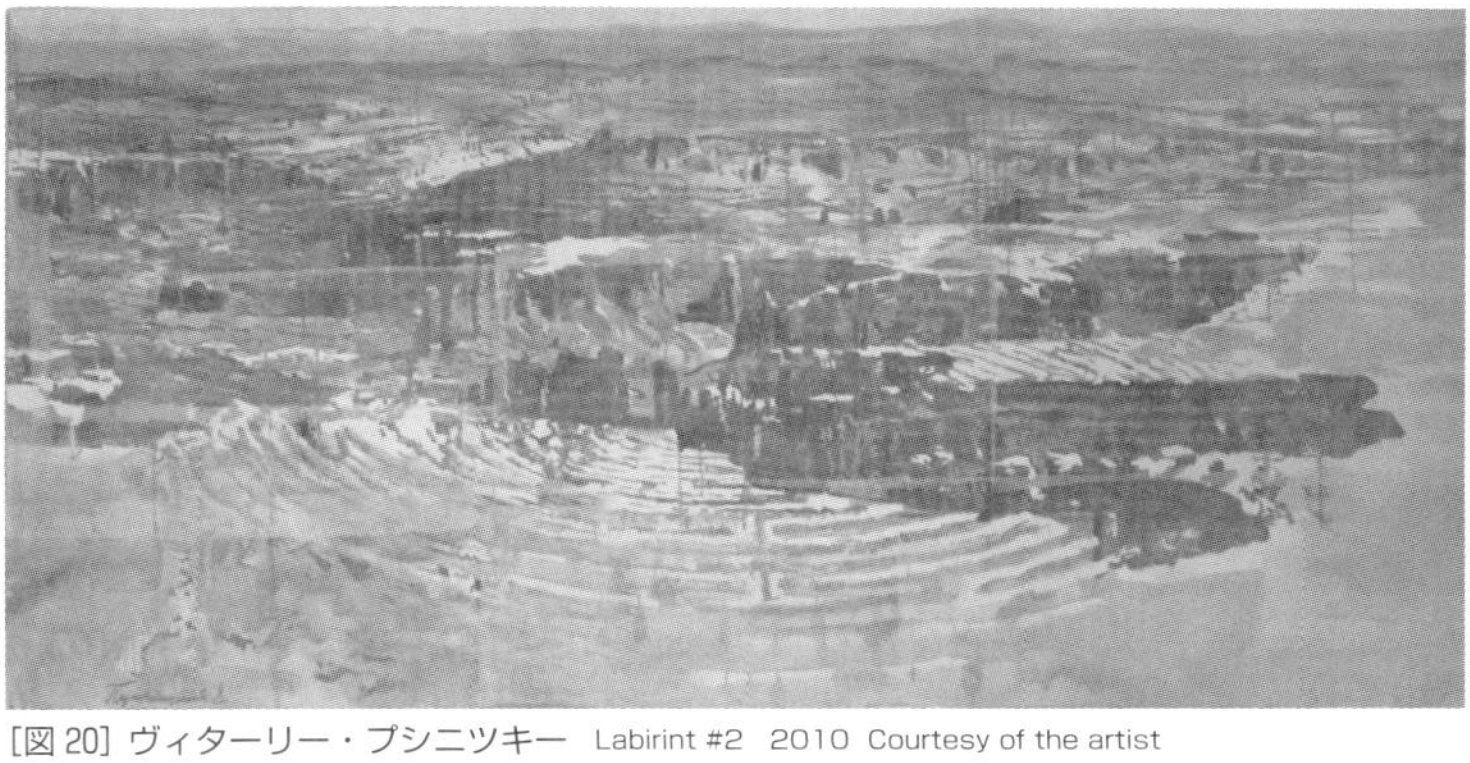

［図 20］ ヴィターリー・プシニツキー　Labirint #2　2010　Courtesy of the artist

した。当初は、構成主義の建築家コンスタンチン・メーリニコフ（一八九〇―一九七四）とウラジーミル・シューホフ（一八五三―一九三九）が設計し一九二七年に建設した構成主義の建築バフメーチェフスキー・バス車庫を会場としていたが、二〇一二年に、モスクワ中心部のゴーリキー公園に移転。アクセスの良い歴史的な公園に建物を新設し、展覧会、講演会、映画会、キッズ・プログラムなどを開催している。館内の洒落たカフェや書店も、都市の若者の新たな集いの場となっており、外から内部を見通せる一階の設計なども、まるで美術館が都市や人々に手招きして迎え入れようとしているかのようだ。現代アートの書籍や資料を豊富に所蔵するアーカイヴ・センターも併設され、一般の利用者にも開かれている。同センターは二〇一七年以降、「アーカイヴの夏」というプログラムを実施し、国内外から毎年五名の研究者を一ヶ月招聘し、アーカイヴの資料を用いた研究と交流の機会を設けており、筆者も初年度に参加したが、美術史家のサーシャ・オブホワ（一九六七年生）をリーダーに、ロシアにおけるクィアアート研究の第一人者で詩人でもあるワレーリー・レジェニョフ（一九八五年生）や若手映像作家、フェミニズムアート研究者らがスタッフとしてのびのびと働いているその創造的な環境も、ロシアの現代美術界を育む重要なものだと思われた。現代美術をめぐる場所は、こうして都市の生態や文化の状況と呼応しつつ次々に生まれ、急速に変化を遂げてきた。

国際的なアートフェアの誕生も、ソ連崩壊後の新しい現象である。一九九六年には、ロシア最大のアートフェア「アート・モスクワ」が始まった。当初の主な購買層は、経済混乱のなかで富を得たニューリッチであり、その悪趣味にかなう作品が並べられた小ブースの列は、悪夢のような光景で、「会場の九割が作品販売を目的にした商業的展示だ」などのレビューも絶えなかった。しかし、最初は自分が選んだ作品を闇雲に買い漁っていた新興富裕層は、やがて専属のアドバイザーを雇って作品を購入するようになり、「アート・モスクワ」の作品も年々、芸術的な作品の割合が増えていった。このフェアは、ロシア現代アートを取り巻く状況を鏡のように映し出すという点で、興味深い場である。また、二〇一〇年から不定期に開催されていた新しいアートフェア「コスモスコウ」が、二〇一五年からは毎年開かれるようになり、各ギャラリーは一作家の作品しか展示してはならないという規則を設けたり、すぐれた展示を行った現代作家に授賞したりすることで、展示の質を高めている。恐怖や妄執をインスタレーションで表現し、二〇〇九年のヴェネツィア・ビエンナーレでも展示を行ったイリーナ・コーリナ（一九七七年生）、ファンタジックなオブジェやパブリック・アート、パフォーマンスを展開してきた二人組のグループ〈ミシマシ〉（ミーシャ・レイキン、一九六八年生＆マーシャ・スムニナ、一九七七年生）らが、「今年の芸術家賞」を受賞している。

一九九〇年代後半から二〇〇〇年代前半は、新しい芸術祭が次々に誕生した時期でもあった。一九九六年には、国際モスクワ写真ビエンナーレが始まり、市民にもっとも親しみのある芸術祭として定着した。ふだんは展覧会に足を運ばない人々も写真ビエンナーレは見に行くこと、地下鉄などで写真ビエンナーレを話題にしている人々を何度も見かけたことが最初は意外だったが、カメラやレンズの制作で独自の発達を遂げた旧ソ連の伝統のもとで、市民が今も写真というジャンルを身近なものとして感じ、また当然のことながら写真が現代アートよりも分かりやすいものとして受け止められていることも窺えた。

二〇〇二年から二〇〇五年まで開催されたモスクワ郊外の湖畔の芸術祭アート・クリャジマでは、検閲がない時代の戸外での芸術表現という新しい課題に、ニコライ・ポリスキー（一九五七年生）、アレクサンドル・ブロツキー（一九五五年生）、ウラジーミル・ナセトキン（一九五四年生）といった作家や若手作家らが嬉々として取り組み、さらに会場では一連の文学会が催され、朗読に訪れた詩人と芸術家のあいだに新しい交流が生まれた。地下鉄駅からクリャジマの芸術祭会場に向かうバスはひどく混んでいたが、車内は熱気に包まれていた。それは、ヴェネツィア、カッセル、ミュンスターのような他の国の芸術祭の賑やかさとも異なっていた。アート・クリャジマは、ようやくロシアでもこうした芸術祭が自由に開けるようになったという喜びを作家と観客が共有し、現代美術をつうじて政治と社会の変化を人々が体感する場だった。

二〇〇二年に国立現代芸術センターの主導で始まり、二〇〇六年まで毎年開催された若手作家の芸術祭「止まれ！　そこを行くのは誰だ？」は、二〇〇八年以降はモスクワ国際若手芸術ビエンナーレとなり、徐々に規模を拡大し、二〇二〇年には半年にわたってメイン・プロジェクト、二九のスペシャル・プロジェクト、二三のパラレル・プログラムが実施された。本フェスティバルは、若手作家のみならず若手キュレーターが経験を積むための重要なチャレンジの場にもなっている。

第一回モスクワ国際現代美術ビエンナーレの光と影

ロシアの数ある新しい芸術祭を代表するのが、二〇〇五年に開始し、以降、すでに八度の開催を迎えたモスクワ国際現代美術ビエンナーレである。モスクワ国際現代美術ビエンナーレは、現代美術諸問題研究所所長、国立ギャラリー「ロシゾ」館長として数々の美術展を組織してきた先述のヨシフ・バクシュテインによって構想された。

開催自体は数年前に決まったものの、時期も出展者も会場すらもなかなか決まらなかった第一回モスクワ国際現代美術ビエンナーレ（二〇〇五年一月二八日〜二月二八日）は、開催の直前まで「ブラックボックスのように予想不可能」だと周囲を悩ませてきた。なにしろメイン会場が決まったのが、開催の一ヶ月前である（!）。だが、いざブラックボックスの蓋が開いてみると、資金や準備不足で展示方法や作品の選定に幾多の難はあったものの、総じて現在のロシアを良くも悪くも映しだすユニークな場が観客を待ち受けていた。

バクシュテインが、ハンス・ウルリッヒ・オブリスト（一九六八年生）をはじめとする五人のキュレーターを各国から招き、彼らが選んだ「二一世紀美術の顔」である四一人の若手中堅アーティストの作品を展示した企画が、ビエンナーレのメイン・プロジェクトだった。ミコル・アサエル（一九七九年生、イタリア）、パヴェル・アルトハメル（一九六七年生、ポーランド）、ジュン・グエン＝ハツシバ（一九六八年生、ヴェトナム）らの作品が、きわめてソ連的なイデオロギー的空間だったクレムリン脇のレーニン博物館で展示されたことは、ソ連崩壊後のロシアの文化状況の変化を実感させた。

しかし、それと同時に、二〇〇五年のモスクワ国際現代美術ビエンナーレは、プーチン体制における保守反動化をも映し出した。二四の特別プロジェクトのなかで、ビル・ヴィオラ（一九五一年生）やクリスチャン・ボルタンスキー（一九四四—二〇二一）などの海外の著名アーティストの個展と並んでもっとも注目を集めた現代ロシア美術展「ロシア2」が、訴訟の原因となったのである。本展のキュレーターであるマラート・ゲリマンは、つねづね、ロシアという国家を「ロシア1」と名づけ、それに対するアンチテーゼとして「ロシア2」という概念を提唱し、「ロシア2」は芸術家には表現の自由が保証されている「理想の空間」であり、「ロシア1」が崩壊した暁にはこのユートピア国家がとってかわるのだと挑発的に語ってきた。ビエンナーレでゲリマンは、ロシア正教を揶揄するかのようなオレク・クリークの《聖家族》（二〇〇四）［図21］、国家のメディア統制をテーマにしたアリスタルフ・チェルヌィショーフ（一九六八年生）の《チューイング・ゴミ》（二〇〇四）、アヴデイ・テル＝オガニヤン（一九六一年生）の《この作品の目的は宗教的敵意を焚きつけること》（二〇〇四）など風刺性の強い作品を展示し、オープニングの数日後、「宗教的敵意を焚きつけ、政治的過激主義を煽動した」罪で保守派グループによって訴訟を起こされてしまう。

後述のように、二〇〇〇年代前半のロシアでは、旧ソ連の指導者やロシア正教を「冒瀆的」に扱った作品を展示したキュレーターに対する訴訟が起こり始めており、ゲリマンがビエンナーレで「ロシア2」というイデーを声高に語ったのも、表現の自由を脅かす近年の風潮を踏まえてのことだった。結果的にゲリマンは「私は思想ではなく芸術作品にかかわっているのです」と弁明し、有罪を免れたが、第一回国際モスクワ現代美術ビエンナーレは、はからずもロシア美術・文化のもっともアクチュアルな「表現の自由」、「美術と政治」、「美術と宗教」という諸問題を浮かび上がらせたことになる。

ビエンナーレの目的のひとつは「この一五年間のロシア現代美術の動きを伝えること」だったとバクシュテインが語ったように、第一回ビエンナーレ全体を通じてロシア現代美術の多様な潮流が意欲的に紹介されたことは、評価されるべきだろう。特別プロジェクト「ジェンダー・トラブル」では、イリーナ・ナホワらが、セクシュアリティとジェンダーという、ロシアではソ連崩壊前後から隆盛したテーマを展開。アレクサンドル・ヴィノグラードフとウラジーミル・ドゥボ

[図21] オレク・クリーク　聖家族
2004 Courtesy of the artist

サルスキーのコンビは、マスメディアの手法をアイロニカルに応用して性と色彩の饗宴を描きだし、〈AES+F〉グループ（タチヤナ・アルザマソワ　一九五五年生、レフ・エヴゾヴィチ　一九五八年生、エヴゲーニー・スヴャツキー　一九五七年生、ウラジーミル・フリトケス　一九五六年生）はテクノロジーを駆使して、未来のショッキングなイメージ（少年兵士や、極度にイスラム化した世界）を量産し続ける［図22］。テレビ画面や古い写真を撮影した極小の写真を使ったインスタレーションによって、複製、メディアというテーマを追求してきたアナトーリー・ジュラヴリョフ（一九六三年生）は、ビエンナーレで新作を発表し、旧来の「大きな物語」という硬直化したコンテクストから写真を解放し、新しい物語を織り上げようと試みた。

一方で、モスクワでの初めての国際現代美術ビエンナーレということもあり、八〇年代以降海外で高い評価を受けてきた六、七〇年代のモスクワ非公式美術の意義を再考するプロジェクトが目立ったのは当然の流れだった。イリヤ・カバコフのモスクワ時代のアトリエ（現在は現代美術諸問題研究所）を会場に、カバコフの旧作《一六本のロープ》が再現され、ビエンナーレの特別プロジェクトとして『モスクワ・コンセプチュアリズム（WAM. No.15/16）』のカタログが出版された。五〇年代から現在に至るまで連綿と続けられてきた個人のアパートでの展覧会の系譜を、作品、写真、ドキュメントで構成した「アパート展覧会」プロジェクトは、作品を公表するあてのなかったソ連時代の非公式作家たちが根づかせた展示形式が、現在のロシアでも一定の機能をはたしていることを示し、理想的な展示場所を得られないというアーティストが抱える普遍的な問題を描きだした［図23］。

このほかにもモスクワの各ギャラリーではビエンナーレと連動して多数の特別展が催され、クローキン・ギャラリーでは、ニコライ・ナセトキン（一九五四年生）の連作《紋様・石油画》展が話題を呼んだ。ロシアの紋様を巨大なキャンバスに石油で描いた本連作は、伝統的文化としての紋様と、文明を支える石油（大地の下に広がる「基層」であり、政治や経済の基盤でもある）を、黒く滴る画面で融合させたきわめて迫力ある作品だった［口絵1］。

ビエンナーレ終了から一ヶ月後のモスクワで、総合コーディネーターを務めたバクシュテインに会った。怒濤のうちに過ぎ去ったビエンナーレを振り返って、彼は「様々な困難はあった。だが不可能なことなどなかった。ここはロシアなのだから」と口元をほころばせた。六〇年代に非

［図22］AES+F　KFNY（King of the Forest: New York）2003　Courtesy of the artists

［図 23］「アパート展覧会」プロジェクトよりゲルマン・ヴィノグラードフ　幼稚園 1985　photo: Sergey Volkov

公式芸術家と深い交流をもち、アパート展覧会に足繁く通っていたバクシュテインは、今やアートシーンの表舞台に立ち、「六〇年代美術には精神性はあったが、可能性はなかった。現代の芸術には精神性はないが、可能性がある」、「世界で影の薄いロシア現代美術に関心を集めるため、モスクワでのビエンナーレの意義は大きい」と語った。それに対して美術評論家のエカテリーナ・ジョーゴチの視線は厳しく、「ロシアのアートシーンを担う人々は、自分たちが政治に対して皮肉な視点を持っていることを示そうとする。でもそれは、もしそうしなければ西側のキュレーターたちに批判されてしまうからにすぎない」、「このビエンナーレは、知的でも革新的でもなく、政治的な諷刺性もなければ、なにかほかの望ましい特徴もなく、安光りがして装飾的で商業的なものになるだろう」、「作品を売らないかわりに、観客には新しい印象という切符を、画家やキュレーターにはキャリアという列車の切符を売る場所」だと、ビエンナーレ開幕前から手厳しいコメントを加えていた。だが、このビエンナーレのテーマである「希望の弁証法」は、実はそうした現代アートをめぐる問題をもあらかじめ積極的に引き受けようとするマニフェストにも思えてくる。希望は膨らむ。希望は都市を浮遊する。泡のように弾けて消える……。願望、野望、欲望――あらゆる希望を消費しつつ一ヶ月の幕をひいたモスクワ国際現代美術ビエンナーレ。アートが商業だけでなく、政治、宗教からも独立して存在することが難しいロシアの現状において、第一回モスクワ国際現代美術ビエンナーレ自体が、渦巻くロシアの美術と社会を表象する作品となった。

第七回モスクワ国際現代美術ビエンナーレ

モスクワ国際現代美術ビエンナーレはその後も、ジャン＝ユベール・マルタン（一九四四年生）らがキュレーターに選ばれ、「排除への反対」をテーマに展開された充実した第三回展（二〇〇九年）、旧ソ連のオデーサ（現ウクライナ）で生まれ、オーストリアで活動し、カールスルーエ・アート・アンド・メディアセンターＺＫＭの館長を務めたペーター・ヴァイベル（一九四四―二〇二三）をキュレーターに迎えた第四回展（二〇一一年）を経て、二〇一七年の第七回展では、長谷川祐子（一九五七年生）がメイン・プロジェクト「Clouds ⇄ Forests」を担当した。本展は、インターネット上のクラウド空間に生まれた「クラウド・トライブ（雲の一族）」と、文化的起源から生まれた「フォレスト・トライブ（森の一族）」の循環によって形成される「新しいエコシステム」に焦点を当てる試みだった。「森」と「雲」の間を変遷する「クリエイティヴ・トライブ（創造的な小集団）としてのアーティスト」が、「鑑賞者の主観性をどのように再構築し、また、そうした彼らの創造性が個々の主観性に基づいた新たな環境空間（エンヴァイロメンタル・スフィア）の形成にどのように関わっている」かを示すというコンセプトである（ビエンナーレ公式資料より引用）。

植物と人間の緊密な交感をみずみずしい臨場感で表現した東加奈子（一九九一年生）の映像など、むせかえるような生命力に溢れた植物と雲のイメージが次々に繰り広げられ、植物の生命力とエコロジーに特化した導入部を見て感じるのは、政治やプロパガンダとは一見無縁に見える植物という表象が、この国の文化統制の厳しさを逆説的に照射し得るということだ。政治、宗教、イデオロギー、セクシュアリティ等に関わる表現と展示が弾圧されるロシアで、植物は、主体的な活動者としての人間の生命力と自由の表象となり得るのではないか。

もちろん、エコロジーや人間の生存環境というテーマは、それ自体がきわめて政治的な主題でもある。原発事故後の福島で廃墟となった居酒屋で、服と仮面をつけた猿が徘徊する様子を記録したピエール・ユイグ（一九六二年生、フランス／アメリカ）の映像《ヒューマン・マスク》は、人間、環境、地球に対する国家の責任をも告発していた。

中園孔二（一九八九—二〇一五）、照屋勇賢（一九七三年生）、島田清夏ら日本作家五名、マシュー・バーニー（一九六七年生、アメリカ）、フセイン・チャラヤン（一九七〇年生、キプロス／イギリス）など、二五ヶ国から五二作家が参加した本展では、テクノロジーやアニミズムが混淆する多層的な世界において、人間が、過去や未来、他者や自分、人間以外の種と対話しながら、いかに世界を創造的に知覚し、新たな価値観のもとに自主的に生きるかという問題が展開された。収穫の恵みのもとに慎ましい生を送る一家を描いたシジ・クリシュナン（一九八三年生、インド）の水彩画が、人間の営みの原点を想起させる一方で、森山未來（一九八四年生）とジュスティーヌ・エマール（一九八七年生、フランス）は、石黒浩（一九六三年生）、池上高志（一九六一年生）らが開発したアンドロイド「オルタ」との対話を記録した映像で、人工知能との新たな交流の可能性を示し、オラファー・エリアソン（一九六七年生、デンマーク／ドイツ）は、光のインスタレーション《我々の存在と共鳴する空間》で、人間と環境の共鳴を表現した。

なかでも圧巻だったのが、アイスランドの歌手ビョーク（一九六五年生）の約四五分に渡るインタラクティブな映像インスタレーションである。観客はいくつものホールを移動しながら、最初のホールでは岩場で苦悶するビョークを遠くから映した映像と歌「Black Lake（黒い湖）」を鑑賞し、次のホールではヘッドセットをつけて、ビョークがあたかも自分のすぐそばで笑いかけ手を差し伸べてくるような「Stonemilker」のパノラマ映像を体験。小さいブースでは、ヘッドセットを被り、空間に光のリボンを放つ機械を両手に持ち、電子空間の女神に変貌したビョークに仮想的に触れながら一体化するという体験をする（「Not Get」）。全体の流れとして、疎外、孤独から接近、共感、接触、一体化という段階を描いたインスタレーションで、圧倒的なカタルシスを感じさせた。この作品は多くの展評で取り上げられた。二〇一四年のクリミア併合が、それに対する態度の相違により、多くの家族や友人たちを離散させ、社会の分断が進んでいったロシアで、精神的な一体化へのプロセスを描いたこの作品は、現実には存在しないものを垣間見せてくれるドリーム・マシーンのように機能したのかもしれない。

二〇二一年に開催予定だった第九回展は、パンデミックのため延期となり、二〇二二年一一月に満を持してトレチャコフ美術館新館で開催されるはずだったが、ほぼ展示作業も終わったオープンの三日前、ロシア文化省は「多くの展示品のレベルが、ビエンナーレ会場として選ばれた国の重要な美術館のステータスに釣り合わない」という突然の声明を出し、ビエンナーレは中止された。東欧で取り壊されたソ連の記念碑を扱った作品があったためなのか、死を悼む作品が戦争を連想させるためなのか、理由は定かではないが、二〇二二年二月のウクライナ侵攻以降の文化統制の強化の現れにほかならなかった。

二〇〇五年、ヨシフ・バクシュテインはインタビューで「モスクワ国際現代美術ビエンナーレは自由の象徴である」と語っていた。自由が失われた今、ビエンナーレが存在しなくなったこともまた、象徴的な出来事だった。

展示に対する検閲の強化――表現の自由の危機

再び二〇〇〇年代初頭を振り返るなら、第一回モスクワ国際現代美術ビエンナーレ以前から、ロシアの現代美術界をとりまく状況は、すでに翳りを見せていた。

なかでも、新生ロシアにおける新たな文化統制の象徴となったのが、モスクワのサハロフ博物館で二〇〇三年一月に行われた美術展「宗教に要注意!」をめぐる裁判である。ロシアを中心とする四四人のアーティストが参加したこの展覧会では、コカコーラのポスターにキリストの肖像を描いたアレクサンドル・コソラポフ(一九四三年生)のガラス絵《コカコーラ　これは私の血である》(二〇〇二)［図24］などの挑発的な作品や、現代ダゲスタン美術を牽引してきたマゴメト・カジュラーエフ(一九四六年生)の瞑想的で温もりに満ちた抽象絵画《祈り1》など、様々な形で宗教に関係する作品が展示された。ロシアと日本を行き来しながら彫刻や映像を制作してきた桜井久実、オレク・クリーク、ウラジスラフ・マムィシェフ=モンロー(一九六九―二〇一三)、タチヤナ・アントーシナ(一九五六年生)らの作品もあり、宗教的価値を再確認する作品、教会と国家の癒着に対する批判を含む作品などを通じ、宗教に対する多様な視点を提示しようとする展覧会だった。

しかし、展示会場がソ連の著名な人権擁護家アレクサンドル・サハロフの記念館で、チェチェン戦争に対する反戦活動やソ連時代の収容所の記録公開などの民主的活動の拠点だったことも原因となり、この展覧会は過激な保守層の怒りに火をつけた。開幕の四日後、熱狂的な正教信者のグループが会場に乱入して作品の大多数を破壊した上に、「ロシア民衆の尊厳を傷つけた」として訴訟を起こしたのである。二年越しで裁判が行われたが、司法もそれに同調し、二〇〇五年、サハロフ記念館のユーリー・サモドゥーロフ館長（一九五一年生）と、展覧会を企画した館員が、「冒瀆的、侮蔑的で、皮肉で、神の尊厳を傷つける」展覧会を開いた罪で、罰金刑を受けた。

展覧会の参加アーティストの一人であるアンナ・アリチューク（一九五五—二〇〇八）もキュレーターとみなされ告訴されたが、展覧会の企画には関わっていないとされ、無罪となった。アリチュークは筆者の親しい友人だったが、「四四人の参加アーティストの中で自分だけが告訴されたのは、私がユダヤ人だからだろう」と語っていた。アリチュークは、長年、フェミニズム・アートにたずさわり、フェミニズム文化の連続講演や展覧会を積極的に組織し、いつも明るい笑い声を絶やさなかった。ロシア・アヴァンギャルドを源泉とする視覚詩、実験詩にとりくんだ詩人でもあり、筆者をモスクワ市北部の自宅に招いては、詩を朗読し、作品を見せてくれた。だが、この事件と裁判によってアリチュークが受けた精神的ショックや日常的な被害は想像を超えるものだった。彼女は二〇〇七年に夫で哲学者のミハイル・ルィクリンと共にベルリンに転居したが、二〇〇八年三月二一日に失踪し、四月一〇日、シュプレー川で遺体が発見された。失踪当時は、裁判との関係で、ロシア愛国主義者に誘拐、殺害されたのではないかと内外のメディアで議論を引き起こしたが、他殺か自殺かは分かっていない。死の三ヶ月前、アリチュークは、ベルリンからメールで、完成させたばかりの映画や写真プロジェクト《De profundis 深淵より》の資料を送ってくれ、創造力に溢れているように見えた。

アリチュークの最後の作品となった《De profundis 深淵より》[図25・26]は、彼女が二〇〇五年から二〇〇六年にかけて、ロシア西部のオリョール近郊の女性刑務所で講義を行なった際に撮影した服役囚の肖像写真や、彼女たちの手によるフレスコ画やレリーフの色鮮やかな写真のシリーズだった。アリチュークはこのプロジェクトの解説文で、「囚人たちの〈灰色の〉退屈な生活という一般的な神話を払拭し、彼女たちを人間としてだけでなく、複雑な人生を歩む個性として描きたい」と書いている。禁固刑も危ぶまれていた長い裁判の直後にこの連作を制作したアリチュークは、有罪となることへの恐れ、敵意と弾圧に満ちた収容所的な空間になりつつある社会への絶望を、この連作で昇華させようとしたのではなかったか。

二〇〇七年にはトレチャコフ美術館で、同館のキュレーターで著名な美術研究者でもあるアンドレイ・エロフェーエフ(一九五六年生)の企画により、「ソッツ・アート展」が開催されたが、社会主義を揶揄した作品が再び大論争を引き起こした。また、同年、エロフェーエフは、学芸員たちが展示することを提案したのに、性的描写、政治批判、宗教に対する皮肉といった要素を危惧してロシア各地の美術館が展示を拒否した作品ばかりを集めた「禁じられた美術二〇〇六」展を、サハロフ博物館で開催する。出展作のなかには、「宗教に要注意！」展でも論議を呼んだアレクサンドル・コソラポフの別の作品（版画《マクドナルドの広告》一九九五）や、名画の中のキリストの顔をミッキーマウスに置き換えたアレクサンドル・サフコ（一九五七年生）の《ミッキーマウスの美術史の旅》（一九九五）［図27］など、現代の大衆的なアイコンとキリスト教的主題を同列に並べ、宗教を相対化する作品群があった。展示作品の中には、イリヤ・カバコフ、ドミトリー・グートフ、ミハイル・ロギンスキー（一九三一―二〇〇四）など、内外で高く評価されている作家たちによる風刺的だが比較的「穏健」な作品もあり、ロシア各地の美術館が今さらこれらの作品の展示を禁止したという反動の動きに、当時、あらためて驚かされた。

［図24］アレクサンドル・コソラポフ　これは私の血である
2001　Courtesy of the artist

［図25］アンナ・アリチューク
De profundis（深淵より）2005-2006 Courtesy of the artist

［図26］アンナ・アリチューク
De profundis（深淵より）2005-2006 Courtesy of the artist

その上、この展覧会を企画したエロフェーエフとサハロフ博物館館長ユーリー・サモドゥーロフは、「国民の嫌悪と敵意を焚きつけた」という嫌疑で、民族主義的な政治団体――ロシア連邦議会下院国家会議で副議長を務めたこともある政治家セルゲイ・バブーリン（一九五九年生）が率いる全ロシア人民同盟――によって、ただちに告訴されてしまう。裁判の結果を待たずに、二〇〇八年六月、エロフェーエフは「美術館の秩序を乱した」罪でトレチャコフ美術館を解雇され、二〇一〇年七月一二日には判決が下り、両名とも、「嫌悪と宗教的反目をかきたてた罪」で有罪（罰金刑）を言い渡された。検察が彼らに禁固三年の刑を要求したことを受けて、判決の前には、イリヤ&エミリア・カバコフ、オスカル・ラビン、エリク・ブラートフ、ボリス・グロイス、リュドミラ・ウリツカヤ（一九四三年生）をはじめとする作家、批評家、文学者たちが、メドヴェージェフ大統領に公開書簡を送り、被告人を擁護し、芸術の自由を訴えた。

こうした相次ぐ訴訟を受けて、美術館では自己検閲の風潮がいっそう高まった。その状況は、この裁判に寄せてカバコフが語ったように、先述の「ブルドーザー事件」（一九七四年）や、ソ連国家保安委員会とソ連作家同盟の反対によるボリス・パステルナーク（一八九〇―一九六〇）のノーベル文学賞辞退（一九五八年）、作品が「反ソ宣伝」であるとして作家が自由剥奪の判決を受けた「ダニエル＝シニャフスキー裁判」（一九六六年）といったソ連時代の作家の迫害を想起させる。芸術の表現をめぐる裁判や争いは、ロシアだけの問題ではないが、二〇〇〇年代のロシアの場合は、表現の自由に対する弾圧は、「強いロシア」や「宗教国家」をめざす保守的な政治と連動して加速していった。

本章の冒頭で、新生ロシアの進歩的なギャラリーのディレクターとして名前を挙げたマラート・ゲリマンも、その後、ペルミ美術館の館長を務めたが、ロシア正教や政治を揶揄する作品を展示し、二〇一三年に解雇された。ゲリマンはロシアでは自由な展示活動ができないと考え、二〇一四年にモンテネグロに移住し、現在はアーティストインレジデンスの活動に関わっている。二〇二一年には、他の多くの文化人やメディアと同様に、ロシア政府によって「外国のエージェント」に指定された(「外国のエージェント法」は、二〇一二年の法改正による新しい制度であり、「外国の影響下」にある人物、外国から支払いを受けた個人や機関が対象となり、指定されると統制下に置かれる。現状としては、多くの場合、政治を批判するメディアや個人に対する弾圧、統制の制度として機能している)。

ロシアにおける現代美術の普及に大きく貢献してきた先述の国立現代芸術センターは、二〇一六年、文化省によって、突然、国立ギャラリー「ロシゾ」の下部組織となることが決定され、統制しやすい体制に変更された。創立者レオニート・バジャーノフ(一九四五年生)、現代アーティストを深く理解し支援してきたキュレーターのイリーナ・ゴルロワ(一九六七年生)を含め、経験豊かな多数の学芸員が解雇されるか、自ら去っていった。現代美術への統制の強化は、大きな危惧と議論を引き起こした。この統合は、現代芸術センターが、政府を批判するパフォーマンスを行った作家ピョートル・パヴレンスキー(一九八四年生)を芸術賞の候補者としたことなどへの報復ではないかという見解もあったが、文化機関への干渉がロシア全土で強まっていった時期でもあった。その後、二〇一九年、現代芸術センターは、ロシゾから国立プーシキン美術館に移管され、より実質的な学芸上の連携が可能になるのではという期待が生まれた。

国立現代美術センターを傘下に置くことで、ロシア全土に点在する九つの分館を得たプーシキン美術館のマリーナ・ロシャク館長（一九五五年生）は、現代美術の展示にも積極的に取り組もうと意気込んだ。それに加えて、ハバロフスクの旧飛行場の建物を改修して新たな分館を作り、極東という地理的状況を活かして、サハリンを含む極東地域とロシア各地域の文化交流、さらには、日本、モンゴル、韓国、中国、インドネシア、シンガポール等との文化交流の拠点とする計画も進めていた。美術館スタッフや作家アレクサンドル・ポノマリョフ、建築家アレクセイ・コズィリ（一九六七年生）らと共に筆者もハバロフスク分館プロジェクトに加わり、それと関連した日本での展覧会も開催が決まっていたが、当初はパンデミックで、その後はウクライナ侵攻による美術作品の輸送制限によって展覧会が延期となり、ハバロフスク分館建設自体も休止してしまった。

ロシャク館長は、ウクライナ侵攻後に文化機関の長が次々に置き換えられるなかで、二〇二三年四月に解任され、国立シューセフ記念建築博物館館長だったエリザヴェータ・リハチョワ（一九七八年生）が、プーシキン美術館の新館長となった。リハチョワは、モスクワ大学法学部卒業後、ロシア連邦移民局で勤務し、三〇代後半に建築史を学びはじめ、美術館で勤務するようになった。二〇二一年にメディアのインタビューに答えて、「プーチンは私たちのモーゼです。彼は私たちに、奴隷状態から抜け出し、約束の地に来るための三〇年間を与えてくれました」と述べた人物である。

アーティスト・コレクティブの過去と現在

社会の保守化が徐々に強まる中で、二〇〇〇年代に急速に活発化したのが、自由な議論と活動の場としてのアーティスト・コレクティブの動きである。

二〇一四年にモスクワ在住のアーティスト、スタニスラフ・シュリパとアンナ・チトワが結成したグループ〈Agency of Singular Investigations〉（略称ＡＳＩ、「特異な研究エージェント」の意）もその一つである。ＡＳＩは、「現在の社会文化的な流れの中での芸術的実践の役割を再考する展覧会、討論、パフォーマンス等の催しを行うためのプラットフォーム」として自身を定義している。二〇一五年には、モスクワ市北部の〈創造的インダストリアル・センター・ファブリカ〉の一画に、独自のスペースを入手したが、このスペースは「展示空間であると同時に、出会いのための場、多様な方法論が出会うハイパーコミュニケーションの場だ。ＡＳＩでは対話によるアマルガム（合金）が生まれる。対話なしに作品を作れば、芸術はたやすく道具になってしまう」とシュリパは語った。

ＡＳＩの目的は、「社会的空間を一時的に創り出し、ヒエラルキーに縛られた家父長的な文化形式を解体するためのプラットフォーム」を提供し、ディスカッション、マスタークラス等を開催して、作品が喚起するテーマについて人々と対話を重ね、様々なディスコースや思想を見直すことだ。
たとえば、第一回ガレージ現代美術館ビエンナーレ（二〇一七年）で発表した《Clepsydra》（水時計）［図28］は、時間を逆行させる製品を紹介するスタンドという形式を取るインスタレーションだが、「〈幸せな過去〉への回帰という現代ロシアの傾向」（シュリパ）を踏まえ、愛国心賞揚の手段としてソ連がイデオロギー的に利用される現在の状況を照射する。一方、ＡＳＩのスペースで二〇一五年に展示された《ディストピア公園》［図29］は、隕石落下のために一九五五年にモスクワが壊滅したという設定のもとに、近現代の歴史と美術史のアーカイヴを再構成して展示し、パラレルヒストリーを創出することで、歴史について再検討するための場を提供する。ＡＳＩのプロジェクトはこのように、芸術的な創造活動とコミュニケーションの接点で成立している。

一方、ペテルブルクに目を向ければ、政治と商業の中心地であるモスクワに対抗するオルタナティブな空間としての自負を抱いてきたペテルブルクは、ロシアの保守反動化が顕著になった二〇〇〇年代半ば以降、左翼的アクティヴィズムの中心地となってきた。なかでも活発な活動を展開してきたのが、アーティスト、ドミトリー・ヴィレンスキー（一九六四年生）とオリガ（ツァープリャ）・エゴロワ（一九六八年生）が二〇〇一年に設立したグループ〈FEZA project〉を前身に、アーティストのニコライ・オレイニコフ（一九七六年生）、哲学者、政治学者のアルテミー・マグーン（一九七四年生）、詩人アレクサンドル・スキダン（一九六五年生）らが加わり、二〇〇三年に結成されたプラットフォーム〈なにをなすべきか?《シトー・ジェーラチ》〉である。〈なにをなすべきか?〉の目的は、「左翼思想の遺産を継承・発展」させ、「政治的活動、社会運動の思想、芸術上の発明の関係を再樹立すること」、「創造的な労働者の自律組織を作る」こと、そのために「可能な限り開かれたプラットフォームを形成する」ことだった。英露バイリンガルの新聞の発行、美術館、路上でのインスタレーション展示、アクションと共に、オープンスペースであるローザ文化会館での活動を重視してきた。展覧会、レクチャー、討論会等の開催時以外にもつねに開かれているローザ文化会館の意義は、「活動家やアーティストが連帯して成長する空間を創造したことにある。この開かれた空間は、現代のペテルブルクの文化界に居場所を持たない人々のための場を提供している」とヴィレンスキーは筆者に語った［図30］。ローザ文化

［図27］アレクサンドル・サフコ
ミッキーマウスの美術史の旅
1995 Courtesy of the artist

［図28］Agency of Singular Investigations Clepsydra 2017
photo: MCA Garage

［図29］Agency of Singular Investigations ディストピア公園
2015 Courtesy of the artists

［図 30］ローザ文化会館活動風景
Courtesy of the artists

会館は、「ロシア連邦保安庁の警告」を受けた家主の自主規制によって二〇一五年には活動の一時休止と移転を余儀なくされたが、その後、ペテルブルクの別の場所で二〇二二年まで活動を続けた。

二〇二二年二月のウクライナ侵攻以降も、彼らはオープンスペースに集まり、反戦運動にかかわり、戦争について語り合い、三、四月の時点では、「戦争が終わるかもしれない、制裁も解けるかもしれない」という希望を持っていたが、「五月末になると国内の雰囲気が変わって、より絶望的になり、ペテルブルクを離れることをその頃に決めた」のだと、ヴィレンスキーは二〇二三年六月、彼らのサイトで書いている。彼らはベルリンに、〈なにをなすべきか?〉の新しい拠点を設けることができたが、参加者たちはいまや世界中に散らばった状況であり、ヴィレンスキーは、「ローザ文化会館を、参加者たちがまったく異なる場所にいて、異なる人生の課題を抱えている新しい状況で続けることは可能だろうか」という問いを抱きつつ、活動を続けている。

歴史を振り返れば、表現活動が大きく制限されていた文化統制下のソ連では、アーティストたちはグループを組むことで自由な対話や展示を行うためのプラットフォームを設けようと試み、様々なアーティスト・コレクティブを形成してきた。一九六〇—八〇年代に非公認芸術家としてモスクワで活動し、「AptArt」という自分のアパートを展覧会場に作り変えたオルタナティブスペースを運営していたニキータ・アレクセーエフが、二〇一八年のインタビューで、「ロシアで多数のアーティスト・コレクティブが生まれるのは、社会、圧力に対抗するためにそれが必要だからだ」と語ったように、ロシアのアーティスト・コレクティブは、統制された社会に抵抗する自律的な場として機能してきたのである。

ロシア美術史において、多数の非公認芸術家グループが形成された一九六〇—八〇年代は、ソ連のアーティスト・コレクティブの第一の隆盛期だった。アンドレイ・モナスティルスキーらが七六年に創設し、イリヤ・カバコフらも参加した〈集団行為〉は、モスクワ郊外の森や野原でパフォーマンスや展示を行い、自己や社会を見つめるための「精神的な場」を作り出した。スヴェン・グンドラフ（一九五九—二〇二〇）、コンスタンチン・ズヴェズドチョートフ（一九五八年生）らが七八年に結成した〈ムハモール〉は、約六年間にわたって、オブジェ、ドローイング、映像などの共同制作、アクションを展開し、その影響下で八六年にはコレクティブ〈世界チャンピオン〉も生まれた。

ドミトリー・シャーギン（一九五七年生）、ウラジーミル・シンカリョフ（一九五四年生）らを中心に二〇人以上のアーティスト、詩人、音楽家らが参加した〈ミチキ〉は、八〇年代から九〇年代初頭にかけてレニングラード（現サンクト・ペテルブルク）を拠点に、展示、出版、コンサート等を活発に行ったが、兄弟愛的な関係、簡素な生活、酒宴を通じた緊密な交流をモットーとする彼らの生活様式は、シンカリョフらの著作によって広く知られ、転換期のロシアの若者に大きな影響を与えた。

文化に対する統制は、八〇年代後半から九〇年代のペレストロイカ、ソ連解体期に一時的に和らいだが、二〇〇〇年代以降、保守化への揺り戻しが起こる中で、自由な表現と対話の場を求めてのアーティスト・コレクティブが活性化したのは、先に述べた通りである。しかし、二〇二二年のウクライナ侵攻後の文化統制とそれに伴う罰則は、六〇—八〇年代の非公認芸術の時代と比較してもより厳格なものであり、現時点では、コレクティブの活動には危険が伴う。筆者が、二〇一八年の『美術手帖』（四、五月合併号　特集「アート・コレクティブが時代を拓く」）掲載の論考のために、アーティスト・コレクティブの創立者たちのインタビューや調査を行った際には、シュリパ、チトワ、ヴィレンスキーらは希望に満ちており、筆者もその論考を、自由な発言、権力への抵抗を個人で行うことが困難なロシアで、「連帯としてのアーティスト・コレクティブの役割は、今後もいっそう強まっていくだろう」と締めくくったが、それからわずか四年、ウクライナ侵攻によりロシアの文化状況は急激に悪化した。だが、〈なにをなすべきか？〉の参加者たちは、弾圧を避けるために偽名を使わざるをえないとはいえ、戦争批判やアクションの写真を含んだ英語の雑誌を、侵攻開始後もインターネットで発行し続けている。

Ⅱ 〈ヴォイナ〉&〈プッシー・ライオット〉のアクション――身体と社会

国家（あれは大胆にも国家と名乗っている！）が、性生活をまったく野放しにできたとは荒唐無稽じゃないか？ 誰でもいつでも好きなだけだなんて…… まったく非科学的、まるでケダモノだ。

（エヴゲーニー・ザミャーチン『われら』）

変動期のパフォーマンス・アート

ソ連崩壊二〇周年にあたる二〇一一年は、ロシア史上、大きな節目の年であり、内外のメディア、アートシーン、文学界においても、ロシアの過去と現在を再検討しようという気運が高まった。

それと同時に、二〇〇八年から二〇一二年に至るこの時代は、ロシアにおいてパフォーマンス・アートの活動が先鋭化していった時期でもある。これは、ある意味でロシア社会の変化を示唆する象徴的な現象だった。ロシアでは、二〇世紀初頭から現在にいたるまで、時代の転換期には、かならずと言ってよいほど、パフォーマンス・アートが重要な役割をはたしてきたからである（革命前後の未来派、七〇年代の〈集団行為〉、ソ連崩壊前後のオレク・クリークやアレクサンドル・ブレネルなど）。

ソ連崩壊二〇周年前後に、ロシアのみならず国際的な関心を集めることになったのは、共に反体制的な内容のパフォーマンスを主軸とした〈ヴォイナ（戦争）〉、〈プッシー・ライオット（子猫＝女性性器の叛乱）〉という二つのグループである。とりわけ、〈プッシー・ライオット〉の活動は、時期的にも政治的な主張の面でも、二〇一一年から一二年にかけてのロシアの民主化運動と重なり合い、政治集会でも〈プッシー・ライオット〉の歌が民衆によって歌われるなど、政治運動と直接的に関わり、社会現象ともなった。

〈ヴォイナ〉——何に対する戦争か？

〈ヴォイナ〉は、二〇〇七年に結成されたモスクワのパフォーマンス・グループで、二〇一一年頃までモスクワ、ペテルブルクを中心に活動し、主に警察や裁判所等の国家権力を揶揄するパフォーマンスを展開した。二〇一二年には日本でもプロジェクトを実施している。〈ヴォイナ〉の一連のパフォーマンスには、六〇人以上の学生、詩人、ジャーナリストなどが参加したといわれるが、中心的なメンバーとなったのは、オレク・ヴォロトニコフ（一九七八年生）と妻ナターリヤ・ソコル（一九八〇年生）、ピョートル・ヴェルジーロフ（一九八七年生）と当時の妻ナジェージダ・トロコンニコワ（一九八九年生）、アレクセイ・プリュツェル＝サルノ（一九六二年生）らである。

二〇〇八年三月のロシア大統領選挙の前日には、モスクワの国立生物学博物館の一室でアクション《後継者の子熊のために性交せよ》を実施。「後継者の子熊のために性交せよ」という横断幕の横で、数組のメンバーが性交を行ったこのアクションは、ドミトリー・メドヴェージェフ(名字に「熊＝メドヴェーチ」という単語が含まれる)が選挙で圧勝して現大統領ウラジーミル・プーチンを首相に任命するという政治の筋書きに抗議したものだった。アーティストでキュレーターのマリーナ・ペルチヒナは、このアクションについての論文で、ロシア文化史のなかで「熊」が「絶対的な政治権力」の象徴であること、このアクションにおける性交は、多産を祈願した古代の儀礼を連想させ、アクションの目的が「新しい公的な国家システムの誕生」であると考えられることを指摘している。(8) そしてメンバーのプリュツェル＝サルノは、乱暴な性交は「権力が国民に対して象徴的に行った強姦」の比喩となりうると述べている。(9)

〈ヴォイナ〉は、その後も多くのアクションを展開し、二〇〇八年十一月には「十月革命を記念」して、ロシア連邦政府庁舎に、全長四〇メートルの頭蓋骨のマークをレーザー光線で映しだすアクション《連邦政府庁舎への襲撃》を行っている。モスクワ建都の日にあたる二〇〇八年九月七日には、同性愛者を弾圧した当時のモスクワ市長ユーリー・ルシコフへの批判として、同性愛者に扮した俳優を市内のスーパーで首吊りにするパフォーマンス《デカブリストの記憶　ルシコフ市長へのモスクワ建都の日のプレゼント》を行った。モスクワ建都の日は、権力を誇示するためにルシコフが好んで華やかな祭典を催した祝日であり、巨額の予算を投じて飛行機でモスクワ上空の雨雲を拡散させ、晴天を確保するという力の入れようだったが、〈ヴォイナ〉は、その祝日に市長に「贈り物」をしたのだと語る。また、ルシコフ統治下のモスクワ建都の日に限らず、祝日や歴史的記念日は、ソ連期から現在にいたるまで、ナショナリズム高揚というイデオロギー的な機能を担っており、記念日を選んでパフォーマンスを行う〈ヴォイナ〉の意図は、ナショナリズム全般に対する異議申立てであるといえる。

〈ヴォイナ〉の活動のなかでも、芸術界でも社会でも激しい議論を呼び起こしたのは、二〇一〇年六月一四日、チェ・ゲバラの誕生日を記念してサンクト・ペテルブルクで行ったパフォーマンス《ロシア連邦保安庁に捕まった性器》[図31]である。ペテルブルクは帝政時代の首都であり、プーチンの出身地であることから、権力を象徴する空間としての意味合いを持っている。しかも、〈ヴォイナ〉がパフォーマンスを行ったリテイヌイ橋は、ロシア連邦保安庁（ソ連時代の国家保安委員会、すなわち秘密警察であったKGBで、プーチンが一九七五年から一九九〇年まで所属していた）の建物に面している。この橋は跳ね橋で、夏期は船の通航のために深夜から早朝まで橋が上げられるが、〈ヴォイナ〉はその直前に交通整理の警官の阻止をふりはらって橋に乱入し、白いペンキで縦六五メートル、横二七メートルの巨大な男性器をわずか二三秒で描きあげた。橋はそのまま上げられたので、性器もたち上がって、連邦保安庁に向かって突き立つことになった。このパフォーマンスは、もちろん直接的には、性器を向けることで権力を嘲笑しているわけだが、《ロシア連邦保安庁に捕まった性器》というタイトルにある通り、国家による身体の拘束や、性の管理（同性愛の弾圧）を問題化している。それと同時に、管理に屈しない奔放な性や、解放への強い情熱を感じさせるアクションでもある。

この後、アーティストは二日にわたって拘留されたが、意外なことに、このパフォーマンスは、二〇一一年に、現代美術のロシア国家賞であるイノベーション賞（二〇一〇年、視覚芸術作品部門）を受賞した。二〇〇五年に創設されたイノベーション賞は、活動歴の長い著名な作家や批評家を主な受賞対象とした権威ある賞で、〈ヴォイナ〉受賞の年に他部門では、「現代芸術の発展への創造的貢献部門」でイリヤ&エミリア・カバコフ、「ロシアの現代美術への支援部門」で現代美術書籍の出版に努めてきたゲルマン・チトフ（一九六四年生）といった重鎮が受賞している。そうしたなかで、活動歴が短い〈ヴォイナ〉の一夜きりのパフォーマンスが受賞したのは、まぎれもなく、国家が芸術統制を強めていることに対する文化界の抗議だった。国家賞とはいえ、審査員はロシアのキュレーターたちであり、その年の審査員は、美術史家エカテリーナ・ジョーゴチ、エルミタージュ美術館現代美術部門長ドミトリー・オゼルコフ（一九七六年生）、キュレーターのアンドレイ・エロフェーエフらが務めていた。いずれも、美術に対する近年の検閲に対して批判的な見解を示してきた人々である。なかでも、アンドレイ・エロフェーエフは、彼自身が現代の「検閲」を体験し、前述の「禁じられた美術二〇〇六」に対する訴訟で、二〇一〇年に有罪判決を受けている。

〈ヴォイナ〉は、二〇一〇年七月一二日、「禁じられた美術二〇〇六」をめぐる裁判の判決の日に、モスクワの裁判所にひそかに三〇〇〇匹のゴキブリを持ちこみ、廊下で一斉に放つというアクション《ゴキブリ裁判》も行っている。その惨状は日本を含む内外のメディアで紹介され、結果的に、裁判自体とロシアにおける文化統制の現状も注目されることとなった。表現の自由を求めてこのように「戦い〈ヴォイナ〉」を挑んできた彼らの活動に賞を授けることで、イノベーション賞の審査員たちは、国家や司法に対して意志表明を行ったのである。

しかし、それと同時に、イノベーション賞の対象となったのが、《ゴキブリ裁判》ではなく、あくまでも《ロシア連邦保安庁に捕まった性器》であり、この橋上のアクションが、美的、思想的観点からも評価されていることを想起するべきである。作家ユーリー・アヴァクーモフは、このアクションは「二〇一〇年の先鋭的芸術のなかで、もっとも表現力豊かな鮮やかな作品」であり、「サンクト・ペテルブルクのバロック的で劇場的な世界における便所の異教的なファロスの登場は尋常ではなく、その無鉄砲さが滑稽である」と述べている。ピョートル大帝や歴代の皇帝の緻密な計画のもとに、壮麗かつ秩序ある町並みを与えられ、エルミタージュ美術館やロシア美術館を抱える世界遺産都市ペテルブルクは、古典的文化と美の象徴である。〈ヴォイナ〉がファロスを突き立て、「戦い」を挑んだ相手は、伝統的な美の規範でもあったのである。

〈プッシー・ライオット〉——フェミニスト・パンク・ロック

〈プッシー・ライオット〉（子猫＝女性性器の叛乱）は、〈ヴォイナ〉の主要メンバー数名も参加しているが、〈ヴォイナ〉とは別組織の女性だけのアクティヴィスト・グループである。二〇一一年八月に結成され、色とりどりの衣服と目出し帽を身にまとい、偽名を使って、モスクワの地下鉄やクレムリン脇の赤の広場などの公共空間で、一〇人ほどでゲリラ的な演奏活動を行ってきた。ロシアのフェミニスト・パンク・ロック集団として女性の解放を歌うと同時に、プーチンの政治体制を批判するアクションが圧倒的に多い。
〈プッシー・ライオット〉は、自分たちのアクションを「ツアー」と呼んでいる。彼女たちの最初の「ツアー」は、二〇一一年一〇月、モスクワの八カ所の地下鉄駅や市電で行われた。この「ツアー」で〈プッシー・ライオット〉が歌った歌は、次のような歌詞だった。

エジプトの空気は肺にもいいだろう。
赤の広場をタハリール広場に変えろ。
強い女たちと暴動を起こせ。

[図31] ヴォイナ　ロシア連邦保安庁に捕まった性器　2010
Courtesy of Alexey Plutser-Sarno

[図32] プッシー・ライオット　ロシアの暴動　2012　photo: Denis Bochkarev

バルコニーに転がっているバールを探して広場の敷石を剝がすがいい……

二〇一一年一月にタハリール広場に数百万の市民が結集し、ムバラク大統領を辞任に追いこんだエジプト革命をふまえて、〈プッシー・ライオット〉は、反プーチン集会を赤の広場で開けと歌ったのである。また、二〇一一年一二月一四日には、モスクワ第一拘置所の屋根に上り、「直接行動は人類の未来だ」と歌うアクションを行った。当拘置所には、十二月四日のロシア下院選挙の不正に抗議してデモを行った人々が拘留されていた。二〇一二年一月二〇日には、赤の広場で、権力の象徴であるクレムリンを背景に「ロシアの暴動——プーチンは小便をもらした」を歌った［図32］。

二〇一二年二月二一日のアクション《パンク・プレイヤー》は、〈プッシー・ライオット〉に世界が注目する契機となった。三月四日の大統領選挙（投票前からプーチンの当選が確実だった）への抗議として、三人のメンバーがモスクワの救世主大聖堂の女人禁制の祭壇に乱入し、「聖母よ、プーチンをやめさせてください」と歌い、わずか数分で警備員に取り押さえられたが、その様子はインターネットを通じて世界中に配信された。このアクションの歌詞には、「モスクワ総主教キリルは神よりもプーチンを信じている」、「ソ連の秘密警察の長官、その聖なる長官が、護衛をひきつれて、反抗する者たちを拘置所に連行する」という言葉が含まれ、共産主義にかわってイデオロギー化しつつあるロシア正教会と政治の癒着、プーチンの独裁体制を告発するものだった。それと同時に、ロシア文化研究者の上田洋子が指摘するように、彼女たちのアクションは、「それは本当に必要なのか、それは正しいのか」と「伝統的価値観に疑問を付す[10]」ものでもあった。
パフォーマンスの三名の参加者ナジェージダ・トロコンニコワ、マリヤ・アリョーヒナ（一九八八年生）、エカテリーナ・サムツェヴィチ（一九八二年生）は「フーリガン行為」の罪で逮捕され、裁判日程も決まらないまま拘留が続き、国内外で強い批判が沸き起こった。アムネスティは彼女たちを「良心の囚人」と認定し、オノヨーコやマドンナなど多数のアーティストが〈プッシー・ライオット〉の解放を求める声明を出した。裁判は二〇一二年七月末に始まり、八月にトロコンニコワとアリョーヒナに、「宗教的憎悪によって秩序を乱した罪」で禁固二年の実刑判決が下された。ソチ・オリンピックに先立ち、二〇一三年一二月二三日に、憲法制定二〇周年の恩赦によって二人は釈放されたが、アリョーヒナは「恩赦は人目を引くための広報活動にすぎない」と語り、二〇一四年二月には二人でニューヨークで記者会見を開き、オリンピックのボイコットを呼びかけた。

政治か、芸術か

二〇一二年三月一六日、インターネット日刊紙『ルック・アット・ミー』で、「プッシー・ライオットは美術か政治か」という特集記事が組まれ、美術批評家、キュレーター、ジャーナリストら一五名の見解が掲載された[11]。

〈プッシー・ライオット〉について、ロシアの作家や批評家は次のように述べている。

もしアーティストを興奮させるのがセックスならば、誰もその人がアーティストであるかどうかを疑問視したりしないでしょう。ただ〈プッシー・ライオット〉を興奮させるのは、ロシアにおける女性の状況であり、今、権力を持っている役人たちによる政治なのです。だからといって、彼女たちがアーティストでなくなるわけではありません。裁判の言葉で言うなら、芸術であることを示すすべての証拠は揃っているのです。世界のアクショニズムの史上では、はるかに衝撃的な作品もあるのですから。

マリヤ・ログリョーワ（雑誌『アート・クロニクル』編集長）

なにかに抗議するために街頭に出て、活動家としての「自分」のスイッチを入れた時点でアーティストではなくなるのだと、私は確信しています。私も、プラカードを持ってサハロフ通りに出れば、もうアーティストのタウス・マハチェワではなくなり、自分の政治的姿勢を表明しようとする市民になるのです。私は、〈プッシー・ライオット〉が行っていることを芸術と呼べるとは思えません。

タウス・マハチェワ（作家）

〈プッシー・ライオット〉は、市民の活動を土壌に生まれた過激なジェスチャーに依拠した現象の中でも、もっとも健全なものです。街頭での抗議運動とパンクの歌が、「ライオット・ガール」の精神で結びついたものだといってよいでしょう。〈プッシー・ライオット〉は政治ではなく、自然発生的なアート・アクショニズムであり、一九七〇年代のニューヨークや、明確な政治的目的を持っていたペレストロイカ後のフリーク・ショーを思い出させます。

アンナ・ジャヴネロヴィチ（W-O-S.ru 編集長）

このように〈プッシー・ライオット〉の活動は、現代の政治的パフォーマンス・グループの事例を通じて、「芸術とはなにか」という普遍的な問題を問いかける機能もはたしてきた。

作家アナトーリー・オスモロフスキー（一九六九年生）は、〈プッシー・ライオット〉を評して、「私がこのプロジェクトで気に入っているのは、カラフルな洋服と匿名性というアイデアである。これは一種の色の叛乱である。彼女たちは、二〇世紀美術の発展の最先端にいる」[12]と述べているが、「色」や「匿名性」という観点から見るならば、〈プッシー・ライオット〉のヴィジュアルは、カジミール・マレーヴィチ（一八七九―一九三五）が描いた、原色の衣服に身を包んだ顔のない人物像にも通じている。〈プッシー・ライオット〉の市電や地下鉄でのパフォーマンスを、ロシア・アヴァンギャルドの影響下にあったプロレトクリト（プロレタリア文化協会）が構成主義風の絵や文字で塗り籠めた煽動列車との関係で論じることすら可能かもしれない。〈プッシー・ライオット〉の色彩、記号性、抽象性は、ロシア未来派を様々な点で強く想起させる。ロシア文化研究者の楯岡求美は、ウラジーミル・マヤコフスキー（一八九三―一九三〇）の戯曲『ミステリヤ・ブッフ』において人々が「鋼鉄の体」を獲得する場面や、動力を使わずに飛行しようとしたウラジーミル・タトリン（一八八五―一九五三）の例を挙げながら、「革命期に身体性への意識が強かったことがロシアに特異なユートピア・イメージを生む背景となっている」(13)と論じているが、未来派における身体感覚は、〈プッシー・ライオット〉をはじめとするロシアのパフォーマンス・アートの源泉の一つであるかもしれない。

ロシアのパフォーマンス・アートという文脈

〈ヴォイナ〉は、ソ連の元非公認アーティストであるアンドレイ・モナスティルスキーとドミトリー・プリゴフを「精神的な師」とし、オレク・クリークが精神的な手本であると述べている。

アンドレイ・モナスティルスキーは、一九七六年に芸術家仲間を集めて始めたアンダーグラウンドのパフォーマンス・グループ〈集団行為〉のリーダーとして、現在に至るまでパフォーマンスを継続してきた。〈集団行為〉のパフォーマンスの主な舞台はモスクワ郊外の森や野原だが、それは、国家の管理下にある都市を逃れて、〈空白〉の空間を求めようとするモナスティルスキーの思想に基づいていた。

〈集団行為〉のパフォーマンスは、大抵はこんなふうに始まった。ある日、郵便で一枚の招待状が届く。「何月何日、郊外の何々駅から数キロの野原に来られたし」とだけ書いてある。いったい何が起こるのかと期待しながら野原に行くと、他にも仲間が集まっている。やがて、野原の雪の下から不思議な電子音が聞こえてきて、皆が帰ってしまうまで音が鳴り響いている。それ以上は何も起こらない——これは、一九七六年に行われた《リブリフ》というパフォーマンスである。

あるいは、野原で待っていると、むこうの森から二人のパフォーマーが現れ、その「出現」に立ち会ったことを示す「証拠文書」を渡してくれる（一九七六年のパフォーマンス《出現》）［図33・34］。

このように、〈集団行為〉のパフォーマンスは、その内容自体が重要なのではなかった。モナスティルスキーも、重要なのは、パフォーマンス自体ではなく参加者の心の動きであり、パフォーマンスが単純なものであるからこそ、参加者はなにもない状態を行為者と共に感じることがで

［図33］ 集団行為　出現　1976
Courtesy of Andrey Monastyrsky

［図34］ 集団行為　出現　1976
Courtesy of Andrey Monastyrsky

きると述べている。参加者が現象への思索を深め、自分の心理を見つめることが、儀式的なパフォーマンスの目的の一つだった。[14] こうした〈集団行為〉のパフォーマンスは、少数の仲間を対象とする非公開の活動だったが、モナスティルスキーは活動のすべてをドキュメント化し、書籍とインターネットで公開し、〈集団行為〉は次世代のアーティストに多大な影響を与えることになった。

モナスティルスキーは、「パフォーマンスは時として詩に代わるものとして現れた[15]」と語っている。瞑想的で個人の内面の変化を促す〈集団行為〉のパフォーマンスは、攻撃的で社会の変化を促す〈ヴォイナ〉や〈プッシー・ライオット〉の活動とは、一見、対極的であるように思える。しかし、批評家ヴィクトル・トゥピツィン（一九四五年生）が指摘するように、〈集団行為〉グループによる「意味のない行動」は、「ソヴィエトにおける存在の主要な特徴である〈空虚さ〉を確認」するための行為でもあった。システムの外部でパフォーマンスを行うことで社会の本質を追求するという批判的な機能は、〈集団行為〉と〈ヴォイナ〉、〈プッシー・ライオット〉が共有するものにほかならない。

批評家ボリス・グロイスも、ほぼ同じ観点から、プッシー・ライオットと〈集団行為〉の共通点を指摘している。

七〇年代にモナスティルスキーが示したように、芸術アクションは〈空虚〉でなくてはならない。芸術アクションはいかなるメッセージも持っていない。もしそれが本当にすぐれたアクションなら、そのメッセージは、コンテクストに注意を向けよということである。（中略）私たちは水中の魚のように、社会を所与のものとして受けいれて泳いでいる。しかし、成功したアクションは、魚を水から出し、少しのあいだ真空にとどめ、水を脇から眺めることを可能にする。芸術の目的は、観客の評価や視線に作品を委ねることではなく、作品以外のすべてのものを問題化し、観客の視線に委ねることである。それこそプッシー・ライオットのメンバーが行ったことだ。プッシー・ライオットは、聖なる空間と世俗的空間、芸術と宗教、芸術と法律の複雑な関係に焦点を当て、社会の関心をそれらの関係に向けさせた。（中略）こうして社会は目を覚まし、この問題を議論し始めた。

さらに、グロイスは〈プッシー・ライオット〉が聖堂でパフィーマンスを行ったことをふまえて、ロシア・アヴァンギャルドと教会の密接な関係や、一九六〇年代のソ連における宗教復興について言及し、〈プッシー・ライオット〉の活動を、宗教と文化の関係史の文脈で捉える可能性も示唆している。[16]

一方、〈ヴォイナ〉が、もう一人の「精神的な師」として名前を挙げるドミトリー・プリゴフは、ソ連の元非公認作家を代表する詩人、アーティスト、パフォーマーである。プリゴフの芸術の特徴は、「仮面性」、演劇性だった。プリゴフは、詩、映像、パフォーマンス等において、つねに世界や作品と一定の距離を保ちながら、シーンにあわせて仮面や役割を変える役者のように、変幻自在に文体やテーマを変えて作品を生みだし、絶対的な権力者としての唯一無二の作家像を否定することによって権力を揶揄してきた。その批判精神をこめた演劇的要素、遊戯性は、〈ヴォイナ〉のアクションにも受け継がれている。[17]

〈ヴォイナ〉が「精神的な手本」として名を挙げるオレク・クリークは、先述のように、一九九三年に活動を開始し、裸で首輪と鎖をつけて犬の真似をするパフォーマンス等で有名になったアーティストである。クレムリン前で裸でポーズを取ってみせるクリークの作品は、ソ連崩壊後の新たな権力構造を諷刺している点で、〈ヴォイナ〉や〈プッシー・ライオット〉と直接的な関連性がある。クリークは〈ヴォイナ〉のアクションを称賛し、「我が継承者たち」と公言している。

ロシア文化における身体

一九九八年、リュブリャナ現代美術館（スロヴェニア）で、「身体と東――一九六〇年代から現在まで」展が開催され、ロシア、チェコ、ポーランド、スロヴァキア、スロヴェニア、ルーマニアなど、東欧、中欧一四カ国のパフォーマンス・アートが概観された。

その図録で、ロシアの美術批評家ヨシフ・バクシュテインは、ソ連の集団的無意識において、身体は、「テロルの身体」（ミハイル・ルィクリン）、あるいは「共同の身体」（イリヤ・カバコフ）としてしか存在しなかったと指摘している。スターリン時代に、身体が社会秩序に収まりきらないものとして粛清の対象となって以降、個人の身体は暴力（テロル）の対象としてしか存在しなくなり、その代わりに、社会主義の一部としての「共同の身体」が立ち現れたとする文化観に基づいて、バクシュテインは、個人の身体が消滅する時、巨大な国家的な身体が生まれると指摘したミハイル・バフチンの身体論にも言及している。[18]

それに加えて、バフチンについては、次の言説に注目することも可能である。バフチンは、『フランソワ・ラブレーの作品と中世・ルネッサンスの民衆文化』で、「肉体は宇宙の最善、最新の所産であり、宇宙をリードする力」[19]であると書いた。そこには、ラブレーのグロテスク・リアリズムにおける「全民衆的、祝祭的、ユートピア的様態」の中に姿を現す「宇宙的、社会的、肉体的要素」[20]、すなわち「陽気」で自由な身体に対するソ連人バフチンの憧憬と、ソ連社会への抗議がこめられていると考えて良いだろう。

バフチンは、ラブレーの作品における身体について、次のようにも述べている。

物質的・肉体的自然力はこの場合、肯定的な性格を持っている。そしてまさにこの物質的・肉体的イメージが、信じられない位の大きさに誇張されるのである。鐘楼のように巨大な修道士のファルロスや、パンタグリュエルの尿の流れや、限りなく大きく、何でも一口で呑みこんでしまうパンタグリュエルの一呑みがその例である。[21]

バフチンがことさらに取り上げた「鐘楼のように巨大な修道士のファルロス」が、いやおうなく、〈ヴォイナ〉のパフォーマンス《ロシア連邦保安庁に捕まった性器》と重なってくるのは偶然ではない。バフチンも〈ヴォイナ〉も、ロシアにおける管理された身体への抵抗を、その表現に託したからである。

〈プッシー・ライオット〉が、地下鉄や赤の広場を舞台に行ったパフォーマンスも、国家的身体への抗議として位置づけることができる。赤の広場は、(一)レーニン廟においてレーニンの遺体が保存、公開されている点、(二)クレムリンという権力の場と隣接している点、(三)首都モスクワという「身体」の中心に位置する点で、国体の象徴となりうる。一方、モスクワの地下鉄は、ソ連的な「共同の身体」(労働者、スポーツマンの健康な肉体)を描いた膨大な壁画や彫刻の保存庫である。これらの場における〈プッシー・ライオット〉のパフォーマンスは、国家的身体への叛乱であり、個人の身体の奪還であるともいえるだろう。

ロシア文化史において、身体は、国家と個人の関係の変化を映しだす重要な概念である。ロシアでは転換期にパフォーマンス・アートへの関心が強まるという現象の根底には、社会において身体を用いて何を表現することが許されるのかという問題意識、および身体を通じて個人と国家の関係を究明しようとする姿勢がある。そしてその問いかけは、次章で扱うアンドレイ・クジキン(一九七九年生)のように、身体を主題とする彫刻、絵画を制作しつつパフォーマンスを行う作家たちにも共通するものであり、ロシア美術における「身体」をジャンルを超えて見通す必要がある。

Ⅲ　地域とアート——土地の歴史・民族・地域創生

エカテリンブルク——ウラル現代美術工業ビエンナーレ

本章では、主にモスクワの美術館、画廊、芸術祭を扱っているが、ロシア各地には他にも現代美術の様々な拠点がある。モスクワから約一四〇〇キロ東、ヨーロッパとアジアを分かつウラル山脈の東側に位置するロシア第四の都市エカテリンブルク（ソ連期の名称はスヴェルドロフスク）は、ロシア有数の美術都市である。鉱物資源が豊富なウラル地方の重工業の拠点であり、軍需産業の工場も置かれていたことから、ソ連時代は準閉鎖都市（外国人の訪問が制限される都市）に指定されていた。「そうした歴史的条件や厳しい自然、工業都市の粗野な風景という視覚的要素が重なり、エカテリンブルクでは一九六〇年代のソ連非公認芸術の特徴である〈シビア・スタイル（荒削りのスタイル）〉が他の都市よりも長く存続し、現代美術が隆盛する反骨的で自由な気風を作り上げた」と美術史家タマーラ・ガレーエワ（一九五四年生）は指摘する。[22] ソ連末期、八〇年代に文化界に解放の兆しが現れると、他都市に先駆けて非公認芸術の展覧会やロック・コンサートが次々に開かれ、文化的な原動力を見せつけた。

現在、世界のアートシーンで活躍する一九五〇年代生まれのロシアの作家の多くが、エカテリンブルクと近郊の出身者である。エカテリンブルク近郊のニージニー・セルギにおける生家や親族の記憶をテーマに制作を続け、いちはら×アートミックスや瀬戸内国際芸術祭でも月のオブジェを発表したレオニート・チシコフは、二〇一五年にエカテリンブルク美術館で大回顧展を開催し、二〇一七年、ロシア最大の現代美術賞「イノヴェーション」を受賞した（「今年のアーティスト部門」）。ロシア・アヴァンギャルド的な幾何学的オブジェを現代的な素材で制作するウラジーミル・ナセトキン（一九五四年生）は、自分が金属を多用するのは、故郷であるウラル地方の重工業の伝統に影響を受けていると語る。ロシア・アヴァンギャルドへの強い憧憬は、エカテリンブルクと近郊出身のアーティストにしばしば共通して見られる傾向である。その背景には、現在もエカテリンブルク市内に約一四〇残され、同市を「アヴァンギャルドの首都」たらしめ、ウラルの作家にアヴァンギャルドの継承者としての自意識を与えている一九二〇―三〇年代の構成主義建築の存在がある。なかでも構成主義建築の代表作である給水塔「ホワイト・タワー」（モイセイ・レイシェル設計、一九二九―三一）は、タトリン出版社（ロシア最大の建築書の出版社で、エカテリンブルクにある）を営むと同時に作家でもあるエドゥアルト・クベンスキー（一九七二年生）の《赤い十字架》（二〇一二）［図35］等のアートプロジェクトの場としても活用され、現在と過去のアートを繋ぐ場となっている。

　エカテリンブルクは、ロシアの二大ビエンナーレの一つであるウラル現代美術工業ビエンナーレの開催都市である。一九九九年に同地に設置された国立現代美術センター・エカテリンブルク分館を中心に二〇一〇年に第一回ビエンナーレが開催されて以来、「グローバルな文脈でロシア美術を語る」という使命のもとに工業地帯でのサイトスペシフィックアートの可能性を追求してきた。モスクワ国際現代美術ビエンナーレが、既存の博物館や美術館をメイン会場に都市型のビエンナーレを展開し、モスクワの歴史や地理との関係が希薄になりがちであるのとは対象的に、ウラル現代美術工業ビエンナーレは、エカテリンブルクや周辺都市の風土や個性的な建築を生かした国際展となっている。

二〇一七年の第四回ウラル現代美術工業ビエンナーレでは、魂の不死をテーマとするウラル出身のターニャ・バダニナ（一九五五年生）は、廃工場に光るパイプのインスタレーション《赤い線》を設置し、廃炉を再び「稼働」させ、過去の記憶の蘇りを表現した。二〇〇〇年にエカテリンブルクで結成された七〇年代生まれのアーティスト・グループ〈犬たちはどこへ駆けて行くのか〉は、《ロシア連邦憲法の蒸発》［図36］を展示。一九台の灼熱のアイロンの上に水滴を垂らし、その蒸気でふやけていくロシア憲法のテクストをスクリーンに映し出し、ロシアの政治的状

［図 35］ エドゥアルト・クベンスキー　赤い十字架　2012　Courtesy of the artist

況の歪みを描写した。人間の匂いに基づいて新たなポートレイトを創作する《匂いの顔》(二〇一二)[図37]等でも知られる同グループは、ロシアのメディア・アートを牽引する存在である。

エカテリンブルクで生まれ、哲学を学び、二〇一〇年に同地でストリート・アーティストとして出発したチーマ(チモフェイ)・ラジャ(一九八八年生)は、これまで、光やテクストを用いた数々の作品をロシア各地やベルリン、ヘルシンキ、パリなどで発表してきた。第四回ウラル現代美術工業ビエンナーレでは、ラジャは、ソ連時代に市内の工場の屋上に「労働万歳!」というスローガンが掲げられていたことをふまえて、それと同じ場所に、「我々は何者か? 我々はどこから来たのか? どこへ行くのか?」という哲学的なテクストを設置した[図38]。ゴーギャンの代表作の題名を思わせるこのテクストは、現代美術の行方を問いかけると同時に、社会主義に代わる原理や理想を求めるロシアの混迷を照射している。

ラジャは二〇一六年に、北コーカサスの天体物理観測所で、高いクレーンから「それらは私たちより明るい」と書かれた白く光る文字盤を吊るし、観客が満天の星空を背景にその文字を見るという幻想的な作品を制作している[図39]。二〇一八年のヴィクサの芸術祭では、「これらすべては夢でない」という輝く文字を森の中に設置。だが、ラジャの多くの作品は社会や政治への批判に根ざしたものであり、二〇二〇年には、「FUTURE(未来)」という文字のオブジェを野原で燃やす作品を制作している。ラジャは、二〇一一年にロシアで民主化運動が起こり、クレムリン南方のボロトナヤ広場で反体制集会が行われたものの、政権打倒に至らなかった時以来、九年間にわたって、その体験をどのように表現するべきなのか考え続けていたという。ロシアがク

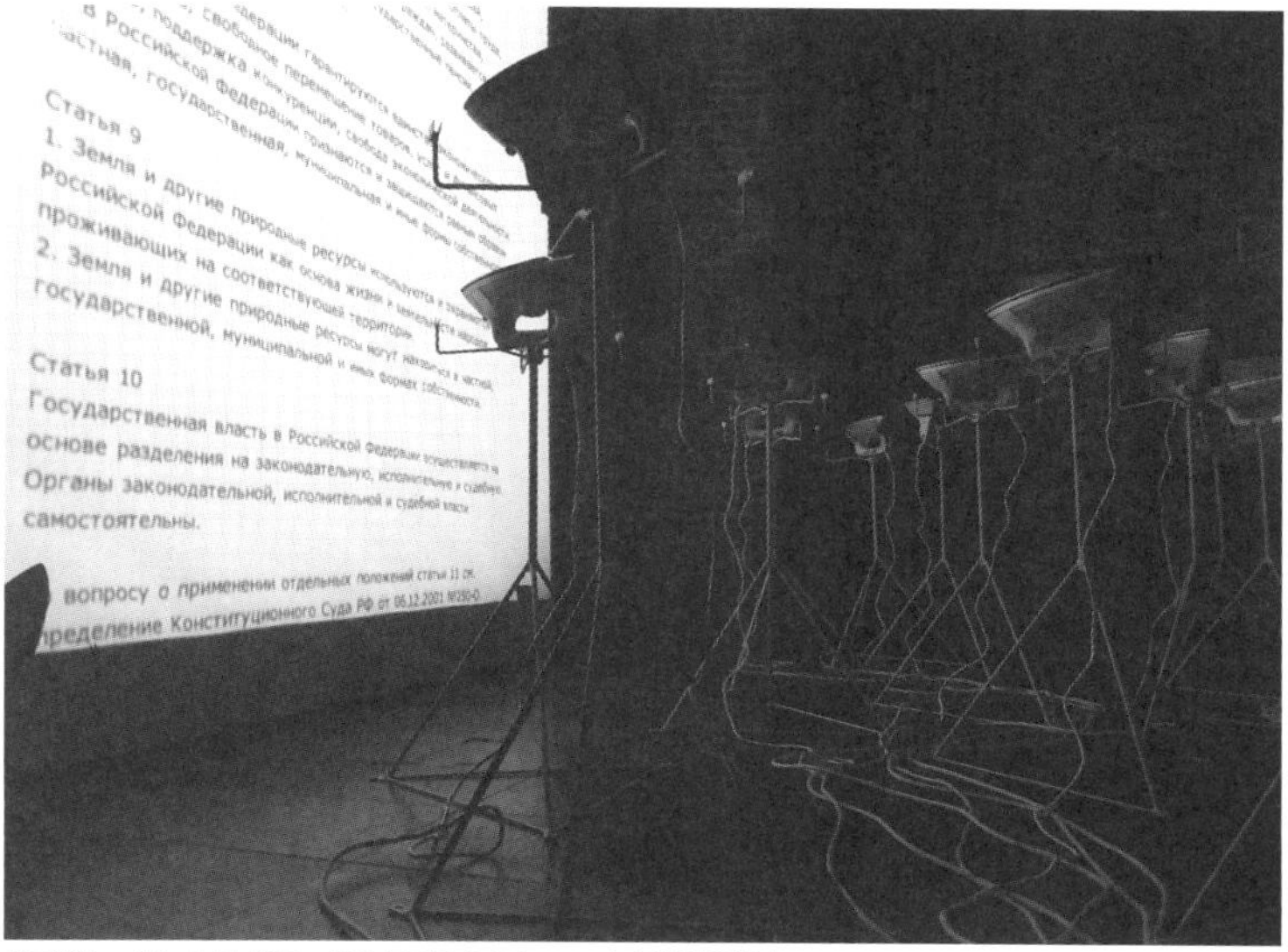

[図 36] 犬たちはどこへ駆けて行くのか　ロシア連邦憲法の蒸発　2017　Courtesy of the artists

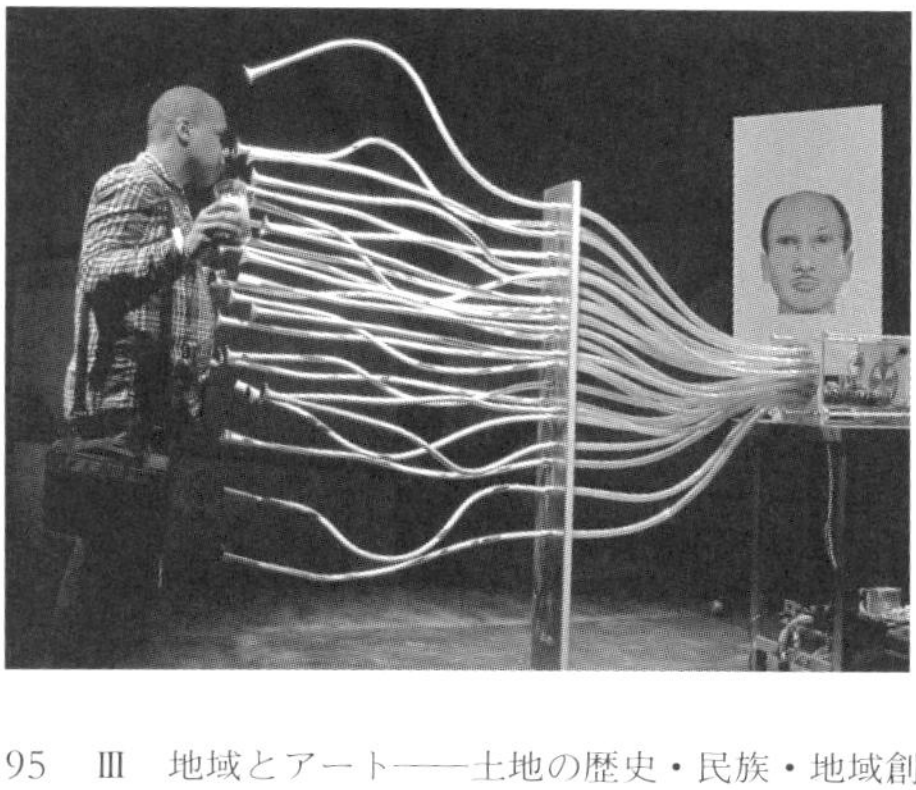

[図 37] 犬たちはどこへ駆けて行くのか　匂いの顔　2012　Courtesy of the artists

リミアに侵攻した二〇一四年には、エカテリンブルク中心部の建物の屋上の広告板に、「他の国々にも同じ世界がある」という言葉をウクライナ語で書きつけた。二〇二二年二月にウクライナ侵攻が始まった一週間後、ラジャはこの作品の写真をインスタグラムに再掲載し、長文を寄せて戦争を批判した。先述の「我々は何者か？　我々はどこから来たのか？　どこへ行くのか？」は、彼が独立系メディア「メドゥーザ」のインタビューなどで戦争を批判した後も、エカテリンブルクの顔として展示され続けており、作家と思いを同じくする人々を励ましている。

ラジャがエカテリンブルクの街にノスタルジックな形の巨大な《ランプシェード》[図40]を出現させたのは、二〇一三年の冬だった。光の作品をエカテリンブルクの屋外の様々な場所に展示する新たな芸術祭「暗くない」の初年度の参加作品である。一年でもっとも夜が長い十二月末に二日間にわたって開催される「暗くない」は、二〇二二年で第一〇回を迎え、街の年末の風物詩として定着した。

「暗くない」を組織するファンデーション「文化的トランジット」は、エヴゲーニヤ・ニキーチナによって二〇一〇年に創設され、市中心部にオルタナティヴ・スペースも開設し、アーティストの交流、創作、展示の場を提供してきた。二〇一七年に筆者が取材した時には、鰻の寝床のように奥が深いアトリエスペースで若いアーティストたちが思い思いに制作に取り組み、クセーニャ・マルケーロワ（一九九四年生）の奇妙だが情感溢れる人形の展示が行われ、同地の美術史家、学生、アーティストがマルケーロワに質問や感想を熱く語っていた[図41]。ニキーチナは、「私たちのオルタナティブスペースにも人々が集える空間がありますが、この建物に既存のカフエがあったのも、ここを拠点に選んだ理由です。多くの人が気軽に出入りして集える場所にしたいのです。そしてこのアトリエは、若い作家たちが自由に創作できる場所です。ここで創作しながら互いの作品を知り、そこからなにかが生まれてくるかもしれません」と語った。この町を訪れる度に、エカテリンブルクには、若いアーティストやキュレーターを育て、アートが社会と出会う場を作り、アートによって町を変えたいという情熱が漲っているのを実感する。

そのひとつの原動力となっているのが、ウラル連邦大学美術史科である。ウラル地方は優れたアーティストの揺籃の地であるだけでなく、二〇一六年からウラル現代美術工業ビエンナーレのコミッショナーを務めているアリサ・プルドニコワ（一九八一年生）をはじめ、キュレーターや美術研究者を輩出してきた。なぜ現代アートを先導する人々がエカテリンブルクから出ているの

［図 38］チーマ・ラジャ　我々は何者か？　我々はどこから来たのか？　どこへ行くのか？　2017　Courtesy of the artist

［図 39］チーマ・ラジャ　それらは私たちより明るい　2016　Courtesy of the artist

［図 40］チーマ・ラジャ　ランプシェード　2013　Courtesy of the artist

か、以前から気にかかり、同地方出身の作家レオニート・チシコフやウラジーミル・ナセトキンらに相談したところ、ウラル連邦大学美術史科の教員であるタマーラ・ガレーエワが、長年、教育に打ち込み、後進を育ててきたのだと聞いた。その後、ガレーエワ氏を日本に招き、筆者もエカテリンブルクを訪問し、ウラル地方でいかなる歴史、社会的背景のもとに現代美術が育まれてきたかに関する氏の研究、ならびに、ウラル地域の各美術館やギャラリーと大学の深い連携に感銘を受けた。学生を自由で創造的な環境で育てようと懸命に努力する人が一人いれば、ある地域において美術や社会をめぐる状況は大きく変わり得ることを知った。

ガレーエワは、長年、ウラル連邦大学付属ブカシキン美術館館長も務めており、学生たちはそこでキュレーターとしての最初の経験を積む。ブカシキン（本名エヴゲーニー・マラーヒン　一九三八―二〇〇五）は、ウラルの元非公認芸術家で、多くの絵画やアーティストブックを残した。ガレーエワは、二〇二二年一一月、瀬戸内国際芸術祭の催しとして香川県高松市で開催された「瀬戸内アジアフォーラム」で次のように語った。

この三年間のコロナ禍における生活と、現在の複雑な政治的状況は、現代美術全般の環境と、私たち個人の活動の形態を確実に変化させました。新しい現実は、地域の文脈をより注意深く参照し、デジタルやバーチャルの技術をより広く活用し、アーカイヴの活動に積極的に取り組むことを促しています。しかし、重要なのは、私たちがお互いに注意をはらって心をこめて接し合うこと、友情、友愛を育み続けようとすることです。私たちの大学の小さな美術館の風変わりでたぐいまれな主人公であったエヴゲーニー・マラーヒン、すなわちブカシキンが、つねに若いアーティストたちにかこまれ、彼らとすばらしい友愛を育んでいたように[図42]。

ウクライナ侵攻について明確に言及することがロシア人にとって危険な二〇二二年秋に発せられた「現在の複雑な政治的状況」という曖昧な言葉が真に意味するものは明らかである。ブカシキンをはじめとするソ連の非公認作家たちが体験した統制や移動の制限が、パンデミックと戦争によって否応なく戻ってきたロシアでは、人々は、ソ連と現在の文化統制を重ね合わせ、ソ連期も困難な状況で創作が連綿と続いていたことを想起しつつ、現在の状況でできうる表現や展示、

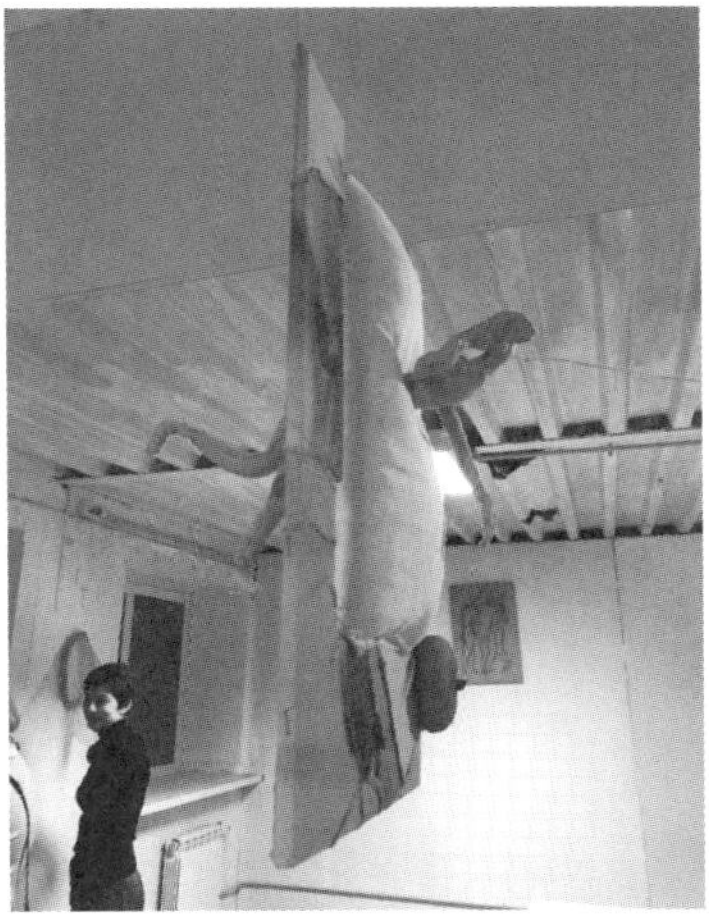

[図41] クセーニャ・マルケーロワ 文化的トランジットでの個展風景 2017 photo: Wakana Kono

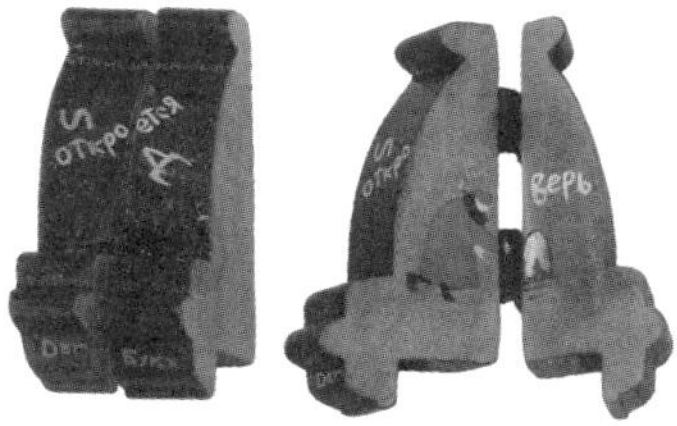

[図42] ブカシキン そしてドアが開く(アーティストブック) 1995 出典 Б. У. Кашкин. Жизнь и творчество уральского панк-скомороха. Екатеринбург: Уральский филиал Государственного центра современного искусства, 2015.

教育を模索し続けている。

ウラジオストク——海に開かれた町

極東ロシア最大の都市であるウラジオストクは、一九世紀末から帝政ロシアの極東政策に沿って開発されたが、軍港があったためにソ連時代は閉鎖都市とされ、一九九二年まで、外国人はもちろん、市民以外のロシア人の訪問も制限された。しかし、当時を知る人々が語るのは、閉鎖都市でありながらも、大きな港を持ち、海に開かれた街であったウラジオストクには、ソ連の他の都市よりも、海外の様々な文化がリアルタイムで流入していたことである。ウラジオストク市博物館にも、船員たちが町に持ち込んだ海外のロックやポップスのレコード、英語の雑誌、あるいは日本の民芸など多数の土産物が展示され、海外の様々な現代文化が禁止されていたソ連において、ウラジオストクが国境の向こう側との回路を持つ特別な都市であったことが示されている。ウラジオストクは、同じく港湾都市で国際的な文化交流の場であったオデーサとも少し似ている。首都モスクワまでは六四〇〇キロメートルという絶望的な距離がある一方、中国、韓国との国境に程近く、対岸の石川県珠洲市までも（禄剛埼灯台の表示板に書かれているように）七七二キロの距離にあるウラジオストクは、周辺の国々との経済、文化交流を志向し、中国で展示を行う作家も少なくない。また、ウラジオストクの美術館、ギャラリー、芸術祭などの多くが、日本との今後の交流や共同プロジェクトを希望している。

ウラジオストクはシベリア鉄道の始発・終着駅であり、ソ連初期にロシアから海外へ人々が亡命する際の通過点でもあった。ハリコフ州出身の未来派の画家ダヴィト・ブルリューク（一八八二―一九六七）は、ロシア革命の勃発に伴い、一九一七年、ウラル地方からウラジオストクに転居し、地域の文化に大きな影響を与えた。なお、ブルリュークは一九二〇年に来日し、二二年にアメリカに渡るまで、日本でも未来派の美術の展示や講演を展開している。

ウラジオストクは現代美術の拠点の一つでもあり、一九九五年にセルゲイ・グラスコフ（一九五六―二〇二一）とヴェーラ・グラスコワが創設したギャラリー・アールカ（「アーチ、門」の意）は、グループ〈ウラジオストク〉に属してこの街で新しい芸術潮流を作ったアレクサンドル・フィルコフ（一九四六―二〇一四）らをはじめ、極東の作家の展覧会を中心に開催してきた。ギャラリー・アールカは激動の時代のなかで、極東地域のアーティストたちの巣のような場所として現代美術を守り、展示の場所を作り、アートの発展に尽くしてきた。筆者が訪れた時、ギャラリーの奥にあるグラスコワの執務室を地元の作家たちが入れ替わり立ち替わり訪れては、くつろいで紅茶を飲みお菓子をつまんで、しばし話をしていったが、それは執務室というより作家たちの共通の居間のようだった。それと同時に、ドイツ、日本、韓国などの作家の展覧会も開き、交流によって地域を開くことにも尽力している。

国立沿海州美術館は、近代までの作品に大部分の展示スペースを割きつつも、現代の極東の作家の作品の収集にも務めている。同じく市の中心部に、一九九〇年には、一九七〇年代以降の極東ロシアの美術に特化した「現代美術センター　アルトエターシュ」が創設され、極東の現代美術を見渡せる魅力的な常設展と様々な企画展によって、この地域一帯の現代美術の多様性を示している。ナホトカやサハリンに住む作家たちにとっても、ウラジオストクは展示と交流の重要な場である。

二〇一三年には、ウラジオストク郊外の廃工場に、現代美術センター・ザリャーが、「多文化の交流拠点としての都市」の創造を目的に開館。広い展示室、図書室、アーティストインレジデンスの施設やカフェなどを備え、極東のアーティストのグループ展やウラジオストクの写真展などを次々に開催し、ウラジオストクのアートシーンが内外で注目を集める契機となった。

一九九八年には、ウラジオストク国際ビエンナーレが始まったが、二〇一三年、ビエンナーレの実施者であったウラジオストク市は中止を決定。だが、地域の美術関係者はビエンナーレの継続を望み、それ以降は民間の主導で開催され、二〇一七年に第九回のビエンナーレが実施された。二〇一七年に再編されたウラジオストク国際ビエンナーレは、五つのプログラム（メイン・プログラム、教育プログラム、パラレル・プログラム、特別プログラム、児童プログラム）で構成されている。ビエンナーレの中核であるメイン・プログラムでは、海外のキュレーターが招聘され、パラレル・プログラムは、主に地元のキュレーターが地域の作家の作品を展示する場となっている。

ウラジオストク国際ビエンナーレのオーガナイザーであり、ウラジオストク在住のキュレーターであるユーリヤ・クリムコ（一九七九年生）は、ウラジオストクは「陸と海の境界にあり、複数の民族や文化が接する場である海辺の都市」であり、「港湾都市は、歴史的に人間社会が実に様々な分野で独自のルールを形成してきたテリトリー」であること、ウラジオストク国際ビエンナーレは「極東と世界のその他の地域の文化的関係を構築し、強化していく可能性を持ち、独自の地位を占めている」ことについて語っている。

二〇一七年のメイン・プログラムのテーマは、そうしたウラジオストクの特性を映し出すものとしての「ゲームのルール」だったが、そこで展示されたイリヤ&エミリア・カバコフの《モーツァルトを聴きながらリンゴを手に入れる二〇の方法》(初展示は一九九七年、スロヴェニア、近代美術館)［図43］が、現代のウラジオストクで持ち得る意義について、クリムコはこう述べている。

このインスタレーションでは、二〇人が着席できる大きなテーブルが置かれ、テーブルの真ん中にお皿に置かれたリンゴがあります。テーブルに着席している二〇人が、あの離れたところにあるリンゴをどうすれば手にすることができるか考えています。しかもそれに際してテーブルマナーや品位を守らなくてはならないという決まりがあります。この作品は、ゲームであり、ドラマであり、密かな戦いです。インスタレーションは現代社会の問題に捧げられたもので、人間性の複雑さを象徴しています。自己欺瞞、とめどないファンタジー、不条理、スキル、機知、狡猾さ、ルールを破りたいという願望をそこに見てとることができます。このインスタレーションはメイン・プログラムの重要な部分であり、テクノロジー、概念、認識のレベルが変化すればルールもまた変わりうるものであることを想起させました。[23]

また、クリムコは、ウラジオストクや極東ロシアの現代アートの特徴、アートと風土の関係について、次のように書いている。

一九六二年、ウラジオストクに極東芸術教育大学（現在の国立極東芸術大学）が創設されました。油彩学部の初期の教員は、モスクワやサンクト・ペテルブルクのアーティストでした。彼らはあらゆる面でロシア美術の伝統の担い手でした。しかしその一方で、彼らはこの地で新しい風景に出会うことになりました。新しい色調を用い、激しい色彩を用いて創作することになったのです。それにウラジオストクでは、人間は現代の大都市の特徴であるガラスやコンクリートに閉じ込められているわけではありません。人々の目は遠い水平線の彼方に向けられています。人々の眼前には素晴らしい展望が開けているのです。疑いようもなく、それは住民全体の性格、とりわけアーティストの性格に影響を与えています。開放性、勇気、好奇心、激しい感情——これらすべてが、アーティストが選ぶテーマやモチーフの根底にあります。ここでは、冬も多くの晴天の日に恵まれ、夏は空高く、海青く、野の草は豊かな色合いの緑色です。自然は沿海地方の流派に直接的な影響を与えており、ここでは絵画は西側よりも明るい色彩を特徴としています。

そして、極東は、古い文化と伝統を持つ国々から成るアジア太平洋地域の一部です。アーティストたちは旅に出て、新しい作品の源泉となる様々な印象を携えて帰ってきます。たとえば、二〇一七年、ウラジオストク国際ビエンナーレのパラレル・プログラムに、ウラジオストクの芸術家グループである〈Hero4hero〉（ヒーロー・フォー・ヒーロー）が参加しましたが、彼らは極東研究家ゲンナージー・ネヴェリスコイをめぐるプロジェクトの創作にあたって、マンガの視覚的伝統に依拠しました［図44］。アーティストにとって、世代から世代へと受け継がれ、世界の構造を記述する記憶は、地域の文化的文脈として重要なものです。〈Hero4hero〉が、シホテアリニ隕石［訳注：一九四七年にウラジオストクの四四〇キロメートル北方のシホテアリニ山脈上空で、隕石の落下による爆発が生じた］や、極東の先住民の装飾を引用した絨毯のプロジェクトも展開していることにも言及しておきたいと思います。[24]

［図43］イリヤ＆エミリア・カバコフ　モーツァルトを聴きながらリンゴを手に入れる20の方法　1997/2017　photo: Vadim Popov　Courtesy of the artists and Vladivostok Biennale

［図44］Hero4hero　ネヴェリスコイ　2017　photo: Alexey Cherkov　Courtesy of the artists and Vladivostok Biennale

三章で詳しく言及するアレクサンドル・ポノマリョフは、ドニプロ（現ウクライナ）出身で、航海士として働いた後に、船や海、旅を主題に制作するアーティストとなり、現在はモスクワで暮らしながらウラジオストクでも教育や制作のプロジェクトを進めているが、実はウラジオストクでは、航海士の経歴を持つアーティストは珍しくない。ペテルブルクに生まれ、航海士となって世界の海を旅した後に、ウラジオストクに移住して画家となって海や極東の自然を描いたが、スターリンの大粛清期に逮捕、銃殺されたニコライ・シュトゥッケンベルク（一八八〇―一九三七）、船員として南極に五回も渡り、スケッチを描き、後に海洋画家となったエヴゲーニー・チムラ（一九二九―二〇〇四）、極東高等技術海洋学校を卒業し、船で技師として働いた後にアーティストとなり、社会のドラマを切り取った版画や実験的な風景写真などを制作しているミハイル・パーヴィン（一九五八年生）のほか、ウラジオストクでアトリエ巡りをしていると、元は船に乗っていたという画家に何人も出会う。

国土が広大であるために人口の大部分が海から離れた土地で暮らし、海が特別な憧れの対象であるロシアにおいて、海、旅、彼方とつながるウラジオストクの作家たちは、その主題に愛着と自負心を抱いている。サハリンで生まれ、ウラジオストクの極東連邦大学でグラフィック・デザインを学び、今もウラジオストクで暮らすキリル・クリュチコフ（一九八九年生）は、町のあちこちの壁に海や港を描き、この町の特性を表現してその場に海の風とリズムを刻印するかのようなグラフィティを制作している［図45］。

[図 45] キリル・クリュチコフ　都市の様式化された建築　2012

[図 46] アレクサンドル・キリャフノのアトリエ　2015
45, 46 出典　Край бунтарей. Современное искусство Владивостока 1960-2010-е. М.: Майер.

モスクワやペテルブルクとの距離は、ウラジオストクのアートに独自の表現をもたらしたと美術史家アンドレイ・エロフェーエフは語る。中国との国境近くのノヴォブレイスキー村で生まれ、現在はウラジオストクで暮らし、身近な事物や人物の抽象画をぼろぼろのタペストリーのような布や紙に描き続けてきたアレクサンドル・キリャフノ（一九五〇年生）について、エロフェーエフは、「ラテンアメリカの画家がアメリカやスペインと距離をとっていたのと同様に、キリャフノはモスクワと距離をとっている。ラテンアメリカ人がスペインの遺産を拒否し、地域の生活に源泉を求めて独立性を得たことと、キリャフノの進化は似ている。キリャフノはモダニズムから民族的な美学へと様式を変え、大都市からは自立した沿海州のイメージを発見した(25)」と書いている［図46］。

それに加えて、物理的な距離だけでなく心理的な距離が大きな意味を持っており、キリャフノが（韓国、オランダ、モスクワなどで展覧会に参加したことがあり、ウラジオストクでも著名な画家であるとはいえ）あまり個展を開こうとせず、自分の作品を宣伝することもなく、画壇と距離を保ち、絵に埋め尽くされた穴蔵のようなアトリエにこもっている生活様式にも言及しておきたい。原始的ともいえる女性像、新聞や布を幾重にも用いた小宇宙のような連作コラージュは、彼自身の生に深く根ざし、自分に深く埋没して生まれてきたゆえに普遍的で、開かれている。二〇一九年の暮、キリャフノと初めて会った時、「ぼくはこんなことしかできないんだよ」と静かに語っていたのが強く印象に残った。

サンクト・ペテルブルク——過去と現在の融合

一八世紀初頭にピョートル大帝によってバルト海の岸辺に作られた町サンクト・ペテルブルクは、帝政期の首都であり、アレクサンドル・プーシキン、フョードル・ドストエフスキー（一八二一—八一）、レフ・トルストイ（一八二八—一九一〇）、ニコライ・ゴーゴリ（一八〇九—五二）といった作家たちや、アンドレイ・ベールイ（一八八〇—一九三四）、アレクサンドル・ブローク（一八八〇—一九二一）などの象徴主義の詩人たちは、この街を舞台に多くの文学作品を書き上げた。どの街角、どの通りにも、その場所にまつわる文学作品の一節や歴史上の事件を挙げられるほどの、文化的記憶、公共の記憶を抱えた都市である。

バロック様式、新古典主義様式の宮殿が数多く残る旧市街全体が世界文化遺産に指定され、一八世紀半ばに建設された冬の宮殿は、一九一七年の十月革命以降、エルミタージュ美術館本館として使用されている。同地のロシア美術館がロシア美術を所蔵しているのに対し、エルミタージュ美術館は、古代エジプトから印象派まで、海外の美術、工芸を展示し、従来は現代美術やロシア美術はほぼ展示されていなかった。しかし、二〇〇九年、エルミタージュ美術館に現代美術部門が創設され、二〇一四年に近接する旧参謀本部の建物が改修されて新館がオープンすると、その大半がロシア現代美術の展示に当てられた。イリヤ・カバコフ、ドミトリー・プリゴフなどのソ連非公認芸術の大型インスタレーションが常設され、二〇〇〇年代以降の新しい世代の作品も充実している。

二〇一〇年には、ペテルブルク初の現代美術館であり、ロシア最大級の私設の現代美術館である現代美術館エラルタが開館。「才能ある現代ロシアの芸術家の作品を探し、研究し、収集し、広報する」ことを使命に掲げ、ロシア各地の三〇〇人以上の作家の約二八〇〇作品を所蔵し、展示を行っている。

二〇一四年には、ペテルブルクは第一〇回「マニフェスタ」の舞台となった。その内容を詳しく振り返ってみたい。様々な地域の文化接触の場として東西冷戦後の一九九六年に始まった国際現代美術展「マニフェスタ」は、欧州を舞台に隔年ごとに異なる都市で開催されてきた。「マニフェスタ10」のキュレーターを務めたカスパー・ケーニヒ（一九四三年生、ミュンスター彫刻プロジェクトの創始者）は、エルミタージュ美術館をメイン会場として、若手から故人までの約五〇名の作家の作品を展示し、次のように述べた。

「マニフェスタ」は、二〇世紀末のヨーロッパで起きた政治的、文化的な重要な変化に端を発していいます。二〇年が経過した今、文化や美術の分野での共通の成果を評価し、これまでの活動に対する結論を出す時が来ました。サンクト・ペテルブルクは、そのような思索によって新たな意味と解釈を得るための特別な場所です。サンクト・ペテルブルクは「ヨーロッパへの窓」として構想、設計され、ロシアの文化首都となりました。「マニフェスタ10」は、この街を様々な角度から眺め、歴史的な出来事とそれが現地や世界の芸術の発展に与えた影響を分析します。

ケーニヒがこうした意図のもとに構成した「マニフェスタ10」の主題の一つは、「欧州から見たロシア」だった。エルミタージュ美術館新館の中央に設置された巨大な廃墟、トーマス・ヒルシュホーン（一九五七年生、スイス）の《切断》は、直接的にはチェチェン戦争や二〇一四年春のロシアのクリミア侵攻を想起させるが、同時にそれはロシア社会の混迷のイメージとも重なる。「マニフェスタ」のために設置された現代アートの作品と館内の常設作品が共存することで、新たな物語が生まれるのも本展の特徴で、廃墟の作品の上階に展示されているロシア・アヴァンギャルドの名画の数々は、こうしたアンチユートピア社会の中でユートピアを夢見てきた芸術と人間の営みが今も生き続けていることを示しているかのようだった。

二五〇年の歴史を持つエルミタージュ美術館本館の展示では、ゲルハルト・リヒター（一九三二年生、ドイツ）の裸婦像が教会芸術と対置され、ララ・ファヴァレット（一九七三年生、イタリア）がコンクリートを用いたインスタレーションと古代ギリシャ彫刻の調和を試みるなど、作品に新たなコンテクストを与え、現代美術と美術史の関係を意識させる工夫が随所で見られた。

個々の作品にも、過去と現在の連続性をテーマにした作品が目立った。森村泰昌（一九五一年生）は、第二次世界大戦中に作品をウラル地方に疎開させて空っぽになったエルミタージュ美術館を描いた実在のロシア人画家ヴェーラ・ミリューチナ（一九〇三―八七）を演じて白黒写真を撮り、その写真を同じホールに展示した［図47］。キーウの反政府運動を被写体としたボリス・ミハイロフ（一九三八年生、ウクライナ）のドキュメンタリー風の写真とは対照的な手法で、森村作品は過去の主題により現在の戦争を照射していた。西野達(一九六〇年生)は、エルミタージュのシャンデリアを包みこむソ連庶民の部屋を制作《So I only want to love yours》[図48]。日本の作家が作りだした「ソ連的」な空間に、少なからぬロシア人観客が驚きの声を漏らしていた。「これは八〇年代の都市のインテリの独身男性の部屋で、壁の風景写真からは、彼が史跡を訪ねて写真を撮る趣味を持っていることが分かる。ソファの配置は、人々がパソコンではなく友人と交流し、映画や本について討論していた良き時代を示している」。二ヶ月以上その部屋に座り続けていた監視員の高齢の女性が本作に見出した物語を筆者にそう語ってくれたのが印象的だった。本展に寄せて西野は「普通の人々を対象に制作する」、「美術は想像力を強める」と述べたが、それを裏付けるようなエピソードだった。

一方、パラレルプログラム会場の旧第一陸軍幼年学校では、多数のロシア若手作家の作品が紹介されたが、無数の小部屋と階段を持つ建設途上の迷宮めいた空間自体が、多様化するロシアのアートシーンを体現していた。由緒ある美の殿堂であるエルミタージュにおける現代美術の展示への保守派の批判、ロシア政権を批判するアーティストらによるボイコット、検閲の強化、ウクライナ問題などを背景に、「マニフェスタ10」は、社会における現代美術の役割と可能性を明示するという課題をいやおうなく負わされたが、統制社会における現代美術の意味を、作品自体の強度によって問いかけるという任を果たしていた。

「マニフェスタ10」に端的に現れていたように、文化遺産都市ペテルブルクの様々な展覧会では、ロシアの他の都市に比べ、現代アートを過去の文化遺産との対比のもとに展示し、両者の相違や連続性を究明しようとする傾向が強い。映画監督アレクサンドル・ソクーロフ（一九五一年生）が映画『エルミタージュ幻想』（原題『ロシアの箱舟』、二〇〇二）で、冬宮（エルミタージュ美術館）を舞台に、三世紀にわたるロシアの歴史を九〇分ノーカットで映し出したように、歴史と文化の蓄積をたえず意識させるこの街では、文明や美術史の全体像を俯瞰しようという試みが為されやすい。展覧会の背後で、都市が大きな装置として機能している。

ペテルブルクは重厚な文化的歴史を持つ都市だが、この町で生まれた一九世紀後半の移動派、二〇世紀初頭のアヴァンギャルド芸術も、当時は前衛の極みだった。文化的伝統の蓄積とは、言

[図 47] 森村泰昌　Hermitage1941-2014　2014　Courtesy of the artist

[図 48] 西野達　So I only want to love yours　2014　photo: Tatzu Nishi Courtesy of the artist

い換えれば、芸術上の多様で斬新な実験が行われてきたということにほかならない。ペテルブルクは進取の気風に満ちた空間であり、この町では、ロシア・アヴァンギャルドがそうだったように文学や美術というジャンルを超えて数々のグループが結成され、その精神は、一九八〇年代の非公認芸術家集団で、詩人、画家、音楽家が集った〈ミチキ〉や、一九七〇年代末から活動を始めたチムール・ノヴィコフ（一九五八―二〇〇二）らによる〈新しい芸術家たち（ノーヴイ・フドージュニキ）〉グループなどにも受け継がれていった［図49］。〈新しい芸術家たち〉グループは、アヴァンギャルド的な抽象芸術の後では、古典的なアカデミズムが再び新鮮になり得ると考え、ネオ・アカデミズムを提唱したが、それはもちろんたんなる伝統への回帰ではなく、コンセプチュアリズムや概念に頼るのではなく表現そのものを重視した上での新たな美の追求だった。

画家であり詩人でもあるワレーリー・ミーシン（一九三九年生）は、クリミアで生まれ、スヴェルドロフスクを経て一九六三年にレニングラードに移住し、文化統制のもとで、六〇年代初頭からサミズダート（手製の複製出版物）でいくつもの文学・美術雑誌を出版し、四〇年以上も出版活動を続けてきた。二〇〇〇年代初頭、ミーシンのもとを訪れた際、彼は川辺の公園「夏の園」の彫刻のあいだを歩きながら、多くの詩人や作家に場を与えて結びつけることが大切なのだと語った。八四歳を迎えた二〇二三年には、二〇世紀初頭の象徴主義の作家フョードル・ソログープ（一八六三―一九二七）の小説がミーシンの挿絵と共に出版され、もうすぐ彼の挿絵と共にウラジスラフ・ホダセーヴィチ（一八八六―一九三九）の詩集も出版される。文学的遺産が新しい色彩で彩られ、過去との「共演」のもとに未知の世界が生みだされていく。

ニコラ・レヴィネツ——ヨーロッパ最大の芸術公園

モスクワ市から南西に約二〇〇キロメートルのカルーガ州ニコラ・レニヴェッツ村には、ヨーロッパ最大の芸術公園ニコラ・レニヴェッツがある。創設者であるアーティストのニコライ・ポリスキー（一九五七年生）は、六五〇ヘクタールの敷地に少しずつ作品を増設し、二〇〇六年以降は毎年、芸術祭も開催してきた。二〇一八年に現地で、二〇二一年にオンラインで、ポリスキーにインタビューを行った。

ポリスキーは、ニコラ・レヴィネツを創設した経緯について、次のように語った。

多くの偶然の要素がありました。一九八九年、私が四二歳だったとき、自分の芸術には独自の思想が欠如していると感じ、自然のなかで芸術を探求したいと思いました。この村に来たのは、ソ連末期当時、この土地に所有者がいなかったうえに、この地の住民が制作に協力的だったからです。当初私は草などを使ってテンポラリーなオブジェを制作していましたが、やがて作品を見るために人々が訪れるようになり、二〇〇四年に最初の恒久設置作品《灯台》をつくりました。二〇〇六年には最初の芸術祭を開催し、約三〇人の建築家が約三〇のオブジェを制作しました。芸術祭はすぐに評判になり、怒涛のように観客がやってきました。この時、芸術公園が成立したのです。

私たちの芸術公園や芸術祭では、美術、音楽、演劇、光のアートなどが融合しています。まさに教会の儀式で音楽や美術が融合しているように。こうした総合芸術は若者を含む様々な観客を惹きつけています。現在は約四〇の作品が点在しています。

ニコラ・レヴィネツには、ポリスキー自身の常設作品は、二〇二三年現在、九つある。最初の作品である《灯台》(二〇〇四)は、川に面した草地に立つ高さ一九メートルのオブジェである。ポリスキーは、灯台こそ水辺にふさわしい作品だと考え、その近辺の林の楡の枯れ枝を用いてピラミッド型の作品を作りあげた[図50]。上部には二〇名ほどが入れる部屋がある。現地の素材を用いることで、まるで、大地から生えてきたように自然な佇まいで風景に溶け込むという。この作品は、ニコラ・レヴィネツの敷地内にあるポリスキーの家にもっとも近く、彼が好んで過ごす屋外のテラスからもよく見える。ポリスキーは、ニコラ・レヴィネツの最初期、当時まだ一つしかなかったこの作品を眺めながら、芸術公園の未来を思い描いていたのだろうか。

大きな野原の中央に立つ《ボブール》(二〇一三)[口絵2]も、ポリスキーの代表作である。白樺の蔓を編みこんだ高さ二二メートルのこの作品は、未知の音を奏でる楽器のようでもあれば、どこか鼻行類にも似た架空の生物のようでもある。《ボブール》は展望台でもあり、観客は内部の階段を上るあいだ、遠い林や空が移り変わっていくのを作品越しに眺める。パリのポンピドゥー美術館の愛称である「ボブール」を名前に選んだのは、ポンピドゥー美術館から街を見渡すように、ここからはニコラ・レヴィネツ全体が見渡せるからであり、ニコラ・レヴィネツをパリと並ぶ美術の中心地として考えるポリスキーの自負が表れている。

また、北の野原には、建築家アレクサンドル・ブロツキー(一九五五年生)の《ロトンダ》

（二〇〇九）［図51］が建っている。円柱形の二階建ての建物には、古い家々から外してきた様々な色合いと大きさの約二〇の扉がとりつけられ、そのドアの一つが異世界につながっているかもしれないと思わせるような不思議な空間である。古い建築資材の使用はブロツキーの特徴のひとつであり、彼がニコラ・レヴィネツの森の中に作った《暖炉のある芸術の家　ヴィラPO-2》（二〇一八）では、近隣で見つけた古い塀が用いられている。この作品には宿泊することもできる。

ニコラ・レヴィネツには、このように特定の機能を持つ作品も多く、建築家アレクセイ・コズィリは、小麦粉の運搬に使われていた鉄のタンクを使って、バス停《ズヴィズジ村のベルデヴェーレ》（二〇一五）を制作している［図52］。小麦という豊穣のイメージがこの村に合っていると同時に、このタンクは、ディオゲネスの樽を想起させ、瞑想と内省の場所となるとコズィリは語

［図49］チムール・ノヴィコフ　空港　1983

［図50］ニコライ・ポリスキー　灯台
2004　Courtesy of the artist

る。

この他にも、ウラジーミル・ナセトキン、アレクサンドル・コンスタンチーノフ（一九五三―二〇一九）、ドミトリー・グートフなど、ロシアの著名な作家や建築家が作品を設置している。

ニコラ・レヴィネツを訪れてまず驚くのは、川や丘、広大な野原、森という多様な自然の中で、どの地点からも作品が一つしか見えないことである。この点にはこだわっているのだとポリスキーは語る。また、森の中の小道を抜けていくと、曲がり角で突然目の前に作品が現れるというように、観客が作品を初めて目にする地点やそこに至る経路にも細心の注意が払われている。ニコラ・レニヴェツには、美術と自然が織りなす演劇のような要素があると思う。ポリスキーは、ニコラ・レニヴェツにおけるアートと空間の関係について、次のようにも語っている。

私はいつも自分の作品の場所、素材を意識的に考え、その場所に作品が必要であるかを検討します。作品は互いにかなり離れているので干渉し合わないのですが、作品の置かれたそれぞれの土地は、芸術公園という一枚の巨大な絵画を構成しています。その絵は完成途上で予想不能です。最近は《ウグルアン》（二〇一九）という作品を制作しました。私は元々画家ですが、本作では絵画と建築が、私の過去と現在が融合しています。湖畔に設置されていて、湖面に映るオブジェの影や周囲の自然を含めたすべてが作品です。

ニコライ・ポリスキーは、二〇一七年に北アルプス国際芸術祭（長野県大町市）に参加し、八坂で現地の竹を用いた《バンブーウェーブ》［図53］という作品を制作したが、その際にも、周囲の環境との調和を最重視し、「八坂はあまりに美しい場所であり、私の最も重要な課題はその美を壊さないことでした。住民の方々が地域の風景を深く愛していることが伝わってきました。ですので、風景と深く結びついた作品を作る必要があったのです」と語っている。

二〇一八年、筆者がニコラ・レヴィネツを訪れた夏、芸術公園は驚くほど多くの人々で賑わっており、ポリスキーは、アート作品のある場所でサイクリングやハイキングを楽しむのが近年流行になっているのだと語った。敷地内にはホテルやキャンプ場、レストラン、ショップがあり、

［図51］アレクサンドル・ブロツキー　ロトンダ　2009　photo: Wakana Kono

［図52］アレクセイ・コズィリ　ズヴィズジ村のベルデヴェーレ　2015　photo: Wakana Kono

［図53］ニコライ・ポリスキー　バンブーウェーブ　2017　北アルプス国際芸術祭　photo: Wakana Kono

余暇を楽しむための施設が整っている。スクール・プログラムやエクスカーションも充実している。

ポリスキーは、二〇二一年九月、現代美術を対象とするイノヴェーション賞（現代芸術の発展への創造的貢献部門）を受賞。パンデミックさなかの朗報だった。同年、ポリスキーに、「パンデミックを経験した社会において、屋外展示や芸術祭はどのような意義を持ち、芸術は市民にどんな存在になりうるのか」と尋ねたところ、彼はこう答えた。

パンデミックの時期、モスクワなどの都市の住民は三密を避けようとして私たちの芸術公園や芸術祭を訪れました。ウィズコロナの時代には、自然を舞台とする芸術祭は一種の救いとなるのです。こうした状況においてこそ、芸術祭の広い空間の中に様々な可能性が見いだされたのだと思います。

ポリスキーは、「ニコラ・レヴィネツはヨーロッパ最大の芸術公園だが、越後妻有は世界最大の芸術公園だ」と語る。ニコラ・レヴィネツの様々な工夫や取り組みも参照しつつ、新しい時代の野外での芸術公園の可能性を地域や国をこえて模索していくことができると思う。

コーカサス――民族・オリエンタリズム

草原の色褪せた小道の上に
狂おしい夢想のような夕焼けがある

（イヴニング）

角の向こうに消えた空間
すべてのリズムはそこからやってくる
山、波、山……

（イブラギムハリル・スピヤーノフ）

ロシアの共和国の一つであるダゲスタン共和国は、東西南北の文化交流の要衝の地コーカサス（カフカース）にあり、アジアとヨーロッパの接点の一つである。東部はカスピ海に臨み、西部はチェチェン共和国に、南部はジョージア、アゼルバイジャンと接する。ダゲスタンはチュルク語で「山の国」の意味で、面積の四分の三を山地が占める。世界有数の多言語・多民族地域で三〇余の民族から成り、宗教は多くがイスラム教スンニー派である。コーカサスは紛争地帯でもあり、度重なる戦争を経て、ペルシャ人、アラブ人などに統治され、一八六〇年にロシア帝国に併合された

首都マハチカラは、港湾都市、鉄道網の要地、コーカサスにおける文化・教育の拠点の一つであり、同市出身のロシア文学者ジーナ・マゴメードワ（一九四九年生）が述べるように「たんなる地方都市ではなく、いつも大勢の面白い奇想天外な人々が集っているような町[26]」として、黒海

の港湾都市オデーサにも似た文化交流の地としての性格を持っていた。冒頭で引用した詩人でアーティストのイヴニングも、二〇世紀半ばにロシア中を放浪した後、マハチカラを気に入り、この地に定住し、数々の詩と伝説を残した。

ダゲスタンの文化が日本であまり知られていない状況において、一九九二年に松濤美術館で「文明の十字路・ダゲスタン―コーカサスの民族美術―」展が開催され、ダゲスタンの伝統工芸が展示されたのは画期的だった。その一方で、日本でダゲスタン現代アートが紹介されたことはほぼなかったと言ってよい。

現在、ダゲスタンの現代アートを牽引するのは、三大アーティストのマゴメト・カジュラーエフ、イブラギムハリル・スピヤーノフ（一九五一年生）、アパンジ・マゴメードフ（一九五六年生）である。彼らは、各々異なるアプローチで、風土、環境、自然との関わりの中で制作を続けてきた。

マゴメト・カジュラーエフは、ダゲスタンの山地カジ・クムフ村に生まれ、ダゲスタン美術学校、モスクワ印刷技術大学で学んだ。頻繁にダゲスタンと行き来しつつ、長年にわたってモスクワで暮らしているが、「自分はダゲスタンのアーティストである」[27]というアイデンティティを保持し、ダゲスタン美術のグループ展を企画し、ダゲスタン現代アートの普及にも務めている。

カジュラーエフは、諧謔精神に満ちた詩のようなテクストを描きこんだペインティングやドローイングに取り組む一方で、線や幾何学フォルムを配したアースカラーのペインティングを多数制作してきた［口絵3・図54・55・56］。

カジュラーエフは、自らの作品における線について、次のように語っている。

私は線を引いているのではありません。線自体が突然生まれるのです。私にははっきり分かりませんが、自分との戦い、混沌や世界との戦いの中で生まれてくるのです。そして点線から線ができ、私はそこになにかリアルな勝利を見出すのです。小さな勝利ですが、私には大切なものです。[28]

現実の世界を幾何学模様を通じて表現することについて、カジュラーエフは「大げさな言い方で言えば、「様々な思念で満杯の空間」から、なにか特定の知覚し得るフォルムを作り出す[29]」こ

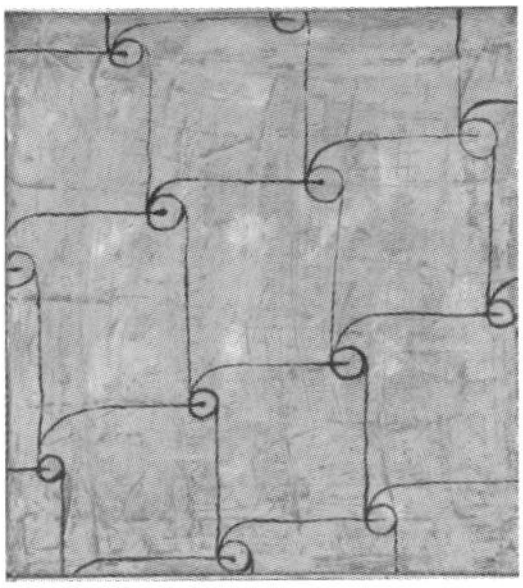

［図54］マゴメト・カジュラーエフ　アルバート　2001
Courtesy of the artist

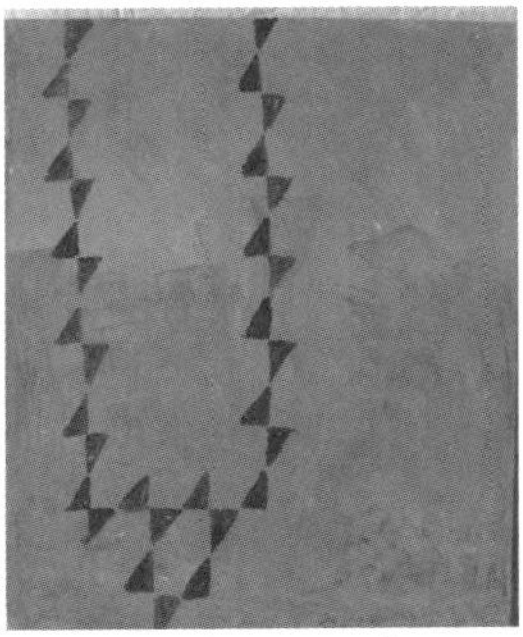

［図55］マゴメト・カジュラーエフ星 2006　Courtesy of the artist

［図56］マゴメト・カジュラーエフ　ダゲスタン　1999 Courtesy of the artist

とだと述べる。美術史家ヴィターリー・パチュコフ（一九三九—二〇二一）が語るように、カジュラーエフの幾何学模様は「洞窟の壁画、古代の陶器、ルネサンスの遠近法、中世のイコノロジーなど、先史から世界の文化の中に生き続けてきた[30]」紋様の継承という面を持ちながらも、作家は線やフォルムを自分自身の日常、感覚との関係においてつねに新しい形で発見し、展開し、構成し、混沌に満ちた現代社会に、形、人間性、調和、聖性を取り戻そうとする。

イブラギムハリル・スピヤーノフは、ダゲスタンの山脈地帯ヴェルフニー・カラナイ村に生まれ、ダゲスタン美術学校卒業後、ダゲスタンの劇場で舞台美術を担当し、現在は首都マハチカラで暮らす。

遊牧民族アヴァールの民話や物語を題材に幻想的な生物を描いた一九六〇年代の連作にはイスラム美術の影響が見られ、故郷の山村の生活や習俗を描いた一九八〇年代の風俗画は、ルオーのキリスト像にも通じる素朴さと聖性を兼ね備えている。八〇年代後半以降のスピヤーノフの創作の中心を占めるのは、複雑で豊潤な線とフォルムで構成されるペインティング、レリーフ、彫刻である［図57・58］。

モスクワの国立東洋美術館キュレーターのマリヤ・フィラートワが語るように、スピヤーノフは「自分のアトリエを離れることを好まず」、「故郷につねに強く惹きつけられ[31]」、大地に密着するかのように生活し創作してきた。アーティストで詩人のウラジーミル・バシュルィコフ（一九四三年生）は、スピヤーノフは「古代の装飾（石や木のレリーフ、絨毯や陶器の紋様）の象徴性の世界に没頭し、そこにリズム、質感、意味の調和、すなわち哲学を見出している」[32]と述べ、彼の作品の色彩は、作家の故郷である山岳の色、厳しい自然環境、そして多くの紛争を体験したダゲスタンの苛酷な歴史を反映していると指摘する[33]。

スピヤーノフの奔放な筆致や線の実験はジャクソン・ポロックにも通じるが、確固としたイメージ（たとえば書物のイメージ）、フォルム、小宇宙を出現させたいという意志は、スピヤーノフの抽象主義の特徴であり、作家が明晰なフォルムの出現を求めてペインティングと並行して木彫に取り組み続けていることも自然なこととして理解される。

アパンジ・マゴメードフは、マハチカラに生まれ、ダゲスタン美術学校、モスクワ・テキスタ

［図 57］イブラギムハリル・スピヤーノフ　コンポジション（連作）2015
Courtesy of the artist

［図 58］イブラギムハリル・スピヤーノフ　両親（連作）
1986 Courtesy of the artist

イル大学卒業後、ダゲスタン美術館、ダゲスタン教育大学等で、キュレーター、教員として働きながら制作を続けてきた。

マゴメードフは、アゼルバイジャン、北オセチア、ダゲスタンなどのコーカサスの様々な地域で、山地、川辺、砂上、浅瀬などに、木、石、紙、縄などの自然の素材を使ったインスタレーションやオブジェを設置し、作品を通じて周囲の自然との対話を展開している。山々から吹き下りてくる風に呼応して白い紙は震え、水面近くに設置された木のオブジェは流れに応じて音楽を奏でる。カスピ海や、ダゲスタンの山間の村を流れる川の浅瀬に、アクリル絵具で線や模様を描いた石を設置するプロジェクトでは、作家の手によって描かれた線や形が、石の上で揺らめく水面や反射する陽の光によって、新たな生命を獲得したように揺らめいた。

日光や室内の光がもたらす影が作品の重要な部分を構成する連作《影》(二〇〇七)をはじめ、マゴメードフの作品は、外界や自然との共作、共演のもとに成立している[図59・60・61]。マゴメードフの屋外作品はあるべくしてそこにあるという、泰然とした佇まいである。設置された作品からは、ここに物を作りたいという創造への意欲が作家の中で自然で、必然的なものとして沸き起こり、創作を通じて作家が発見や喜びを体験したプロセスが伝わってくる。遊び、祈り、祭祀、建造、創造という人間の根源的な営みを想起させるマゴメードフの作品は、人間のあらゆる活動の象徴としての性格を持ち得ているが、それらの作品が周囲の自然と限りなく調和し、深く関わりあっていることは、そもそも人間は自然と対立するものではなく、人間は自然に内包される存在であることを告げている。

ダゲスタン現代アートに関する研究や批評において注意しなくてはならないのは、作品全体がダゲスタンの民族文化、伝統、山岳風景等と関わるものとして単純化して捉えられがちなことだ。二〇一二年にモスクワの国立現代美術センターで開催された個展の図録に掲載されたインタビューで、マゴメト・カジュラーエフは以下のように述べている。

ヴィターリー・パチュコフ：あなたの創作は民族的な文化と結びついていますか？

[図 59] アパンジ・マゴメードフ　影　2007
アゼルバイジャン、シェキ市近郊　Courtesy of the artist

[図 60] アパンジ・マゴメードフ　影 VI
2016　バクー・ビエンナーレ　photo: Wakana Kono

[図 61] アパンジ・マゴメードフ、イブラギムハリル・スピヤーノフ　無題
2010　北オセチア　Courtesy of the artists

マゴメト・カジュラーエフ：全くそんなことはありません。私はもうここモスクワで長年暮らしており、私にとってまるで無縁な似非民族文化のおきまりの陳腐な表現からも遠く離れたところにいます。真の文化はつねに生きているのです。

ヴィターリー・パチュコフ：でも伝統があるでしょう……

マゴメト・カジュラーエフ：もちろん、明らかに、なにか深いプロセスとして存在します。私は、私の民族が与えてくれた言語で話し、それからは逃れられません。私は、ダゲスタンの愛すべき少数民族の体現者です。その民族とは、私の祖父たち、曽祖父たちのことです。民族の千年にわたる深遠な文化があるのです。それと離れることができるでしょうか。(34)

この発言は、（自分はダゲスタンのアーティストであるとつねづね語る）作家のダゲスタンとの歴史的・有機的な関係を全否定する言葉ではなく、ダゲスタン文化の皮相的な捉え方への抵抗であるだろう。

ガルシア＝マルケス、ヴィディアダハル・スラヤプラサド・ナイポール、宮沢賢治らが、地域や土地の物語、自然を通じて根元的なものに出会い、逆説的に世界に繋がっていったように、アーティストもまた、地域や土地の自然や文化を通じて五大元素的な根源的世界を見つめ、自分の言語を通じて世界や宇宙全体について語り、越境を続けて新たな風景に向き合うことができる。

カジュラーエフの発言は、ロシア帝政、ソ連時代を経て現代までダゲスタンの人々に押し付けられてきたステレオタイプに反発するものでもある。

ダゲスタンをはじめとするコーカサスは、歴史的にも文化史的にもロシアにとっては植民地的な地域であり、オリエンタリズム的な価値観で受容されてきた。一九世紀前半ロマン主義の時代には、政権批判によって首都ペテルブルクから追放された詩人アレクサンドル・プーシキンは、コーカサスを旅して長編詩『コーカサスの虜』（一八二一）を書き上げ、プーシキンと同じ理由でコーカサスに転属となったモスクワ生まれの詩人ミハイル・レールモントフ（一八一四―一八四一）は同地を舞台に小説『現代の英雄』（一八四〇）を発表する。これらの作品やコーカサスを描いた詩の数々は、豪胆で素朴な山岳民の姿や黒髪の美女、南国の雄大な自然をエキゾチックなものとして受容し消費するという側面を持っていた。文学研究者スーザン・レイトンは、著書『ロシア文学と帝国　コーカサスの征服　プーシキンからトルストイまで』において、こうした一九世紀文学の作品はロシア人が抱くコーカサスのイメージに大きな影響を与えたと指摘している。[35]この種のステレオタイプが現代にまで受け継がれていることは、一九九〇年代以降にロシアで制作されたコーカサスをめぐる幾編もの現代映画からも明らかである。

美術史家レオニート・バジャーノフは、二〇一五年に出版された画集『輪――ダゲスタンの現代アーティスト』の巻頭論文で、次のように書いている。

ダゲスタンの芸術が話題になる度に、新石器時代の石にまで遡るような太古のルーツ（同義語を繰り返すことを許してほしい）が想起されることになる。たしかにルーツは古く、それは私たちの誇りでもある。ダゲスタンの現代美術が話題になる際にも、私たちは古くまで遡って話を始め、まるでコーカサスで乾杯に際して述べられる長い挨拶のように延々と古きものについて語るが、現代性に関しては、いざ乾杯となってグラスが触れ合う短い瞬間と同じほどしか語らない。文化の長い歴史と比べれば、現代は短いと言わんばかりだ。

しかも、話は決まって民族の芸術という観点から始まる。作品の作家が注目されるのは、話の最後になってからだ。伝統、民族の文化、場所、あるいは流派が重要で、最後に言及されるのが作家というわけだ。

しかし、現代美術はまさに作家から始まるのであり、作家の個性を知らずに美術を適切に理解することなどできない。たとえ作家が意識的に匿名的であろうと努めようとしても、そう努めること自体が個性なのである。[36]

ここで取り上げたカジュラーエフ、スピヤーノフ、マゴメードフは、線とフォルムの実験、自然や環境との新たな関係の樹立、独自のマチエールの発明という課題を共有している。彼らは互いに近しく、時には共同制作を行い、しばしば三名で共に国内外の展覧会、芸術祭、シンポジウム等に参加し、ダゲスタン美術を体現しようとしている。だが、彼らがそれぞれ、ソ連時代の文化統制下でどのように生き、作品はどのような変化を遂げ、どのような文学や美術に影響を受け、ダゲスタンの風土に限らず、目の前にある自然、生活、環境にどのように対峙しているか、コーカサスらしさを求めるという暴力や夢想に陥ることなく、つぶさに見ていく必要がある。

カジュラーエフとマゴメードフは、自分たちの作品は、人や自然への「手紙」であるとしばしば語っている。二〇二〇年にアゼルバイジャンの首都バクーで開催されたバクー・ビエンナーレにおけるマゴメードフ、スピヤーノフ、カジュラーエフの三人展は、三者の作品によって現代ダゲスタン美術のアートシーンを伝えようとする意欲的な企画であり、線やフォルムの実験という主題を共有した統一感のある展示だったが、バクーでも作家たちは、「世界の別の地域で暮らす人々にも手紙を届けたい。その地域の石、砂、木、紙を用いて、自然と対話しつつ、新たなメッセージを作りたい」と熱く語っていた。もし今後、日本でも（屋内と屋外を使って、あるいはバクー・ビエンナーレのようにギャラリーの一室を使って）そのような展示ができれば、現代のダゲスタンと日本を初めて結びつけるインパクトのある展示になるだろう。

あるいは、北コーカサス（ロシア南部地域、ダゲスタン共和国、北オセチア共和国、カバルダ・バルカル共和国、カラチャイ・チェルケス共和国、イングーシ共和国、チェチェン共和国、スタヴロポリ地方等）や南コーカサス（ジョージア、アルメニア、アゼルバイジャン）のアートを俯瞰し、その相関関係や差異を再考する展示も、現在も対立の絶えない地域であるからこそ、困難だが意義がある。

北オセチア共和国では、ロシア国立美術館展示センター「ロシゾ」北コーカサス分館主催で、北コーカサスの現代アートの状況を検討するシンポジウム「アラニキ」や展覧会が多数開催され、コーカサスのアーティストが参加してきた蓄積がある。バクーのヤラート現代美術館も、他のコーカサス地域や隣接地域の展覧会を積極的に行っている。それらの機関のアーカイヴにも依拠しつつ、コーカサスの二〇世紀から現代までの美術の展示を行うことは、文明や芸術について考える新しい視点をもたらすのではないか。また、二〇二〇年にヤラート現代美術館で開催された「バクーは語る　一九〇〇年代から一九四〇年代」展において、アルメニア系の作家の作品が展示されていなかったように、ナゴルノ・カラバフ自治州をめぐる争い等が続いている現状では、コーカサスの美術史を現地でありのままに描き出すことは困難を伴う。資料や作品から遠いなどの様々なデメリットがあっても、国外だからこそ可能な研究や展示がある。

ダゲスタンにルーツを持つ、若い作家の活躍もめざましい。ダゲスタンにルーツを持つ女性作家タウス・マハチェワ（一九八三年生）は、しばしば同地を主題として制作してきた。ダゲスタン出身の高名な詩人で祖父のラスール・ガムザートフ（一九二三―二〇〇三）をめぐる映像《Tsumikh 鷹にて》（二〇二三）では、彼についてマハチェワや登場人物が思い思いに語り、国家的詩人の公的な記憶と私的な記憶の関係が照射される［図62］。ダゲスタンの山上に仮設の展示空間が作られ、ガムザートフの彫像など彼を記念する品々が運ばれ、箱が開けられ、展示され、箱の中に再び収められ、持ち去られていく様子が時間をかけて映されるが、展示作業をする人々の動作は丁寧であり、ガムザートフという詩人、あるいは死者に対する敬いを感じさせる。生きている者が死者のために長い時間をかけて、細やかな作業をすることの美しさや意味についても考えさせる作品である。

映像作品《の娘の娘》も、親族との関係を主題にしている。この作品では、作家の曽祖父で、やはり著名な吟遊詩人だったガムザート・ツァダサ（一八七七―一九五一）のブロンズ像が作られる工程が時間をかけて映され、次に、そのブロンズ像を包み込むような形で、祖父ガムザートフの石膏像が作られる。最後に、ガムザートフの石膏像はコンクリートのブロックの中に埋められてしまうが、このブロックはマハチェワの母パティマット・ガムザートワ（一九五九年生）の肩と同じ大きさである。マハチェワが手にするブロックは母親の体を想起させ、その中には祖父が、さらにその中に曽祖父がいる。この作品は四世代にわたる繋がりを表わしているが、ブロックの中の祖父の石膏像や曽祖父のブロンズ像は埋め込まれていて見ることができない。それらの像を包むことは、保護であると同時に消去でもある。マハチェワはある時、だれかに「ラズールの娘の娘」として紹介された時に、この作品のコンセプトを思いついたという。彼女はもちろん独立した人格で、成功したアーティストでもあるが、ロシアの文化圏ではつねにガムザートフの孫として紹介されてきた。この作品は、個人と属性という問題に焦点を当てており、その問題は普遍的なものである。人はだれでも、母や嫁といった親族内の役割、国籍、民族、世代などの属性によって判断され、個性や人格に目を向けてもらえないことが多々あるからだ。

映像《スーパー・タウス 無題一》（二〇一四）では、スーパーマンのような超人的な女性を作家自身が演じ、道路を塞ぐ巨石を軽々と動かし、人々を救う［図63］。これは「家父長的社会で生まれ、暮らしてきた女性の夢」だと作家は語る。家父長制との戦い、自己の解放は、マハチェワの創作に通底する主題である。《セレンディピティの採掘》（二〇二一）は、ソ連の架空の未来学者のアイデアに基づいた装身具のセットで、原始的な方向感覚を得る能力などを開発する。宇宙開発の源泉ともなったソ連のSF的な空想力へのオマージュであると同時に、自己や身体の変容の夢という意味では、《スーパー・タウス》の系譜にも連なる。

インスタレーション《リング・ロード》（二〇一八）は、ダゲスタンに実在する山に、出口も入口もない円状の道路を建設するプロジェクトである［図64］。山の模型に加え、建設資金を提供する投資家と作家の間で交わされる合意書や見積書等が展示される。実際には建設されることのないこの道路は何を意味しているのか。世界各地で行われている不必要な開発や自然破壊への揶揄のようにも思われるが、どこにも通じていない道路は平安と独立の象徴でもある。ダゲスタンは先述のように戦争を経てロシア帝国に併合されたが、道路は、ある地域を他の地域と結んで豊かにするためではなく、侵略や、資源、食料の搾取のためにも用いられてきたからである。一九三一年から三三年にかけて、スターリン体制下で、ウクライナや北コーカサス、カザフスタンで農民から食料が強制的に没収され都市に運ばれ、大規模な飢饉が発生し、三三〇万人から数百万人ともされる餓死者が出たことは、今もその地域の歴史的なトラウマである。《ストマック・イット》（二〇一七）は、ウラジーミル・マヤコフスキーの詩で包んだ人参や、レーニンの頭の形をしたロリポップなどの政治的な食物を提供したパフォーマンスで、会場には空腹時に胃が収縮する音が流れていたが、この作品は、三〇年代の飢餓を直接の源泉としている。

パフォーマンス《カスピ海》（二〇一四）では、カスピ海と周辺地域の地図を象ったケーキが招待客に振る舞われた。作家はゲストに「どの地域を食べたいか」を尋ね、アゼルバイジャンやロシアなどの地域を朗らかに切り分けた。このケーキは、クラスノゴルスク・フィルム・アーカイヴで作家が発見した一九四〇年代の一六ミリ・ニュースフィルムに写っていた、アドルフ・ヒトラーと仲間のために焼かれた同様のケーキを模倣したものだったが、モンタージュの技法を不自然に多用したそのフィルム自体はプロパガンダのためにソ連で捏造されたものだと作家は語

[図 62]　タウス・マハチェワ　Tsumikh 鷹にて
2023　Courtesy of the artist

[図 63] タウス・マハチェワ　スーパー・タウス
無題 1　2014　Courtesy of the artist

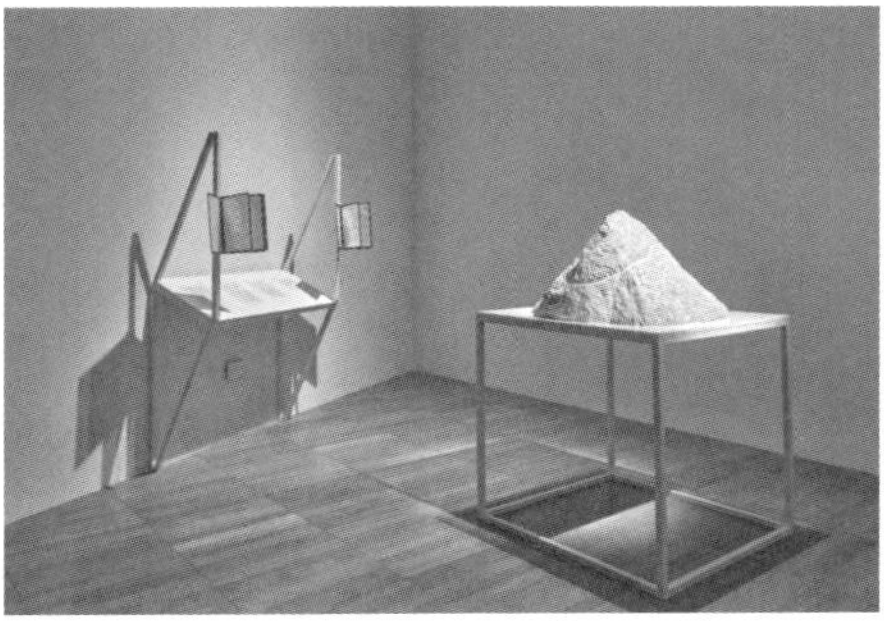
[図 64] タウス・マハチェワ　リング・ロード
2018　Courtesy of the artist

る。

マハチェワの作品はユーモラスな雰囲気を持っているが、そこには、ロシアによるダゲスタン支配への痛烈な批判精神がある。ロシアは多民族、多言語、多宗教国家であり、本来そこには絶対的な唯一の貌は存在し得ない。ダゲスタンなどの「もう一つのロシア」、「別のロシア」が文化的な存在感を発揮することは、戦争が続く現在のロシアの硬直化した政治・社会状況に、新たな風穴を開け得るのではないか。

二　主題篇——アートと社会

I　下着とパレード――現代ロシア美術におけるノスタルジー

ソ連崩壊や新たな文化統制を経て、ロシア現代美術作家は、どのような主題に取り組んできたのか。多様なアートシーンの中にも、いくつかの傾向や、共通するテーマを見いだすことができる。本章では、現代ロシア文化全体にも共通する「過去へのまなざし」や国家の表象、ロシア美術におけるジェンダー、戦時下の表現などについて検討する。

戦争とテロの表象

第二次チェチェン戦争、テロ、爆破事件があいついだ二〇〇〇年代のロシアでは、戦争や死を主題とする作品が数多く制作された。各作家の問題意識や手法は多岐にわたり、若手作家ピョートル・ベールイ（一九七一年生）の《Shch854》（二〇〇五）は、ノーベル賞作家アレクサンドル・ソルジェニーツィン（一九一八―二〇〇八）の小説『イワン・デニーソヴィチの一日』を参照している［図65］。焼け落ちた一二のバラックのインスタレーションは、原作で描かれるソ連の収容所をかたどったものと解説されているが、このバラックを見て同時代人が反射的に想起するのは、前年の二〇〇四年に起こったロシア南部の都市ベスランの小学校襲撃事件をはじめとするテロとチェチェン戦争の惨禍であろう。

コンスタンチン・バティンコフ（一九五九年生）の連作ドローイング《波の上を駆ける者》（二〇〇五）は、幻想文学作家アレクサンドル・グリーン（一八八〇―一九三二）の小説『波の上を駆ける女』のオマージュであり、長い髪をなびかせて何処かへ駆けていく女の姿がどの絵にも小さく描きこまれている［図66・67］。だが原作とは違って、女が駆けぬけるのは戦争、爆撃に脅かされる世界である。ベトナム戦争、クールスク潜水艦沈没、チェチェン戦争などの悲劇を想起させる戦場の光景に、ところどころバティンコフ特有の陽気な空気を忍びこませることで、生と死の対比がまざまざと浮かびあがってくる。

二〇〇四年九月にモスクワ郊外で開かれた野外の芸術祭アート・クリャジマでは、「新しいロシアの現実」をテーマに掲げていたこともあり、テロや破壊をテーマにしたパフォーマンスや作品が数多く見受けられた。七〇年代末に芸術グループ〈巣〉で活動していたミハイル・ロシャリ（一九五六―二〇〇七）のパフォーマンス《反テロルのアート》では、観客たちはロシャリが設置したバスに乗りこみ、ハンカチやペンなどなにか、自分の持ち物を中に残して外へ出るよう指示される。やがてバスに火が放たれ、犠牲者の寓意である私物もろともバスは燃え尽きる。一方、現代ロシア建築界の重鎮となりつつある建築家アレクサンドル・ブロツキーは、焦げた材木を用いて《体育館》というインスタレーションを作り、芸術祭の直前に起こったベスランの小学校でのテロを想起させた。

また、アート・クリャジマには、二〇〇四年に注目を浴びた「もうひとつのテロ」をテーマにした作品も出展された。一九七四年九月一五日にモスクワでオスカル・ラビンらが開催した非公式芸術の野外展覧会が当局のブルドーザーによって破壊された「ブルドーザー事件」。芸術と芸術家に対するテロであるこの事件から三〇年を迎えた二〇〇四年、ロシアの芸術界では、事件を題材にした展覧会が開催され、アーティストたちはブルドーザー事件にちなんだ作品を次々に発表した。

なかでも、コンスタンチン・バティンコフの個展「ブルドーザー」(二〇〇四年九月三日―一〇月三日、クローキン・ギャラリー)と、彼がアート・クリャジマに出展したプロジェクト《ブルドーザー3》は、ブルドーザーの描かれた風景画を集めた興味深い展覧会だった[図68]。意外にも、バティンコフの絵画には、三〇年前の事件を直接的に連想させる描写――ブルドーザーに

[図65] ピョートル・ベールイ Shch854 2001 photo: Wakana Kono

[図66] コンスタンチン・バティンコフ 波の上を駆ける女 2005 Courtesy of the artist and Krokin Gallery

[図67] コンスタンチン・バティンコフ 波の上を駆ける女 2005 Courtesy of the artist and Krokin Gallery

よって壊された美術作品や戸惑う非公式芸術家の姿など——はなにもなく、ブルドーザーの「生態」だけがみずみずしく描かれていた。バティンコフの描くブルドーザーたちは実に表情豊かで、巨大な体なのに愛くるしい動物のようである。平原を一列になって進むブルドーザーは、シルクロードを歩く駱駝の群れのようにロマンチックだ。雪の中で小犬のように飛び跳ねるブルドーザーや、青空をのびやかに飛ぶブルドーザーの姿まである。町はずれで仕事をする普通のブルドーザーでさえ、足元の犬と親しげに言葉を交わし、まるで自分の力強さを頼もしく思いながら生の実感を味わっているように見える。批評家アンナ・エプシュテインも述べているように、突入や戦闘のために作られた破壊の機械が、バティンコフの作品では「穏やかで繊細な感情を持ち、攻撃性のかけらもない」新しい存在として生まれ変わった。あるいは、ブルドーザーが心地良く青空を飛んでいる絵は、人間に操縦されてテロや戦争など悲しい事件にばかり付きあわされるブルドーザーが夜中に見るひとときの夢なのかもしれない。

展覧会のオープニングが始まったのは、チェチェンのテロリストが生徒と保護者を人質に立てこもるベスランの小学校にロシア政府軍が突入した数時間後だった。国じゅうがテレビに釘付けで、道行く人の数がいつもよりはるかに少なかった。その日、バティンコフは、彼の「ブルドーザー」展は、三〇年前の事件と現代の事件という二つの暴力を想起させる展覧会だと語った。たしかに、戦闘という文脈から解放されたブルドーザーの甘く幸福な生活を描いたバティンコフの作品に、破壊へのアンチテーゼを読みとることはたやすいだろう。しかし注目するべきなのはむしろ、バティンコフが、ブルドーザー事件に画家としての私的な意味を読み込もうとしていることではないか。バティンコフは、ブルドーザー事件に捧げる展覧会を開いた理由はノスタルジーだったと語っている。

ノスタルジー。青春や過ぎ去った時代への。私はアトリエと画廊という、閉じた異教的な空間に閉じこもって、新しい時代に適応することができない。その昔、「芸術世界」グループの画家たちも、懐かしく過去を思い出したものでした。でも私は過去を理想化しているわけではありません。過去の素敵でちょっと滑稽なバージョンを作りだそうとしているのです。あの過去を過ぎ去った美しいものとして語るのは、場違いだし不愉快なことでしょう。でも私にとっては、現代に生きることも場違いで、現代についてはなにも語ることがないのです。だから、次から次へとブルドーザーを描くのです。これも私にとっては、システムからの自由を求める現代的な方法なのです。だから私もある意味で、「ブルドーザー展の画家」にほかなりません。

バティンコフは、非公式芸術の展覧会を開いて公式文化に風穴を開けようとした「ブルドーザー展」の芸術家たちの「蛮勇」に共感する一方で、七〇年代の非公式芸術家を「違う美学の世代」として切り離し、「作風を模倣したいとも崇拝したいとも思わない」と語って距離を取ってみせる。しかし、それでもなお彼にとって、往年の非公式芸術家たちの人生は、究極の理想でもあった。バティンコフは、社会に居場所を持たない芸術家であることへの仄暗い郷愁、アウトローへの共感こそ、自分の作家としての出発点だったと語る。

彼らはいつも不幸をかこち、ある者は作品を展示する機会もなく、個人のアトリエもないまま酒を飲んで死にかかっていました。私が画家になったのは、彼らの人生を見て、システムの外に生きるということがひどく気に入ったからです。そういう意味で私はこの展覧会によって、一九七四年の「ブルドーザー展の画家たち」に敬意を表しているのです。

バティンコフの七〇年代非公式芸術家に対するアンビヴァレントな姿勢は、二〇〇四年九月にステラ・ギャラリーで開かれた「私のカバコフ」展の出品作にも表れていた［図69］。ソ連非公式芸術界出身のスーパースターであるイリヤ・カバコフがロシアで初の大規模な個展をエルミタージュ美術館で開催したことを記念して、現代アーティストがカバコフをモチーフに創作した作品を展示したその展覧会でバティンコフが発表したのは、カバコフの戯画にほかならなかった。海外に移住してからというものロシアに足を踏み入れないことで有名だったカバコフが（それはカバコフがロシアの文化界を軽んじたためではなく、ソ連時代の深いトラウマによるものだったと推察されるが）、九〇年代のロシアで若手芸術家の絵画の制作を手伝うという、実際にはありえない場面を漫画のように描いたバティンコフの作品を見て、たしかに非公式芸術はロシア現代美術を様々な意味で「助けた」のだと解釈するだけでは不充分だろう。この作品は、カバコフが代表する六、七〇年代非公式芸術グループ出身の亡命アーティストたちが、現代ロシア・アートシーンに対してしてきたこととしてこなかったことの両方を滑稽に問題提起したメタ美術史的な作品なのである。亡命した非公式芸術家の活躍は、ソ連・ロシア美術全般への世界の関心を呼び起こし、その恩恵の一部に現代作家たちも浴した面はあった。しかし、ロシアで活動するアーティストが、海外の著名な亡命芸術家たちの活躍のもとに軽視されてきたともいえる昨今の状況は、現代ロシア美術の発展を阻む要素でもあった。それは亡命作家自身の意識の問題というよりも、亡命ロシア美術を珍重する世界の美術界の問題だった（たとえば、二〇〇〇年代ですら、トレチャコフ美術館の企画展枠は亡命作家にほぼ独占されていたといってよく、ロシア在住の作家たちはそれを不公平だと感じていた）。

バティンコフがブルドーザー事件三〇年後に発表した、町の息吹を胸一杯に吸い込んで独自の生を生きる天真爛漫なブルドーザーの群れは、ブルドーザー事件をめぐる言説と現代の閉塞した美術史観を結果的に解放しようとする試みでもある。

日用品の美術館

バティンコフは、現代社会のシステムから自由になるために、「過去の素敵でちょっと滑稽なバージョン」を作るという郷愁を選びとると語ったが、ノスタルジー、および過去との対峙は、現代ロシア文化全般の重要な主題である。国家崩壊を体験した作家たちは、ソ連の歴史的意義と自身にとっての個人的意味を様々なかたちで追求している。

「観測史上最大の大雪」と報じられた二〇〇〇年のモスクワ、雪をかきわけてたどりついたストロガノフ・モスクワ芸術産業大学で、ちょっと懐かしい体験をした。噂によれば、「奇妙な」日用品をコレクションしたミニ美術館が、芸術大学の一室にできたという。暮れもおしせまったある夜、知人がその蒐集家に会わせてくれるというので、その「美術館」を訪れた。社会主義リアリズムの彫刻群が残る薄暗い廊下をさまよい、ようやくたどりついた部屋には、壁一面の作りつけの棚に、無数のガラクタ、いや、「物たち」がひしめいていた。道路標識をもぎとって作った雪かきシャベル、野菜カゴで作ったアンテナ、空き缶製おもちゃの電車……。どれも実用のために作られた日用品ばかりなのに、現代美術展に来あわせたかのような錯覚を覚える。コレクションの創設者ウラジーミル・アルヒーポフ（一九六七年生）は、一風変わった美術館の由来をこう語った——「まだぼくが芸術家として活動していたころ、ミュンヘンの美術展に行って強いショックを受けた。西側の芸術とロシアの芸術には、なんの違いもないんだから！　そもそも美術はヨーロッパで考えだされたもの。だから、ロシアの芸術が西側の芸術を目ざしているうちは、新しいものは生まれない……。その後、ロシアに帰って、友達の家に遊びに行った時、歯ブラシで作ったタオル掛けを見つけて、『これだ』って思った。何かを考えだす必要なんてない。まずはロシアの大衆のこういう作品を集めようって」。

彼はこうして、カセットデッキとカメラを手にロシア全土をかけめぐり、手作りの日用品と、それにまつわる物語を採取した。彼が集めるのは、大衆が「生活を便利にするため」に自分で作ったものばかり。とれた取っ手の代りに、ねじまげた鉄棒をくっつけた急須、色とりどりのビニール紐で作った買物バッグ——より良い生活を求めるという誰もが共有するささやかな夢と遊び心がつまったこれらの日用品は、一方で、地方都市の壊滅的な経済状況を反映しているのだが、深刻さよりも、いじらしさ、親近感が先に立つ［図70・71］。

アルヒーポフは、「今度、日本からも、なにか手作りの日用品を持ってきて！　かならず、それにまつわる物語を録音してきてね」と言う。彼が作り手の物語にこだわるのは、「国家建設」の大きな歴史の陰で、語られてこなかった個人の歴史、「手作り」の生活に目を向けたいからだ。「コミュニズム社会という天国」の建設の夢の裏で、ずっと続けられてきた日常生活の小さなユートピア化の試み……。そんなことを考えていると、彼は突然、電気を消し、「こうやって見るほうがいいんだ」と、手作りの懐中電灯で作品を照らすよう促した。暗闇を貫く一条の光

［図68］ コンスタンチン・バティンコフ　ブルドーザー　2004　Courtesy of the artist and Krokin Gallery

［図69］コンスタンチン・バティンコフ　イリヤ・ヨシフォヴィチ・カバコフがモスクワでバリケードを作るアナトーリー・オスモロフスキーを手伝っている（連作　カバコフは私たちと共に）2004　Courtesy of the artist

［図70］ ウラジーミル・アルヒーポフ　シャベル　1998　Courtesy of the artist

は、広大な暗いロシアをめぐる発掘の旅の追体験でもあり、物に秘められた過去をめざして飛ぶ追憶の光でもある（回想という行為が目に見えるものだとしたら、遠い暗闇に放たれる光の矢に似てはいないか）。この美術館では、鑑賞者はグループで来ても、一人一つずつ懐中電灯を渡される。一人一人に個人の歴史があるように、一人一人に自由な回想の形がある。教科書や事典に要約されない歴史、ロシアの戦勝記念日である「勝利の日」に、大統領が演説の中で繰り返す全体的な歴史（「国民が団結して耐え忍んだつらい過去」）に回収されない思い出を自由に語ることのメタファーとして、懐中電灯は、小さい光を灯している。

祝日という装置

ノスタルジーをめぐる別の問題系について。

五月九日の「勝利の日」は、第二次大戦でナチス・ドイツが降伏した日であり、ロシアでは長年、「対独戦勝記念日」と呼ばれていた。独ソ戦（第二次世界大戦）で民間人を含む二〇〇〇万人以上が亡くなったソ連では、この日は身近な死者を家族で静かに追悼するための日でもある。しかしそれと同時に、国を団結させるための祝日としてソ連時代には各都市で盛大に祝われ、モスクワ都心部では政府主催の祝典とパレードが行われた。ソ連崩壊後は祝典の規模が縮小されたが、プーチン政権下で再び、「勝利の日」は愛国心を高めるための大きな祝祭となり、街は軍服であふれ、「ソ連に栄光あれ！」と書かれたポスター、赤い星の装飾が街路をうめつくす光景が、時代感覚を狂わせていく。祝日の合い言葉は「ファシストへの勝利」。だが、実際は、ナショナリズム高揚にともない、とりわけ第二次チェチェン戦争期には一部で排外主義が高まり、ネオナチによるアジア、アフリカ系住人の無差別襲撃が増加したため、彼らが外出を控えざるをえない季節でもあった。

その二〇〇一年の「勝利の日」、アラン・ドロンの有名な「下着事件」を思わせる展覧会が開かれた。アラン・ドロンがソ連を訪れた時のこと、パリではついぞ見たことのないようなソ連の簡素な下着に興味を抱いた彼は、大量の下着を買い占め、フランスで「ソ連の下着展」を開催した。ソ連政府は、貧しい下着を展示してわが国の恥を知らしめたと激怒。アラン・ドロンはその後、長期にわたって、ソ連入国を禁じられてしまったという。だが、筆者もロシア人から幾度となく聞かされ、そればかりかロシアの歴史家も言及しているこの事件は、実はまことしやかに語られてきた都市伝説で、そうした事実はなかったという。アラン・ドロンのかわりに、イヴ・モンタン、ジェラール・フィリップの名でこの伝説が語られることもある。

なにはともあれ、そうした時代から数一〇年が経ち、モスクワの中央芸術家会館で「身体の記憶・ソ連時代の下着展」が開催された。サンクト・ペテルブルク、ニージニー・ノヴゴロドからの巡回展で、ソ連の既製品の下着だけでなく、手作りの下着も陳列されている。展示ホールに妖しいボックスが建てられ、入口のカーテンをくぐると、中はピンクの照明で、ますます覗き小屋のような雰囲気だが、観客が華奢でエロティックな下着を期待して近づくと、ケースの中では、下着とも布とも呼べない茶色いぼろきれが縮まっていた——という、フェティシズムに対するアイロニーのようなアトラクションまである。

この展覧会でも、アルヒーポフのコレクション同様、物だけでなく、下着にまつわる個人の思い出話を収集し、文と写真でパネル展示していた。話はどれも小咄のように面白く（「子供のころ、胸が大きいのが恥ずかしくて云々……」など）、署名がないので、ドラマ性をねらってつけ加えたフィクションかと思ったほどだが、キュレーターが取材した実話ばかりということだ。キュレーターのエカテリーナ・ジョーゴチは、この展覧会は「権力という上からの視点ではなく、〈下〉からの視点でソ連時代をふりかえる試みです」と語る。展覧会の開催期間は折しも五月上旬、この展覧会自体を、「勝利の日」のあり方への痛烈な批判として読むことができるだろう。

下着というのは、親密な人にしか見せることのない私的なものだ。この展覧会で展示された手製の女性下着も、自分の気持ちを明るくするため、あるいは大切な誰かの目にふれるため、限られた材料で工夫をこらして作られたのかもしれない。一方、ソ連政権下の社会主義美術は、一九一七年の発端の時点から、「大勢のために、大勢によって作られる芸術」として構想されてきた。「個人の鑑賞のために、個人の芸術家が作る芸術」が禁じられた社会において、手製の下着は、期せずして全体芸術のアンチテーゼとしての側面を持つことになる。

下着展の帰り道で、両脇を家族に支えられた体の不自由な老人が、昔の軍服に身を包んで、嬉しそうに地下鉄駅に向かうのを見た。五月九日は、この日をなによりの楽しみにする年輩の人々の祝日でもある。だが、彼らが一年に一度、旧友と集い、軍歌を歌い、軍隊式の祝杯をあげる仲間内の喜びは、祝日というイデオロギー装置のもとで国家に回収され、「全体」の一部となって

[図71]　ウラジーミル・アルヒーポフ　アンテナ（コロムナ）1993
Courtesy of the artist

[図72] アンナ・アリチューク、リュドミラ・ゴルロワ　歓喜の空間　2000　Courtesy of the artists

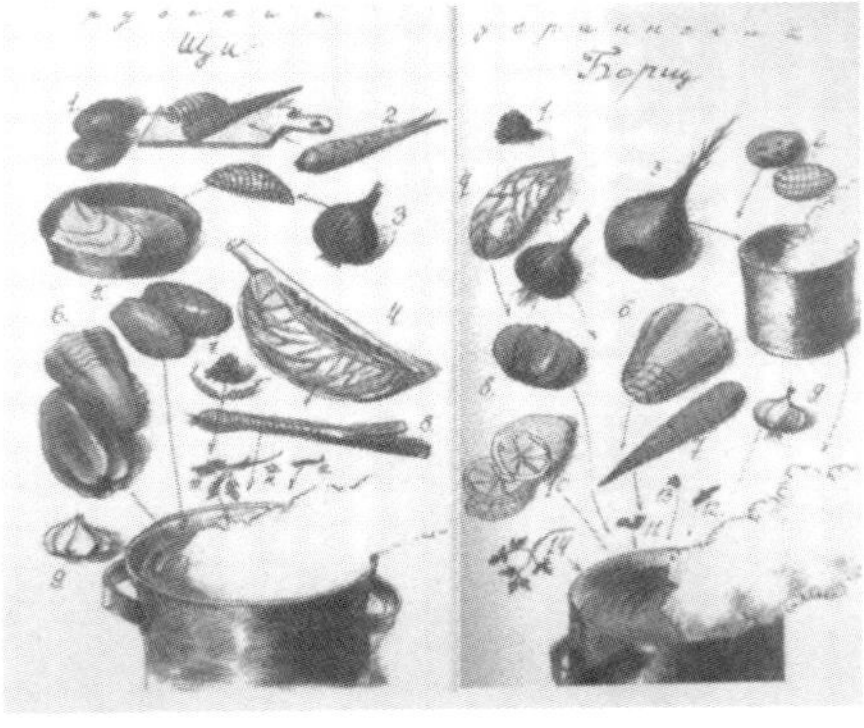

[図73]　マーシャ・チュイコワ　レシピ・ソ連諸民族料理　（左：ロシアのスープ、右：ウクライナのボルシチ）2000 Courtesy of the artist

しまう。

スターリンとボルシチ

国家、個人、祝日の問題は、二〇〇〇年三月にモスクワのギャラリー・オギで開催された写真展「歓喜の空間」にも浮上していた。二人の女性作家、アンナ・アリチュークとリュドミラ・ゴルロワが、ソ連時代の映画（グリゴーリー・アレクサンドロフ監督『輝きの道』一九四〇、アレクセイ・シュヴァチコ監督『故郷から遠く離れて』一九六〇）の数場面をコンピューター加工し、登場人物の顔を自分たちの顔に置きかえた写真を展示したのである［図72］。プロジェクトの意図について、アリチュークはこう述べる――「なぜ、このプロジェクトを企画したか、それは主にノスタルジーが理由です。スターリン時代の古典的な映画は、私たちにとって子供時代と切り離すことのできない重要な要素であり、私たちを惹きつけてやみません。ですから、こういった映画の古典的な場面に参加してみたいと願うのも、自然なことなのです」。ペレストロイカ後の世界の傾向――ソ連のすべては間違いだったという風潮のもとに、ソ連で生きて死んだ人々の生まで忘れられてきたこと――をふりかえる時、アリチュークの発言は批評性を持っていることが分かる。

スターリン時代の映画の異化の試みとして、アリチュークは、パソコンでの画像処理を提案する。彼女は、映画の画像をコンピューターで拡大した時、画面の奥の人影、撮影カメラの影など、「全体」の筋とは関係ない、意外なものを発見したという——「この写真展がインターネットで公開されれば、誰もがスターリン映画の画面の構造を間近に研究でき、そんな発見をすることができます」。個人は画像を自由に加工して、「全体や語りとは何の関係も持たない不思議な網や点」になるまで拡大することもできる。写真展で展示された、比較的「穏健」な、ともすればたんなるノスタルジーとして捉えかねられない加工画像は、プロパガンダ的な物語の脱構築の可能性を示した点で、実は、アリチュークが「切り刻まれたホログラム」と呼ぶ、コンテクストから完全に切り離された意味不明の点描画像と同じ機能を持っている。

　写真展の初日、三月八日は「国際婦人デー」。ロシアでは、五月九日と並ぶ二大祝日である。この日、男性は女性に花をプレゼントし、家庭では夫がすべて家事をする（ことになっている）。写真展会場にむかう途中でも、花束を持った男性の姿をしばしば見かけ、街は祝日の夜の気分で浮きたっていた。写真展会場のギャラリー・オギのキュレーター、フョードル・ロメル（本名アレクサンドル・パノフ、一九七一―二〇二一）が語ったように、「三月八日は、旧ソ連人にとって、共産主義の思い出と深く結びついた祝日」であり、わざわざこの日をオープニングに選んだのは、ロシアの「祝日多幸症《ユーフォリア》」を脱構築するためにほかならない。

　この日、会場では、マーシャ・チュイコワ（一九六〇年生）が、ロシアの春の祭日マースレニッツァ（西方教会の謝肉祭にあたる）の料理、ブリヌイ（ロシア風クレープ）を焼き、来場者全員にふるまった。彼女は一九九〇年代初頭から、料理をテーマに創作、パフォーマンスを行ってきたアーティストである。一九九九年にスイスで行った《読まれた主婦》と題するパフォーマンスでは、大鍋いっぱいのボルシチのなかで、ヘーゲル、カント、デリダなどの哲学書を煮こんでしまった。そしてボルシチの浸みこんだ本をとりだして紐で吊し、その下に白い皿を置くと、皿は本から滴る赤いスープでたちまちいっぱいになった……。アリチュークが語るように、このパフォーマンスは、「男性文化としてみなされてきた知識や言説《ディスコース》は、男性文化に比べて低級だと考えられてきた女性文化に依存している」ことを表すフェミニズム的なものとして解釈できる。もっとも、このパフォーマンスはロシアと西洋の関係を揶揄するとしても読むことができるかもしれない。ロシア（＝ボルシチ）が、西洋文化（＝哲学書）を受容しようとしても、結局なにも「溶けこ」まず、最後に皿に残るのは、もとのボルシチだけ、という具合に。

ロメルは、三月八日の彼女のパフォーマンスをフェミニズム的に解釈し、「料理するしか能のない良い奥さん」という女性像の脱構築であると述べる。三月八日は、本当なら、家事をする女性は「いないはず」の日。数時間にわたって一人でブリヌイを作り続けたこのパフォーマンスは、たしかに男性への「おいしい」アイロニーである。

チュイコワは、祝日の意味を料理を通じて問いかけるという手法を好み、二〇〇〇年五月二八日「国境警備隊員の日」にもアリチュークと共同でパフォーマンスを行なっている。二人は、野菜、乳製品などのまったく同じ材料を使って、西洋文化の源泉としての古代ローマ料理と、東洋文化の源泉としての古代インド料理を作り、テーブル上に二つに分けて並べて、「仮の国境」を創造した。

チュイコワは、二〇〇〇年末には、料理のタイトルを除いてテクストがまったくない、図解だけによるユニークな料理本『レシピ・ソ連諸民族料理』を出版している［図73］。書名のとおり、ロシアのスープ、ウクライナのボルシチ、アゼルバイジャンのナス料理、ベラルーシのきのこスープ、グルジアの豆料理など、旧ソ連の各共和国の料理が鮮やかなイラストで紹介されている本書を、ロメルのようにフェミニズム的視点で解釈すれば、「女性は無学で字も読めないから、絵で分かりやすく説明してあげましょう」という女性蔑視へのアイロニーとなり得る。

実際に旧ソ連の共和国では、文盲は深刻な問題だった。初期ソヴィエト時代、中央アジアのイスラム系諸共和国では、二度もアルファベットが変わったのである（革命後、一九二八年にアラビア文字はラテン文字に変えられ、一九三八年には、キリル文字に変えられた）。文字を学びなおす余裕のない人々も当然多く、文盲率は急上昇した。ダゲスタン出身の一九四九年生まれのロシア文学者ジーナ・マゴメードワは、子供のころ、「普通の字」（キリル文字）さえ読めないはずの祖母が、ラテン文字をすらすらと読むのを聞いて、ひどく驚き、その時初めて、故郷におけるアルファベット変遷の歴史を知ったという。『ソ連諸民族料理』に文章がないのは、キリル文字で書かれたテクストは、いわば、権力者に都合のいい現実のソ連像にすぎず、理想のままに終わった、多民族の共存する「ほんとうのソ連」ではないことを指しているのかもしれない。『ソ連諸民族料理』におけるテクストの不在は、ソ連に共通の「言語」はありえなかったことの表れでもある。あるいは、この一風変わった料理本は、新国家というユートピア建設につきものの空疎な「言葉」とはまったく無縁な場所＝家庭の食卓にこそ、小さなユートピアが実現されていたことを描いているのだろうか。

ゴミと記憶のアーカイヴ

食卓や食器は、元非公認作家イリヤ・カバコフらの好んだモチーフでもある。キャンバスに食器をはりつけた作品《片隅で》（一九九九）、ソ連の共同アパートの台所を舞台にしたインスタレーション《共同キッチン》（一九九一）〔図74〕など、カバコフの作品において、食器は、人々の生の象徴であり、個人的な記憶のメタファーである。その点で、カバコフの作品における食器は、ゴミと同じ役割を持っている。カバコフはインスタレーション《一〇の人物》（一九八九）で、「ゴミを捨てることは、記憶を捨てること」であると書き、ゴミを人間が生きた証として位置づけ、保存しようと試みる。

二〇〇〇年、モスクワでは、二つの「カバコフ的」展覧会が開かれた。二月には、全ロシア装飾・日用品・民族美術館で、近代から現代までのロシアの四六の紅茶ポットを展示し、紅茶ポットが各々の時代について語る「言葉」を聞こうとする「紅茶ポットのモノローグ展」が開かれた。展覧会場で同時開催された学会「二〇世紀・時代・人・物」で、著者を含めて四人（ミハイル・ルィクリン、アンドレイ・エロフェーエフら）がカバコフについて発表したように、本展は、過去や現在の民芸に焦点を当てたものでありながら、カバコフやミハイル・ロギンスキーなどの元非公認作家の作品における生の印としての食器のイメージと呼応していた。

二〇〇〇年秋には、モスクワ川沿いの海外文学図書館で、ゴミに捧げる展覧会「エフェメラ大都市の一日／天体暦　不用品の美学」が開かれ、ゴミを主題や素材にしたロシアとイギリスの作家の作品が展示された。カバコフと並んでモスクワ・コンセプチュアリズムを代表する芸術家・詩人で、司書として図書館で長年勤めていたレフ・ルビンシュテイン（一九四七―二〇二四）は、図書カードを使ったインスタレーションを発表。書籍のデータと在り処を示す図書カードは、ルビンシュテインにとって文明のアーカイヴの象徴となり、彼はそこに自作の詩を書き込んだ作品を制作してきた。「記憶の場」である図書館は、ロシア現代美術でしばしば記憶の象徴となるゴミの展覧会にもっともふさわしい場所かもしれない。しかも、会場は図書館のホールなどではなく、地下の汚い廊下であり、そこには独特のソ連的雰囲気がいまだ漂い、展覧会全体がひとつのインスタレーションのようだった（実際、カバコフのインスタレーション《母のアルバム》（一九八八）における、ソ連期の困難な人生を表す薄暗い廊下に似ていた）。この廊下の舞台装置的効果については、初日の主催者スピーチで、「修理もせずに廊下をこのまま放置してくださっていた海外文学図書館に感謝します」というユーモアが飛びだしたほどだ。

一方で、建物が修復もされず放置されているのは、深刻な資金不足により、「記憶の場」である図書館が機能しなくなっている状況を意味している。詩人ナターリヤ・オーシポワ（一九五八年生）からも、この図書館で一九九〇年前後に、新着図書を地方の図書館に紹介する仕事をしていたが、じきに給与が払われなくなり、その部門は削減されてしまったという話を聞いた。二〇〇〇年六月に、ロシア最大の国立図書館（旧レーニン図書館）が、一部のセクションを除いて、ほぼ予告なしに突然閉館したのも、衝撃的な事件だった。偶然、閉館の日にいあわせた筆者は、急な閉館に驚く利用者の大騒動を目にし（というより参加し）、「二ヵ月後には開館するかもしれませんから」と説明を受けたが、資金不足で書庫整理が進まないという理由で、閉館は実に数年に及んだ。ソ連国家保安委員会（旧ＫＧＢ）管轄の資料館が入館者を制限し、人権擁護団体に属する研究者などの利用資格をとり消すようになったという話も、そのころから時々耳にするようになった。国立図書館の突然の閉鎖と、イデオロギー的な理由による国家保安委員会の資料館の入館制限がまったく同じ文脈で語られるべきものだとは思わないが、資料にアクセスする権利を安易に奪いとり、記憶の場を封鎖するという意味では、どちらも文化や知に対する暴力的な行為だった。

そう考えると、二〇〇〇年に海外文学図書館で開かれたゴミに捧げる美術展は実に予言的で、地下に放置された「ゴミ」は、埋もれた「記憶」＝本のメタファーとして、図書館の行方を示唆していたような気がする。だとすると、もう、「展覧会全体がインスタレーションのよう」などと悠長に言ってはいられない。もっとも、カバコフのインスタレーションの本質も、笑い事でないはずのものを、ユーモアをまじえた物語にして昇華することにあったのだが……。

二〇―二一世紀にかけてトレチャコフ美術館新館で開催されたアメリカとロシアの現代美術展「私的なまなざし」（キュレーター：エカテリーナ・ジョーゴチ、サラ・タンギ）でも、世紀の転換期という時代背景もあり、記憶をテーマにした作品が目立った。ポスト・コンセプチュアリズムの作家ヴェーラ・フレーブニコワ（一九五四年生）は、写真、切符、広告、手紙、領収書などのコピーをはりつけたアルバム《選集》を展示し、アリョーナ・キルツォワ（一九五四年生）は、記念碑を思わせる形状の板に、自作の詩やささやかな日々の出来事の記述を刻みこんだ。

一方、「紙の建築家」として知られるユーリー・アヴァクーモフは、ソ連の新聞にロシア・アヴァンギャルドの建築画（エル・リシツキー《レーニン演説台》、タトリン《第三インターナショナル記念塔》）を印刷した版画を出品し、アヴァンギャルド作品の「復活」を試みた[図75]。アヴァクーモフは、設計図のまま終わったアヴァンギャルド建築をパソコン上で「実現」するプロジェクトも実施し、一九九六年のヴェネツィア建築ビエンナーレでは、アヴァンギャルド建築の設計図の保存庫のインスタレーション《保管庫・ロシアユートピア》も出展している[図76]。保管庫（アーカイヴ）は、カバコフの作品のテーマでもある。だが、保管庫というテーマは共通していても、アヴァクーモフは実在の作家を、カバコフは架空の登場人物を扱う。近年論議を呼んでいる「アヴァンギャルド芸術家の権力志向」（批評家ボリス・グロイス）などもふまえて考えるなら、様々な「権力」やイデオロギーとも結びつく余地のある過去を「復権」させるアヴァ

[図74] イリヤ&エミリア・カバコフ 共同キッチン 1991 photo: Akira Nakamura Courtesy of the artists

[図75] ユーリー・アヴァクーモフ 労働者とコルホーズの女性 インターナショナル記念塔 1990-93 Courtesy of the artist

クーモフのプロジェクトと、カバコフの作品を対比すると、架空の人物やゴミや食器という物語的なものに依拠することで、カバコフはより普遍的な概念としての記憶や人間の夢を描き出そうとしていることに気づく。

「物」を通じて歴史や記憶の問題を提起する展覧会は、二〇世紀末前後のモスクワで、まさにひとつのブームだったといえる。その背景には、「強い国家」という思想に再び流され始めたロシアの状況を危惧しながら、政治によって演出されたものではない本来のノスタルジーについて、具体的な「物」を通じて堅実に考えようとする姿勢があった。

「ゴミに捧げられた展覧会」には、後日談がある。会場が会場だけに監視員もいなかったのか、出品作の一部が盗まれ、展覧会は会期途中で終わってしまったのである。この事件は、コンセプチュアリスト作家が仕組んだパフォーマンスではない。しかし、「盗まれた記憶＝ゴミ」は、まるで、人々から奪われた図書館、そして、暴力によってとりあげられたすべての生活と命のメタファーのようではないか。

歴史の引用

ゴミを用いる手法は、イリヤ・カバコフの作品をはじめソ連期からソ連崩壊前後にも多用されたが、ゴミというモチーフには、（たとえ作品のために新しく作られたゴミであっても）すでに存在するものを引用し、過去や人々の歴史に依拠するという意味がある。また、より広い視点で考えるなら、「引用」という手法全般も、ソ連崩壊前後のロシア美術では特に顕著だったが、その背景には、時代の転換期にあって、過去を参照しつつ自分たちのアイデンティティを模索しようとする作家たちの探求があった。

ドミトリー・グートフは、一九九二年にサンクト・ペテルブルクの絵画彫刻建築大学を卒業し、一九九五年にヴェネツィア・ビエンナーレ、二〇〇二年にサンパウロ・ビエンナーレ、二〇〇六年に大地の芸術祭、二〇〇七年にプラハ・ビエンナーレに参加するなど、国内外で活躍を続けてきた作家である。絵画、インスタレーション、映像、写真等のジャンルで、ロシアの詩人や思想家へのオマージュ的な作品をしばしば制作し、芸術のあり方をめぐる問題を提起してきた。

[図 76] ユーリー・アヴァクーモフ　保管庫・ロシアユートピア　1996　Courtesy of the artist

[図 77] ドミートリー・グートフ　黒い泥の上で　1994　Courtesy of the artist

[図 78] ユーリー・ピーメノフ　明日の道路での結婚式　1962

二〇〇六年、マラート・ゲリマン・ギャラリーの一五周年を記念して、同ギャラリーとトレチャコフ美術館の共催で一五人の現代作家の連続個展が企画されたが、そのオープニングを飾ったのも、グートフの初の大回顧展だった。

これまでグートフは、古典的作品のパロディによって、旧ソ連と新生ロシアの状況をアイロニカルに照射してきた。たとえば、インスタレーション《黒い泥の上で》（一九九四）［図77］は、一九六〇年代ソ連美術を代表するユーリー・ピーメノフ（一九〇三―一九七七）の油彩《明日の道路での結婚式》（一九六二）［図78］のパロディである。工事中の道を歩く新郎新婦を描いたピーメノフの作品は雪解け期の希望を映しだしていたが、グートフが作りだした泥まみれの長い歩道は、夢の到達点までのはるかな道程と困難な現況を強調している。一方、移動派の画家フョードル・ワシーリエフ（一八五〇―一八七三）の名画《雪解け》（一八七一）［図79］をコンテクストに用いつつ、見えない鉄拳に打ちのめされてぬかるみで七転八倒する男を描いた映像作品《雪解け》（二〇〇六）［図80］は、権力と個人の対立を示唆していると作家は語る。背後に流れるショスタコーヴィチの歌曲「正しい判断」も、ロシアに蔓延する暴力を示唆している。グートフは、新たな意味を加味しながら古典のモチーフを反復、展開することで、皮肉なフーガ的世界を作り出す。

それに対して、コンスタンチン・ズヴェズドチョートフは、イコン、ロシアの民衆版画《ルボーク》、東洋の工芸、ソ連初期の風刺画グループ〈ククルィニクスィ〉、社会主義リアリズムなど、本来は同居し得ない多種多様なスタイルを引用し、ファンタスマゴリア的な作品世界を創出している。歴

[図 79]　フョードル・ワシーリエフ　雪解け　1871

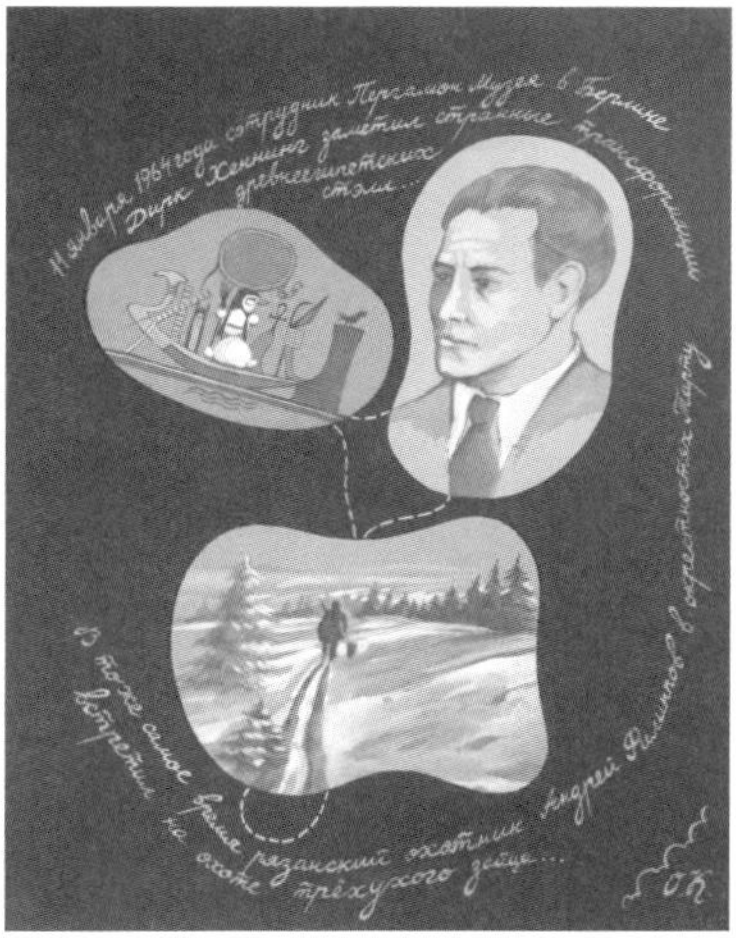

[図 81]　アルカージー・ナソーノフ　同じ時間に　1999-2010 Courtesy of the artist

[図 80]　ドミトリー・グートフ　雪解け　2006 Courtesy of the artist

史上の人物や国家的英雄を扱った鮮やかでグロテスクな作品は、ロシアや南米のマジック・リアリズム小説、横尾忠則の作品における死とカーニヴァルなどを彷彿させ、権力から虚栄を剝ぎ取り、あらゆる生と同列に置こうとする。

レニングラード生まれのウラジスラフ・マムィシェフ＝モンローは、一九八〇年代のニューウェーブのアーティストの代表的存在の一人で、著名人に扮して登場するパフォーマンスで人気を博した。チャップリン、マリリン・モンローなどの往年のスターに扮した森村泰昌的な肖像写真、映像が焦点とするのは、ジェンダー、大衆芸術と「高尚な芸術」、複製とオリジナルの問題だった。

一方、ロシア・コンセプチュアリズム第三世代のグループ〈雲の委員会〉のメンバーとしても活動するアルカージー・ナソーノフ（一九六九年生）が参照するのは、六〇年代ソ連の非公式芸術である。たとえば、「一九三一年一月九日サラトフで、海の貝の中から見知らぬ声がジェーニャ・ポダルキンに囁きかけた……　同じ時間にスヴェルドロフスクでは、ユーラ・ホロトコフが不思議な夢を見た……」という具合に、同じ時間に違う場所で起こった様々な出来事を描いた連作ドローイング《同じ時間に》（二〇〇〇―二〇〇九）［図81］は、カバコフやヴィクトル・ピヴォヴァーロフなどの非公認作家の作品を強く想起させるものだが、ナソーノフは、言葉遊びやカリカチュア、ポップカルチャーの要素を取り入れ、新たなリアリティを構築しようとする。過去の芸術や文化を引用しながら独自の世界を切り開くこうした作家たちの創作の源泉には、ポストモダン的なコラージュの精神があると同時に、ソ連的記号との戯れとして生まれた七〇年代のソッツ・アートの伝統も横たわっている。

それに比べ、二〇〇〇年代前後に活躍を始めた若手作家たち——たとえば「種の起源」展にも参加したリュドミラ・ゴルロワやスタニスラフ・シュリパなど——が関心を向けているのは、アートと隣接する様々なジャンルとの関係を探りながら、従来の領域を超えた新しい芸術言語を獲得することであり、彼らの意識はむしろ、ポップ・カルチャーや商業デザインといった他のジャンルの引用に向けられている。新しい精神を語るための新しい言語の発明は、とりもなおさず一九二〇年代のロシア・アヴァンギャルド作家の命題でもあったが、現代ロシア・アートも、芸術言語をめぐる実験の場であり続けている。

時間のモンタージュ

ノスタルジーや過去との対峙の問題を、現代写真はどのように表現しているのか。ソ連時代のモニュメントを撮り続け、その風景を通じて人々のソ連へのまなざしを浮かびあがらせる写真家がいる。イーゴリ・ムーヒン（一九六一年モスクワ生まれ）。八〇年代後半から写真家としての活動を始め、首都の風俗、祝日、建築をテーマに次々と作品を発表したムーヒンは、九〇年代にロシア現代写真界のスター的な存在となった。

ムーヒンの名を初めて世に知らしめたのは、連作《ソ連のモニュメント》（一九八八―二〇〇〇）［図82］である。国の顔である首都モスクワでは、ソ連時代のモニュメントの多くは国家崩壊時に撤去されたが、地方では、街中にモニュメントが取り残されたままの小都市も少なくない。ムーヒンはロシアを旅し、風景の中に点在するモニュメントを丹念に撮影していった。レーニン像やピオネール（共産主義児童団）、飛行士や体操選手などソ連で英雄とされた人々の石像……。写っているのは昔の石像なのに、最近撮影された写真だとわかるのは、ムーヒンの写真が平板な記録ではなく、写真家の現代的な「語り」を感じさせるからだ。

たとえば、ムーヒンは、モニュメントの全体でなく、手や足などの一部だけを拡大撮影する。つまり、ソ連を体現する「神聖な身体」を「切り取って」しまうというわけだ。あるいは、ムーヒンの写真には、石像の脇を通りすぎる通行人が織りこまれている。誰もが自分の生活に懸命で、目の前の古い巨像になど見向きもしない。見られることによって国民の意識を変革し、日常を祝祭化するために設置された石像と、その脇を無関心に通りすぎる人々を対置したムーヒンの写真は、過去（石像）と現在（通行人）の落差を指し示すと同時に、どの時代にも人はそれぞれ懸命に日々を生き、彫刻に目をやる暇もなかったかもしれないことを思えば、現代人がともすれば一枚岩的に語りがちな社会主義国家にも存在していた、人間の生の独自性や多様性を浮かびあがらせる。

ところで、ムーヒン＋モニュメントというつながりは、かならずといっていいほど、ある人物を連想させる。ヴェーラ・ムーヒナ（一八八九―一九五三）――パリ万博のソ連パヴィリオンを飾った《労働者とコルホーズ女性》（一九三七）で知られる、ソ連の代表的モニュメント作家である。ムーヒンのプロジェクト《ソ連のモニュメント》が、ヴェーラ・ムーヒナ生誕一〇〇年祭の催された一九八八年に始まっていることにも留意したい。自分の名前が語る「歴史性」にも意識的であるにちがいないムーヒンは、過去のモニュメントに現代の光をあてることで、多様な現実世界をあらためて映しだそうとしている。

祝祭の後で

二〇〇一年一月、赤の広場にほど近いシューセフ建築美術館で、ムーヒンの連作《Moskva Light》(モスクワの光)が公開された。この写真展は、二四人の現代建築写真家の連続写真展「24」のひとつだったが、この企画に参加した他の写真家たち——無人の万博会場や修道院を夢幻的に黒い画面に焼きこんだボリス・トムバク(一九四五年生)、階段、タイルの鮮やかな色彩を絵画のように切り取ったドミトリー・コンラート(一九五四—二〇一三)——とは違い、ムーヒンは「建築写真」を撮っているわけではない。《Moskva Light》には、クレムリン、スターリン建築、オスタンキノ・テレビ塔など、一目でそれと分かる著名な建築も写っているが、写真家が建築をメインに写真を撮っているのではないことは明らかだ。建物は人々の生活の背景としてそこにあるにすぎない。

たとえば、マヤコフスキー広場にそびえるウラジーミル・マヤコフスキー像は、ムーヒンの写真では、巨大な荷物を載せて走る車のむこうにぼやけて見えるだけだ[図83]。ウラジーミル・マヤコフスキー(一八九三—一九三〇)は、一九一七年の十月革命を「ぼくの革命」として受け入れ、「革命詩人」として一世を風靡したが、ソ連体制への懐疑を徐々に深め、政治への批判を比喩的に表した詩を書くようになっていった。一九三〇年に三六歳で自殺(他殺説もある)。ソ連政権は、マヤコフスキーが政権批判に傾いていた事実を隠蔽するかのように、モスクワの中心部の広場を一九三五年にマヤコフスキー広場として改名し、彼を「革命詩人」として讃え続けた。一九五八年には、広場にマヤコフスキーの彫像が建てられた。

この広場はソ連時代、数々の国家的祝祭の場となった。二〇〇一年一二月、シューセフ建築美術館で開催された「モスクワ三〇年代の祝日装飾展」でも、ボリショイ劇場前広場と並んで、マヤコフスキー広場での祭典の白黒写真が目を引いた。一九三〇年代の祝日のマヤコフスキー広場は、幾多の装飾、横断幕、見せ物小屋、売店、群衆で、空間恐怖症的にうめつくされ、その写真は、精緻な黒石のモザイク画を思わせた。この広場での国家的祝祭を記念するために数々の写真が撮影されてきたことを考えるなら、装飾のない「裸」の散文的な広場で、車の不格好な荷物に焦点をあわせたムーヒンの写真の持つ批評性は、おのずから明白である。(なお、「モスクワ三〇年代の祝日装飾展」では、ソ連時代の史料を懐古的に展示する歴史博物館と一線を画すためか、写真は額縁がわりのよれよれのダンボール紙に貼られ、写真のタイトルは、わざと乱暴な手書き

[図 82]　イーゴリ・ムーヒン　レーニン（連作　ソ連のモニュメント）　1994
Courtesy of the artist

[図 83]　イーゴリ・ムーヒン　凱旋門広場（旧マヤコフスキー広場）のソ連の車　モスクワ　2000　Courtesy of the artist

文字で台紙にじかに書きこまれていた)。

ところで、「モスクワ三〇年代の祝日装飾展」のマヤコフスキー広場の写真を見て、なぜか思いだされたのは、デーヴィッド・ハーバート・ローレンスの小説『息子と恋人』で、幼い息子が心待ちにした町の定期市だった。厳粛なイメージが先行するソ連の国家的祝祭は、実は時には見せ物小屋、売店を許容した定期市的なものでもあった。人々は祝祭の全体主義的なメッセージではなく、祝日性そのものを存分に楽しんだのだろう。三〇年代の広場の報道写真は、一九世紀末ロシアを舞台にしたニキータ・ミハルコフ監督(一九四五年生)の映画『シベリアの理髪師』(一九九八)のマースレニッツァ(謝肉祭)の場面をも思わせた。ソ連政権は、復活祭、謝肉祭という宗教的祝日を禁じたが、それとは別の形で民衆に祝祭を与え続けたのである。権力が民衆に祝祭を与えるという構図は、帝政時代から続いたものだった。三〇年代の祝日の写真における、祝祭というモザイクに嵌めこまれた不吉なほど大量の黒い群衆の姿は、一九世紀末、ロシア最後の皇帝ニコライ二世の戴冠式で起きた「ホドゥインカ原」事件も想起させた。戴冠式の日に皇帝が民衆に酒をふるまうという伝統にしたがって何一〇万の民衆が一度におしよせ、入場整理の官憲の不注意で、千人以上の圧死者をだした帝政末期の事件だが、権力によって集められた群衆のイメージには、不吉な影がつきまとう。

一方、ムーヒンの写真のマヤコフスキー広場は、すべての祝祭が過ぎ去った後の、閑散とした空間である。車の荷台に積まれた荷物の中身は、郊外の家庭菜園で収穫した野菜か、購入したばかりの新しい家電なのか、ここには個人のささやかな「祝祭」があるだけだ。

ソ連という塔

ムーヒンの《Moskva Light》シリーズには、夕闇に霞む街角で空瓶を拾い集める、老いた女性の写真がある[図84]。背後には、モスクワ大学らしきスターリン建築が見える。四〇年代から五〇年代にかけてソ連政府が建設したスターリン建築の数々は、居住空間やオフィスなどである前にまず、新時代の理想を示す巨大なモニュメントだった。モスクワ大学本館(一九五三)は、高さ二四〇メートルの壮大な建築で、その面積の大部分を大学寮が占め、その他にも講義室、小劇場、売店、食堂、郵便局、病院など様々な施設があり、建物から一歩も出ないで数ヶ月(あるいはずっと)生活することもできるかもしれない。まるでひとつの町のようなこの建物のエントランスは、大理石の円柱、シャンデリア、古典主義風の彫像で彩られ、宮殿と見紛うばかりだ。だが、ソ連崩壊直後の一九九二年、筆者がこの建物の高層階で暮らした時は、人口過密、不衛生、犯罪等の問題が深刻で、外に出ようにもエレベーターはしばしば動かず、別のルートを探そうにも階段を一階まで必死に降りても扉は施錠されており、板で塞がれて突然行き止まりになっている廊下があり、地上に出られるのはいつのことかと思ったものだ。訪問者がちょっと足を踏み入れたかぎりでは立派だが、内部での実際の生活は劣悪で、外に出ようとしてもなかなか出られないというのは、そのままソ連のメタファーのようである。モスクワ大学を背景に、一ビン四円の空きビンを集める貧しい女性を写したムーヒンの写真は、ある意味で、もっともリアルな建築写真なのかもしれない。ここで起きているのは、外と中との裏返しであり、空きビンは、「華麗な建築」の虚ろな内部空間を表象している。

あるいはそれはロシアという内部の表出であるだけではない。昨日まで開いていた「扉（たとえば国境）」が今日は開かず、たくさんの「扉」のむこうで何が待ち受けているか分からないという「巨大な閉じた建物」は、恐怖の立方体に幽閉された人々を描いた映画『CUBE』（ヴィンチェンゾ・ナタリ監督、カナダ、一九九七）を思いだすまでもなく、現代世界のメタファーとなり得る。

《Moskva Light》シリーズの、雪の日に撮影された赤の広場の写真では、広場で下水の蓋を開ける作業員とトラックが写っている[図85]。白く霞んだ遠景に、クレムリン、レーニン廟が見える。赤の広場は、十月革命以降、国家の祝典の場となり、レーニンがここで演説し、第二次世界大戦後には、ナチスドイツに対するソ連の勝利が毎年ここで祝われてきた。だが、ムーヒンの写真に写るレーニン廟の霞み具合は、歴史の薄闇に沈んでいったソ連の遠さを表しているのか。モスクワの豪奢な地下鉄が象徴するような、人間ではなく建物が主役だった時代は過ぎ去ったということだろうか。とはいえ、ムーヒンの写真には、そんな楽観性はない。屹立するモスクワ大学やクレムリンの塔の前で、「主役」であるはずの人間たちは、ムソルグスキーのオペラ『ボリス・ゴドゥノフ』で皇帝に嘆願するロシアの民のように屈み続けている。

しかし、ムーヒンの写真の「屈む人物たち」は、ボリス・ゴドゥノフが籠もる教会に哀願のまなざしを注ぐ民衆と違い、高層建築を眺めてはいない。老女がスターリン建築には目もくれず、目の前の瓶だけを見つめていたように。国が誇った高層建築ではなく、瓶こそが彼女の「建物」=生の現実であり、瓶を探してさまよう路上が彼女の家だった。ムーヒンは、倒れた瓶を女性の手が垂直に立てた瞬間を、カメラに捉えている。彼女のささやかな「建設」は、彼女の生そのものである。あるいは、瓶と建物がパラレルになった瞬間を写しだすことによって、「巨大な大国」の「虚ろさ」を揶揄しているのか。

クレムリンの前で下水の蓋を開ける作業員の動作は、歴史の闇を開ける、記憶するという身振りの隠喩であるようにもみえる。新時代の赤の広場で口を開けた下水道に降る白い雪は、死者たちの隠喩のように、声もなく暗い過去の穴に吸いこまれていく。

［図 84］　イーゴリ・ムーヒン　モスクワ　1996　Courtesy of the artist

［図 85］　イーゴリ・ムーヒン　モスクワ　1990-2000 年代　Courtesy of the artist

窓枠の国家

瓶と建物の密接な関係は、一九六二年モスクワ生まれの作家オリガ・チェルヌィショーワの写真《[Luk] at this》(一九九七) にも現れている [図86]。アパートの窓から、クレムリンの塔と教会が見える。だが数秒後、窓の外にあるのは本当は塔だけで、教会だと思ったのは、窓枠に並べられた透明な瓶と玉葱であることに気づく。本物の教会もごく小さく写っているのだが、遠すぎるのでほとんど見分けることができない。(ちなみに、タイトルの「Luk」はロシア語で「玉葱」の意。「Look (見る)」のかわりにこの言葉を用いることで、言葉遊びになっている)。

見えそうで見えないのは、クレムリン内部の教会や建築だけでなく、おそらく国という実態である。国民は、ふだんの生活のなかで、自分の暮らす国家の実体に触れることができない。その姿は隠されており、自分の生活の延長で国を意識する国民が、「私の」クレムリンを、瓶と玉葱で想像してもおかしいとはいえない。チェルヌィショーワの写真の「窓枠のクレムリン」は、国民の抱える国家像は多様で曖昧であり、かりそめの共通性を持っているように見えても、実際には大きくずれていることを告げている。それゆえに、誰もが自分の読みたい意味を読みこむことのできる国家的建築物は、漠然とした国家像を統一するものとして、政治によって利用されてきた。

建築物は、たとえイデオロギー的な目的で作られたものでなくても、ある日突然、「見えない国家」のシンボルになり得る。二〇〇一年九月、アメリカ同時多発テロ事件においても、爆破された世界貿易センターは、くりかえし流された映像を通じて国民に体験されることによって、久しく鋭く感じることがなかった「国家」を感じるためのモニュメントになった。イギリスの『タイムズ』誌の一面に掲載された世界貿易センターの崩壊後の写真は、アヴァンギャルド作家ウラジーミル・タトリンのモニュメント《第三インターナショナル記念塔》(一九一九)に驚くほど似ていた。革命国家ソ連の夢と理想をアヴァンギャルド芸術によって表したその有名な作品は、実際には建築不可能で模型のままで終わり、そのことは、ある意味でソ連的理想の実現の不可能性を象徴していた。滑り落ちるような斜線を多用したアヴァンギャルドの名作は、作者の意図とは反して、国家の崩壊のプロセスをも予言していたかのようだった。

メタ報道写真

一連のテロ事件を含むあらゆるニュースを、私たちは映像を通じて受けとっている。先述のオリガ・チェルヌィショーワの写真には、報道の危うさ、報道への不信をも読みとることができるかもしれない。《[Luk] at this》に写るアパートの窓は、お茶の間のテレビに見立てることができる。実際に国や世界で起こっていることを直接見ることのできない私たちは、メディアの映像を通じて世界を「見る」ことになるが、そこに映しだされるのは、瓶と玉葱が象徴するように、国民に受け入れられやすく改竄されたイメージであり得る。

報道のあり方への問いかけは、ムーヒンの写真にも現れている。《Moskva Light》シリーズの一枚、モスクワの夏の夕方のラッシュアワーを映した《モスクワ　二〇〇〇》では、家路を急ぐ人々が満員のトロリーバスにどうにか乗りこもうと、一心に乗降口を見つめている［図87］。彼らはこの瞬間、前方で黒煙を吐き、火炎をあげて燃えているオスタンキノ・テレビ塔の火事には見向きもしない。

首都のランドマーク的建築であるオスタンキノ・テレビ塔の火事が起こったのは、二〇〇〇年八月二七日のことだった。高さ四五〇メートルのところで火事が起き、二〇〇〇人以上が消火活動にあたったが、塔は一昼夜燃え続けた。数日間、モスクワではテレビ放送が途絶え、誰もがテレビ塔の火事を知っていた。

まさに二〇〇〇年にこの事件が起こったのは予言的だったといえる。というのも、自由な報道を目指し、二〇〇〇年のプーチンの選挙キャンペーンに協力することを拒否し、第二次チェチェン戦争におけるロシア当局の行動を批判し、政府関係者の汚職などを報じ続けたNTV局が、二〇〇一年春、政府系企業ガスプロムに買収され、旧経営陣は一掃されて、強力な報道規制を受けることになったからである。NTVのオーナーだったウラジーミル・グシンスキー（一九五二年生）が過去の民営化をめぐる詐欺と横領の疑いで逮捕され、保釈のためにNTVの株を手放した結果だった。モスクワではジャーナリスト連盟や人権活動家グループを中心に抗議集会が開かれ、NTVのレポーターや関係者は、買収の決定した日から買収当日まで、メディアによる抗議行動を行い、言論の自由についての討論番組と定時のニュースのほかは、「NTVは抗議します」というテロップを流して、すべての番組の放送をとりやめた。モスクワの自宅でその緊迫した画面を目にした時の衝撃とロシアの行く末に対する絶望感は忘れがたい。ウクライナ侵攻にまつわる報道統制の基盤はすでに二〇年以上前に用意されていたが、司法も正常に機能していない強権国家においてはそれを防ぐことはできなかった。

そのNTV買収の数ヶ月前に起こったテレビ塔の火事。「公共の映像」を流すテレビ塔が燃え上がるさなかに、家路に急ぐ人々の私的な映像を撮るというムーヒンの行為は、多分に批評的である。この写真の人々は、トロリーバスが停留所に来る直前までは、テレビ塔の火事を見ていたのかもしれない。だがバスが来ると同時に、あたかもテレビのスイッチを切るように、火事から目をそらしたのだろう。この写真が暗喩的に語っているのは、大部分の人々にとって、テレビで見るだけの自国の騒乱や戦争より、次のバスでなくこのバスに乗ることのほうが大事だという状況である。この写真は、報道をとりまく環境を写しだした「メタ報道写真」として考えることができる。

一方で、ムーヒンの写真が、テレビ塔の炎だけでなく、夕暮れの大都市を行き交う無数のトロリーバスや車の光を捉えていることに注目したい。生の証であるこの無数の光の同時進行こそ、報道されることのない現実だからである。報道される一部の世界の外側に数々の生活があることを描いたムーヒンの写真は、報道と世界の関係を写しとっている。

Moskva light

イーゴリ・ムーヒンの《若いモスクワ》(一九八五—九九)、《新しいモスクワ》(一九九四—九九）などの前シリーズと同様、《Moskva Light》の主人公は、タイトルどおり、「光たち」である［図88・89］。しかもムーヒンの光は、写真という静止画面のなかにありながら、決して止まることがない。モスクワ川を走る汽船から撮影した揺れる夜景、降り注ぐ花火、車のヘッドライト、夜道を急ぐ若い女性の白い服――「走りながら光る」ものたちが、写真の中でも動き続けている。夏の夜雨で濡れた黒いアスファルトでさえ、車のライトを映す光のスクリーンになる。熱気、スピード、エネルギー、人と人がふれあい、命の火花を散らせるメガポリス――ムーヒンにとって、都市とはまさに「光」の集合体であり、奇跡の灯となって燃え続けるのは、人たちにほかならない。

ムーヒンの写真の中で、個々の光は若い生の花火のように利那的に美しく、光ははてしなく生

［図86］　オリガ・チェルヌィショーワ
［Luk］at this　1997 Courtesy of the artist

［図87］　イーゴリ・ムーヒン　オスタンキノ・テレビ塔の火事　モスクワ　2000
Courtesy of the artist

［図88］　イーゴリ・ムーヒン　モスクワ
2000　Courtesy of the artist

成される。だからこそ、写真誌だけでなく、『アフィーシャ』（「ビラ」「ポスター」の意）のような情報紙までが、二〇〇〇年前後にムーヒンの写真をこぞって掲載したのだろう。写真誌『Foto&Video』の当時の編集長ドミトリー・キヤンは、ソ連時代、長年にわたって情報の絶対的飢餓を体験したロシアでは、報道写真の位置づけが他国とはおのずから異なり、その中でもムーヒンの作品は「独特の語り」で飛び抜けていると語っている。

そして、都市の光は、激烈な生の火花だけではない。

《モスクワ　一九九六》と題された写真では、タイトルがなければとてもモスクワとは思えない辺境めいた夕暮れの坂を、男が一人下りていく［図90］。よく見ると、男の脇に人影が写ってい

［図89］イーゴリ・ムーヒン　モスクワ
2000年代前後　Courtesy of the artist

［図90］イーゴリ・ムーヒン　モスクワ
1996　Courtesy of the artist

るが、写真家は人影が男の背後に消えた瞬間を狙っているので、男はまるで一人でいるように見える。一方、手前にのぞいているのは、性別も年齢も分からない「顔のない」背中。この坂には、男のほかに二人もの人間がいるのに、彼らの顔は見えず、彼らは自分たちの「不在」によって男の孤独を強調しているだけだ。

遠くにモスクワの灯が見える――「モスクワより良い場所はこの世にない」と首都を夢みたのは、アントン・チェーホフ（一八六〇―一九〇四）の『三人姉妹』（一九〇〇）のイリーナだったが、今でも、厳しい審査を要するモスクワ居住権はロシア人の憧れで、そのためにモスクワ在住者と偽装結婚する者もいるほどだ。夢と欲望の町、光の町――だが、坂を下る男にとって、都市の光はなにも約束しないことを、憂愁を帯びた男の背中と、不在の影たちが告げている。

光・都市・辺境。一九八〇年のモスクワオリンピックの折、政府によって郊外に隔離されたモスクワの娼婦たちを描いたアレクサンドル・ガーリン（一九四七年生）の戯曲『夜明けの星たち』（一九八二）では、娼婦たちは聖火を一目見ようと、自分たちが軟禁されている家の屋根にのぼる。聖火は、彼らには禁じられた幸福と希望の象徴だったからだ。辺境に住む者、あるいは「社会の辺境」に身を置く者にとって、モスクワの光は自分たちの生活とあまりにも遠い。

光と生活の対比は、ソ連人の精神の彷徨を書き続けた作家アンドレイ・プラトーノフ（一八九九―一九五一）の短編小説『フロー』（一九三七）のテーマでもあった。社会主義ソ連の辺境の若夫婦を描いたこの小説では、技師である夫フョードルは、ソ連を電化することに使命を見いだし、若妻フローを置き去りにして極東へ向かう（広大な国土の電化は、一九二〇年代以降、工業国への転換と生活の合理化をめざすソ連国家の重要課題となった)。フローは寂しさのあまり、危篤と偽って電報で夫を呼び戻す。帰郷した夫は数日間フローを慰め、ある朝、妻が寝ているあいだに、二度と戻らない覚悟で旅立っていく。

二〇〇一年一〇月、モスクワ、メイエルホリド・センターで、演劇研究所在学中の二四歳の監督ワシーリー・セーニン(一九七七年生)がこの小説を舞台化し、話題を呼んだ。舞台装置は、駅のプラットフォームに見立てた二列の板と、ベッドだけ。線路が、国の電化を求めて遠方へ旅立つフョードルの原理を表し、ベッドが、私的な生活を愛するフローの原理を表していることは言うまでもない。

セーニンの演出で興味深かったのは、フョードルは美男子だが、原作の優しく頼もしい夫とは一転、専制的な白痴のような男として描かれていたことだ。ベッドを揺らしてパンをねだり、妻の手が食事を口に運んでくれるのを茫然と待つ夫。電化やコミュニズムの夢を、ベッドで妻に投げやりに語るが、自分の言葉を理解し信じているとは思えない。だからこそ、権力者の戯画と化したフョードルが「コミュニズム」と物憂げに発音するたび、観客はその空疎さを喜んで笑う。

筆者はこの舞台を見ながら、ムーヒンの写真に溢れる光を思いだしていた。フョードルは、国家の電化を求めて妻を棄てて出ていった。しかしムーヒンなら言うだろう。火花を散らすのは人であると。そして、こうも言うかもしれない——光には触れることができない。ただ、見ることができるだけだ。だが私は、「光=写真」で世界に触れ、触り直すことで歴史を解き放つのだ、と。

Ⅲ　聖母の昇天――ジェンダーとアート

「女性芸術」の過去と現在

ノスタルジーやメディアの問題と並んで、フェミニズムも、現代ロシア・アートの主要な主題のひとつである。文化学者ミハイル・ルィクリンや、詩人、美術作家のアンナ・アリチュークらは、万人が労働者であるというスローガンのもとに女性が過度な労働を強いられたソ連時代を体験したロシアでは、欧米とは違う形でフェミニズム運動が展開されてきたと主張する。実際、ソ連時代末期には、男性と同等の肉体労働に疲れはてた女性たちの間で「不平等への回帰」への強い憧憬が生まれた。戦争と粛清で多くの男性が命を落とした結果、女性が長年にわたって家長を務めざるを得なかったというロシア特有の事情もあった。文学とフェミニズムの関係については沼野恭子による詳しい論考があるが、美術の分野でもロシアのフェミニズム・アートは、欧米よりも遅れて二〇〇〇年前後に流行し始めた(37)。

こうしたロシアの女性史と美術の関係を鮮やかに描きだしたのが、二〇〇二年一月にトレチャコフ美術館新館で開催された「女性芸術――一五―二〇世紀のロシアの女性＝画家」展である。その名の通りロシア女性画家の作品だけを二〇〇点近く集めたこの美術展は、フェミニズム的視点から企画された展覧会で、作品の選択、展示方法に様々な意味を読みこむことができる。第一展示室は「女性らしい」赤いパネルで覆われ、入口では大輪の百合の花が芳香を放っている。百合は聖母の象徴であると同時に、二〇世紀初頭のロシア象徴主義詩人が傾倒した「永遠の女性ソフィヤ」のシンボルでもある。いわば男性にとっての理想の女性像のメタファーなわけだが、展覧会の最初に提示された理想像は後に破壊されていくことになる。

理想とその破壊を同時に暗示するのが、最初の展示作品――教会祭礼用の聖具カバー（一五世紀後半、モスクワ）である［図91］。「マリアの昇天」をテーマに緻密な刺繍を施した作者不詳の布作品（＝テクスチャー）は、女性をとりまく状況を語るテクストとして読むことができる。まず素材が布であり、用途が「カバー」であること。布は、現代の女性芸術家がジェンダーの問題

［図91］ 聖具カバー マリアの昇天 15世紀後半

［図92］ ソフィヤ・スホヴォ＝コブィリナ ソフィヤ・ワシーリエヴナ・スホヴォ＝コブィリナが風景画で美術アカデミー金メダルを受賞した 1854

を提起するために好んで使う「女性的な素材」であり、「包む」という行為はエロティックな女性性という連想とも結びつく。神に奉仕するための祭具は、まさに「男性に仕える女性」の立場と重なり、作者の不在は歴史の影に隠れる女性の無名性に思いを向かわせる。だが、作品のテーマである「聖なる女性の昇天」は、本展においては、その女性神話の崩壊、女性史における新時代到来を予感させるのである。

自画像のマニフェスト

これに続く展示作品がロマノフ王朝の女性の作品であるのも偶然ではない。一五世紀の聖具と、一八世紀の皇女たちの作品は、どちらも、美術に一般女性の入りこむ余地がなかったという歴史を浮き彫りにしているからだ。女性初の芸術アカデミー金メダル受賞者が世に出るのは一九世紀後半になってからである。その先駆的な女性画家ソフィヤ・スホヴォ＝コブィリナ（一八二五―一八六七）は、自身の金メダル授与の瞬間を、柔らかな筆致のユーモアあふれる油彩（一八五四）【図92】に仕立てあげているが（超満員のアカデミーのホールは彼女以外全員男性なのだ！）、女性画家をとりまく当時の状況は、ソフィヤに彼女の作風のように「柔らか」であることを許しはしなかったはずである。ソフィヤはキャンバスに向かう自画像（一八四七？）も残している。絵筆を持つ自画像自体はもちろん伝統的なありふれたジャンルだが、「女性芸術展」では、同時代の女性画家エカテリーナ・チハチョワ（一七八八―一八一二）の同じスタイルの自画

［図 94］ ジナイーダ・セレブリャコワ 化粧台の前で・自画像 1909

［図 93］ エカテリーナ・チハチョワ 自画像 1812

［図 95］ オリガ・ヤノフスカヤ 仕事の後で 1934
91-95 出典 Искусство женского рода. Женщины-художницы в России XV-XX веков. М.: Государственная Третьяковская галерея, 2002.

像（一八一二）［図93］とソフィヤの自画像があえて並べられることにより、女性である前に画家であることをたえず主張せざるをえなかった彼女たちの緊張感が強調されている。

それと対照的なのが、二〇世紀初頭の「芸術世界」グループで活躍したジナイーダ・セレブリャコワ（一八八四—一九六七）の《化粧台の前で・自画像》（一九〇九）［図94］である。香水、化粧品、ネックレスの並んだ華やかな鏡台に向かって豊かな髪をブラッシングする朗らかな女性を描いた自画像は、女性が肩肘張って画家であることを主張しなくても芸術家として認められる時代が到来したことを物語っている。こうした朝の身支度や、朝食のテーブルのあどけない子供たちを描いたセレブリャコワの作品（《朝食》一九一四）は、躍動の時期を真近にひかえたアヴァンギャルドの女性画家たちの作品に比べると、「朝食」のように「軽い」印象を与えるが、朝の光のように心地よく、女性美術の「朝」を告げているのである。

前年の二〇〇一年に同トレチャコフ美術館で「ロシア・アヴァンギャルドのアマゾネス」展が開催されたばかりだったこともあり、「女性美術展」はアヴァンギャルドの時代を足早に駆け抜けて社会主義リアリズムへ向かう。一九三〇年代の作品に社会の動きと呼応して現れるのは「労働する女性」のイメージだが（エカテリーナ・ゼルノワ《魚の缶詰工場》一九二七、マリヤ・ブリ＝ベイン《女性ラジオ技師》一九三〇）、ここで注目したいのは、職場から帰宅して静かに手を洗う女性を描いたオリガ・ヤノフスカヤ（一九〇〇—一九九七）の《仕事の後で》（一九三四）［図95］である。仕事と家事の合間にほんのつかの間一人で息をつく女性が浮かべる無防備な表情には、女性に対する女性の共感が感じられる。身体を洗う女を描いた他の多くの絵と違って、彼女の素朴な肉体には欲情をかきたてる隙や肉感はない。この女性の健康美はまさに社会主義リアリズムの特徴でもあったわけだが、それとは別の次元で、この作品は、女性が女性をどのように描きうるかという問題を提起しており、それは本展に通底するテーマだった。

花、風景、女性はとりわけ二〇世紀までの絵画でもっとも好まれたモチーフだったといえるが、男性芸術家の数が圧倒的に多かった状況において、女性はしばしば花や風景と同じように受動的な理想化された対象として描かれてきた。もっともそれは現代社会・文化でも行われていることで、広告、ポルノ、現代美術におけるロシアの女性像を多角的に論じたアンナ・アリチュークらによる画期的な論集『女性と視覚記号』（二〇〇〇）でも、男性原理に基づく理想の女性像が視覚芸術を通じて生産され消費される過程が興味深く論じられている。

そうした伝統に理論ではなく作品でひそかに対抗していたのが、前述のスホヴォ＝コブィリナやセレブリャコワの自画像ではなかったか。自画像は、常に男性に見られ意味づけられる対象だった女性が、自分の視点を獲得し自己表現を始めたことを意味している。二〇〇二年一月に、ロシア人文大学付属美術館（モスクワ）でオープンした「視覚文化における女性、作品と作者の問題」展が、現代女性画家の自画像だけを集めた美術展だったのも、まさに女性の自画像のもつ批評性に着目したからである。

ヴィーナスの叛乱

男性の視線からの解放というテーマは、「女性芸術家」展で展示された多数の現代作品にも現れていた。ヨーロッパ古典絵画の裸婦を「裸夫」に置き換えて写真で場面を再現したタチヤナ・アントーシナ（一九五六年生）のプロジェクト《女性の美術館》（一九九七―）［図96］は、これまで男性芸術家によってセクシーで受動的な裸婦像が数多く描かれてきたのだから、今度は女性が「裸夫」を描いて眺めてみようというコンセプトの作品である。

アンナ・アリチュークのインスタレーション《乙女の玩具》（一九九四）［図97］は、ミロのヴィーナスだってたまには男性の裸を見てみたい、自分が見世物にされるのはもうたくさん！という筋立てで、ミロのヴィーナスのポーズをとった男性の半裸写真を遠くからヴィーナスの頭（こちらは彫刻）が眺めているという作品だ。男性にとっての理想の女性像である愛と美の女神が「叛乱」を起こしたわけだが、ここで重要なのは、頭、手、胴体の象徴性である。写真の男性たちには本物のミロのヴィーナス像と同様に手と、さらには頭がなく（黒布で覆われ背景に沈んでいる）、その光景を女性の頭部が眺めているこの作品は、男性芸術家だけが「意味づける者」で女性は描かれる対象でしかなかった状況を揶揄しているからである。

アリチュークはこのコンセプトを発展させ、二〇〇二年一月にはニージニイ・ノヴゴロドの国際写真展で、セルゲイ・ブラトコフとの共同プロジェクト《掟の像Ⅱ》［図98］を発表している。これは《乙女の玩具》とは逆に、女性たちの裸体を写した連作写真だが、巷にあふれる「男性用の」エロティックな裸ではなく、女性自身が主体的に自分の裸体（＋テクスト）でなにを表現するかという問いを発している点で、前者の作品の系譜につらなっている。

　ところで、ミロのヴィーナスと並んで有名な「芸術作品の中の女性」であるモナ・リザの不思議な微笑をめぐっては美術史家のあいだで様々な議論がなされてきたが、一説によると彼女は妊娠し、胎動を感じて微笑んでいるという。アイダン・サラホワの映像作品《サスペンス》（一九九八）［図99］は、どこかモナ・リザを思わせる作品だった。この作品は、最初は静止画であり、椅子に腰掛けた妊婦を描いたモノクロの絵画が映しだされる。だが、女性は突然身震いし、立ち上がり、笑いだし、ヒステリックに喚きはじめる。絵画の上に、同じモデルの映像を映写しているのである。それはまさにサスペンスともいうべき実に気味悪い瞬間だ。二つの女性像はほとんど重なることもあるが、いつも微妙にずれている。これはおそらく生身の女性と理想の女性を表

［図96］　タチヤナ・アントーシナ　トルコ風呂　（連作　女性の美術館）　2000

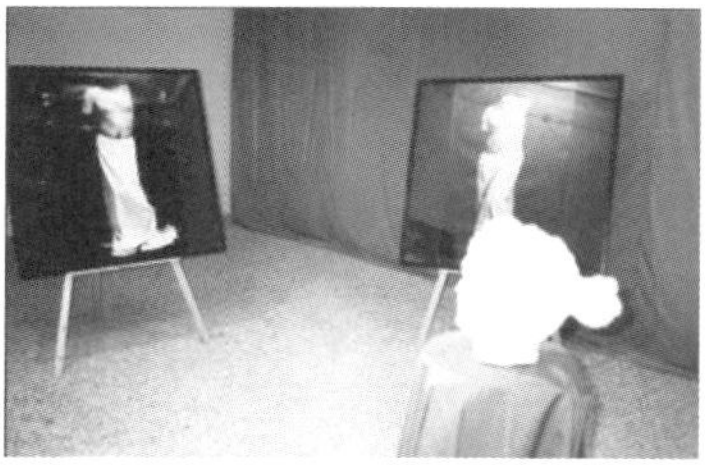
［図97］　アンナ・アリチューク　乙女の玩具　1994

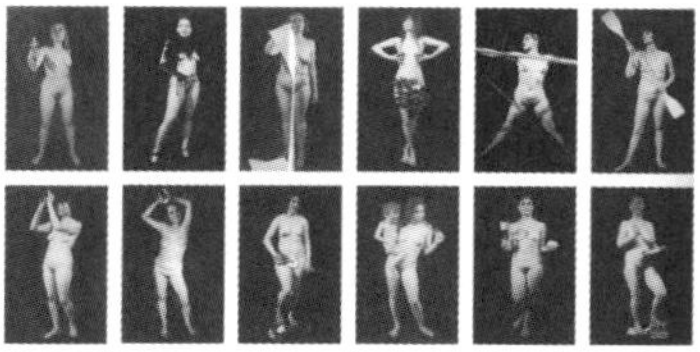
［図98］　アンナ・アリチューク　掟の像II　2001
96-98 出典　Искусство женского рода. Женщины-художницы в России XV-XX веков.

しているのだろう。動画の女性が情緒不安定で興奮状態にあるのに対し、絵画の女性は、「胎内の生命を感じて神秘的な笑顔を浮かべる満ち足りた妊婦」といういわゆるステレオタイプの妊婦である。わざと古典的な手法で描かれたこの絵画が表すのは古き良き妊婦像、男性の視点から理想化された妊婦であり、悪阻で吐いたり寝こんだり不機嫌になったりしない「聖母」なのである。

完全無欠な女性であると同時に、「地位」や「キャリア」(なんといっても「神の母」なのだから!)を決して鼻にかけず男性的なものに従順である聖母は、男性にとって今も昔も最高の理想的女性の一人かもしれない。新約聖書によれば、マリアは、まだ乙女であるうちに聖霊によってイエスを身ごもり、神の母となる運命を大天使ガブリエルによって告げられ、それを素直に受け入れる。本展では、そのエピソードに基づくイリーナ・ナホワのインスタレーション《受胎告知(Annunciation)》(二〇〇〇)[図100]も展示された。ビニールで作られた七人の赤い天使がマリア目掛けて飛んでいくという構成だが、聖母の姿は白い布で覆われて見ることができない。ナホワは「梱包された状態はマリアの意思の欠如を示している」と語る。聖書のモチーフを使って作家が示すのは、妊娠、性、そして人生の重要事項において女性が絶対的な自由を持たないことであり、七人の「赤い天使」はこの場合、男性的な暴力のメタファーとして捉えられる。

「女性芸術展」ではこの他にも、妻、母、受動的な性としての女性という神話を問い直す興味深い作品が数多く見られた。もちろんこれはフェミニズム的なロシア現代芸術のごく一部でしかないし、それと同時にジェンダーの問題とは無関係な現代女性作家の作品が取りこぼされた感は否めない。それでもなお、トレチャコフ美術館という権威的な美術館で、フェミニズムの視点で企画された美術展が初めて開催されたことは、ロシア美術史においてエポックメーキングな出来事であり、ペレストロイカ後のロシア文化界の変化を象徴していた。

フェミニズム・アートの行方

先述のタチヤナ・アントーシナ、アンナ・アリチューク、そしてサンクトペテルブルクのサイバー・フェミニズム・クラブなどに集う作家たちは、九〇年代半ばから二〇〇〇年代にかけて、フェミニズムに関わる作品を同時発生的に発表し、それに伴い、フェミニズム芸術とは何かを問う展示も次々に開催された。「ロシアのフェミニスト」展（一九九八）、「視覚文化における女

［図 99］ アイダン・サラホワ　サスペンス 1998

［図 100］ イリーナ・ナホワ　受胎告知（Annunciation）2000
99-100 出典 Искусство женского рода. Женщины-художницы в России XV-XX веков.

性、作品と作者の問題」展（二〇〇二）「Zen d'art ポストソ連空間におけるジェンダーの美術史一九八九—二〇〇八」展（二〇一〇）が開かれ、フェミニズム芸術の定義をめぐって議論が交わされた。ソ連時代に隠蔽されていた性という主題を公の場で示す作品や、ジェンダーを主題とする作品すべてをフェミニズム芸術とみなす動きがあった一方で、第一回ロシア現代美術トリエンナーレ（二〇一七年、ガレージ現代美術館）の「アクション・アート」部門を担当し、フェミニズム的作品を展示したキュレーター、タチヤナ・ヴォルコワ（一九七八年生）は、「フェミニズムは政治的なアクションを必ず伴うもので、美術を枠外に出す行為である。それ以外はすべて、女性という主題を扱った美術にすぎない」と語り、論争を呼び起こした。

また、一章でも述べたように、フェミニスト・パンク・ロック集団〈プッシー・ライオット〉が、二〇一二年、大統領選挙の直前にモスクワの救世主大聖堂の女人禁制の祭壇で「聖母よ、プーチンをやめさせてください」と歌い、「宗教的憎悪によって秩序を乱した罪」で禁固二年の実刑判決を受けた事件により、芸術界では、〈プッシー・ライオット〉は芸術か、政治か、フェミニズムか、そのすべてかという論争が巻き起こった。二〇一三年三月、〈プッシー・ライオット〉が獄中にいる最中に、モスクワの労働者とコルホーズ女性展示センターで開催された「国際婦人デー　アヴァンギャルドから現代までのフェミニズム」展は、ロシアと世界のフェミニズム芸術の歴史を俯瞰する大規模な展覧会だったが、〈プッシー・ライオット〉の作品を展示するかどうかで擁護に回った参加アーティスト側と組織側で深刻な対立が生じ、結局、「あれは芸術ではない」という組織側の主張によって招聘が見送られた。ジェンダーやフェミニズムの問題に取

そうした動きの中で、近年、現代ロシア美術・文化の分野において宇宙主義の再評価が進み、思想家ボリス・グロイスによるアンソロジー『ロシア宇宙主義』（二〇一五）の刊行、オンラインジャーナル『e-flux』の創始者アントン・ヴィドクル（一九六五年生）による三部作の映画「ロシア宇宙主義」（二〇一四―二〇一七）の制作、アルセーニー・ジリャーエフ（一九八四年生）による、フョードロフの思想をもとに美術館のあり方を問い直すプロジェクトなどが実施され、二〇一七年には、この三者による企画展「不死の芸術　ロシアの宇宙主義」が［図137］ベルリンで開催されている。

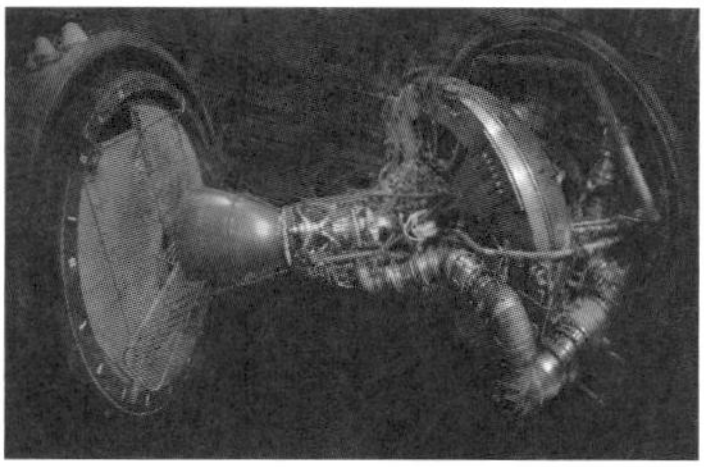

［図136］セルゲイ・ソーニン＆エレーナ・サモロードワ　戦略上重要な遺産 2013 Courtesy of the artists

［図137］アルセーニー・ジリャーエフ ツィオルコフスキー　第2の再臨 2016 Courtesy of the artist

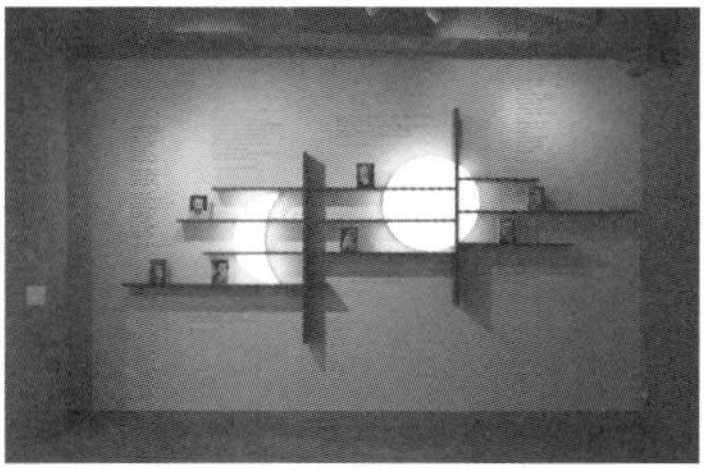

［図138］レオニート・チシコフ　宇宙主義者の表彰板 2019 photo: Hideto Nagatsuka

現代アートと宇宙

日本でも、二〇一九年夏、ロシア現代美術がいかに宇宙的なものを求めてきたかを問いかける「夢みる力 未来への飛翔——ロシア現代アートの世界」展が筆者のキュレーションにより市原湖畔美術館で開催された。

本展の参加作家であるレオニート・チシコフは、現代ロシアアーティストの中で、宇宙をテーマにした作品をもっとも盛んに制作してきた作家の一人である。チシコフのインスタレーション《宇宙主義者の表彰板》（二〇一九）[図138]では、月と太陽のオブジェを囲むように設置された本棚に、七人のロシア宇宙主義者の書籍が立てられ、彼らの言葉の引用が壁に記されている。ニコライ・フョードロフ、コンスタンチン・ツィオルコフスキー、「宇宙の意識」を追求した画家としてのカジミール・マレーヴィチ、ユートピアと宇宙への憧れを詩に綴ったヴェリミール・フレーブニコフ（一八八五—一九二二）らの言葉からは、それらの言葉に託したチシコフの宇宙主義への共感と、宇宙やユートピアに対する途方もない情熱が伝わってくる。

チシコフのインスタレーション《祖先の訪問のための手編みの宇宙ロケット》（二〇一〇／二〇一九）[図139]も、フョードロフに捧げられた作品である。自分の先祖を記憶するために、彼らが遺した衣服をリボン状に裂いて編み直す作品をこれまでにも多数制作してきたチシコフは、本作でも、その追憶、追悼の手法を繰り返している。色鮮やかなこの宇宙ロケットには、祖先を復活させて宇宙へ移住することを願ったフョードロフの夢と、死者の追悼というチシコフの創作の本質的なテーマが混淆している。

インスタレーションとドローイングから成るチシコフの《ラドミール》(二〇〇七/二〇一九)[口絵4]は、宇宙的な未来都市をめぐる詩人ヴェリミール・フレーブニコフの同名の詩に捧げられている。フレーブニコフの名字に「フレープ(ロシア語でパン)」という綴りが含まれていることから、チシコフは未来都市の住民をパンで、都市の建物をパスタ(未来派はイタリア発祥である)で制作したが、それは単なる語呂合わせのユーモアではない。ロシアの家庭の台所にほぼ必ずある食材を使って宇宙を作り出すことで、日常の中にも宇宙や神秘、詩情が存在するというチシコフの思想が示されていた。[39] パスタの塔は、ウラジーミル・タトリンの《第三インターナショナル記念塔》、エル・リシツキー(一八九〇―一九四一)の《プロウン》やマレーヴィチの《アルヒテクトン》を模して作られている。[40]「三一七人いるはずの地球の代表者の一番目が自分である」というフレーブニコフの思想を踏襲したとチシコフは語るが、こうしたユートピアを魔法のように作りだすチシコフもまた、その三一七人のなかに入っているにちがいない。この作品には、ユートピアや宇宙を夢みた人々を記憶し、その継承者であろうとするチシコフの意識を見てとることができる。

現代ロシア美術における宇宙の表象は、チシコフの場合もそうであるが、宇宙主義との関連にとどまらず多種多様であり、各作家の世界観や死生観を反映している。

ニキータ・アレクセーエフは、ソ連地下芸術家として活動していた青年時代から日本文学・文化に強く惹かれてきた。アレクセーエフは、二〇一七年、宮沢賢治の『銀河鉄道の夜』にインスピレーションを受けて、《岸辺の夜》［図140］という巻物と屏風から成る作品を制作したが、本作には、多和田葉子やプーシキンなどの文学作品や、作家が病を押して六三歳にして初めて訪れた日本の旅の印象も投影されている。『銀河鉄道の夜』は友達を救うために川に落ちた少年カンパネルラの死出の旅を描いた童話だが、《岸辺の夜》もまた、死を予感するアレクセーエフの最期の旅の物語であり、この作品全編に広がる黒い空、宇宙は、彼岸の世界を表現している。

アレクセーエフの宇宙が黒色であるなら、ターニャ・バダニナの宇宙は白色である。バダニナは長年にわたって、「白」、「光」、「空」、「飛翔」をテーマに制作を続けてきた作家で、「白」は、追悼、死の浄化、魂の解放、天使を表す色であると語る。敬虔なロシア正教徒であるバダニナの作品において、空や宇宙は天国を意味してきたが、二〇〇〇年代初頭に一人娘を交通事故で亡くしてからは、空は、亡き娘が旅立った場所として、いっそう切実な意味を持つようになった。彼女が制作する《翼》（二〇一九）は、人類の飛翔、冒険の夢、彼方への旅立ちを表現すると同時に、死者との邂逅の願いも託されている。

美術館の床に水を張り、水上の遊歩道を歩きながら極地の映像を鑑賞する《ナルシス》［図141］を制作したアレクサンドル・ポノマリョフは、ロシアの宇宙主義は、形を変えて現代の美術や南極ビエンナーレに受け継がれていると語る。アーティストは宇宙主義者と同じ夢想家であり、宇宙が自分の中にあるという感覚を抱き、宇宙や大自然を芸術を通じて他者に伝えるのだと言う。

[図 140] ニキータ・アレクセーエフ　岸辺の夜　2017/2019　photo: Hideto Nagatsuka

[図 141] アレクサンドル・ポノマリョフ　ナルシス　2019　photo: Hideto Nagatsuka

[図 139] レオニート・チシコフ　祖先の訪問のための手編みの宇宙ロケット　2010/2019　photo: Hideto Nagatsuka

ロシアの文化はつねに、「ここではないどこか」を夢みてきた。だが、ロシア宇宙主義やロシア未来派が夢みてきた宇宙空間は、実際には、国境、民族、宗教、世代という人類を分断するあらゆる要素を乗り越えて人々が共生する社会のメタファーではなかったか。詩人や画家はそれを宇宙への夢、ユートピアの夢として語ったが、真に求めていたのは、ユートピア的な現実の社会の実現であっただろう。

人は、日常の世界にとどまりながらも、想像の中で異世界を旅することができる。レオニート・チシコフは、パスタやパンという安価で身近な素材で宇宙都市を作った《ラドミール》や、(親の影すら感じさせない)孤独な生活を送る子供が月と友達になるという絵本『かぜをひいたおつきさま』[41]［図142］によって、どんな日常においても宇宙とのつながりを見出し得ることを語

［図 142］レオニート・チシコフ
かぜをひいたおつきさま
2010　Courtesy of the artist

［図 143］ニキータ・アレクセーエフ　ロシア詩の冬の菌学
2017　photo: Hideto Nagatsuka

り、ニキータ・アレクセーエフは、キノコや石といった身近な事物の神秘を写し取り、それらの中に内在する宇宙を描き出す［図143］。「夢みる力 未来への飛翔——ロシア現代アートの世界」展は、「ここではないどこか」への旅立ちを描いているが、実のところは「まさにここでいかに生きるか」をテーマにした展覧会でもあった。子供は、宇宙や南極やロシアはおろか、隣の町にすら一人で行くことはできない。でも、空を見上げれば月があり、芸術的な目で日常を見ることでそこに宇宙を見いだせるなら、それは日一日と生きのびる支えになるのではないか。そしてそれはまさに、長い苦難の歴史の中でロシア文化が追求してきたテーマでもあった。

革命、文化統制、ソ連崩壊、新生ロシアにおける貧富の差の拡大など、困難な時代を次々に経験しながらも、一貫して宇宙やユートピアを夢みてきたロシアの文化は、変動と混乱の時代における美術、文化の可能性、希望のあり方を力強く示している。そしてそれは、現代の私たちにも受け継がれた、人類の普遍的な夢みる力である。

三　作家篇——アートと人間

Ⅰ　共生の夢――レオニート・チシコフ

ウラルの湖畔に生まれて

本章では、個々の作家を詳しく見ていくことで、彼らの創作や思索の遍歴を通じて、ロシア現代アートの一端を明らかにしていく。

二章最後でも触れたレオニート・チシコフは、一九五三年五月四日、ウラル山脈の小村ニージニー・セルギで生まれた。鉄鋼工場を中心に栄えた古い村で、チシコフは、小山の麓の大きな人造湖のほとりに立つ丸太小屋で幼少期を過ごした。両親は教師で、家には本が溢れていた。幼いチシコフは、一〇巻本の黄色い背表紙の児童百科事典に夢中になり、世界のあらゆる事象についての記事を読み耽った。雑誌『知識は力なり』や『若者のテクノロジー』に掲載されていた幻想小説も愉しみの一つだったという。

チシコフは、自伝の中で、幼年時代を次のように回想している。

周囲の世界は、珍妙さ、神秘性、そして美によって、私を驚嘆させた。クカン山の頂上に座って、山をとりかこむ湖を眺めていると、山上に浮かんでいる大きな雲が湖面に映っている

のが見えた。湖のまんなかには、種のからっぽの殻のような小舟が浮かんでいて、釣り人が糸を垂れていた……[42]

自然界に一人で向き合い、周囲の世界に神秘と詩情を見出すことを覚え、書物を通じて世界、人体の不思議や文学作品に没頭したこと——こうした幼少期の体験が、チシコフの創作世界の源泉となった。故郷の湖畔での体験は、後にノスタルジックなオブジェ《ソリヴェイク　記憶の風景》(二〇〇四)［図144］として結実した。

村には美術館はなかったが、ソ連でもっともポピュラーだった総合誌『アガニョーク(灯火)』で、イリヤ・レーピン(一八四四—一九三〇)、ワシーリー・スーリコフ(一八四八—一九一六)、イサーク・レヴィタン(一八六〇—一九〇〇)などの一九世紀ロシア美術や、ラファエロ、ルーベンスを知り、兄がモスクワから持ち帰った雑誌『アメリカ』で、マーク・ロスコをはじめとする現代美術に出会い、衝撃を受けた。チシコフは幼い頃から好んで絵を描いたが、村の絵画教室でひたすら石膏像の模写を強いられたことに意味を見出せず(ただ、もしも石膏の立方体や球の中に宇宙があると語るような教師のもとであったなら、夢中になって描いていたかもしれないとチシコフは回想する)、すぐには美術の道は歩みださず、高校卒業後はモスクワのセーチェノフ医科大学に通った。

在学中にイラストや風刺画で人気を得て、ユーゴスラヴィアの国際風刺画コンテストで金賞を受賞し、画家になることを決意。モスクワに上京して医師の修行を積んだ後、風刺作家として出発したというチシコフの半生は、同じく医師であったチェーホフを彷彿させる。一九七九年に大学を卒業した後は、ポーランド、イタリア、ベルギー、ドイツなどの国際風刺画展や視覚詩（ヴィジュアル・ポエトリー）展で次々に作品を発表した。一九九一年には、モスクワのアライアンス・ギャラリーで初の個展「ダブロイドだけではない」を開催、一九九三年には、デューク美術館で個展「生物たち」を開催し、空想上の奇妙な生物を主題とするアーティスト・ブックやイラストを発表した［図145］。挿画家としても旺盛に活躍し、妻で著名な児童文学作家であるマリーナ・モスクヴィナ（一九五四年生）の童話をはじめ、詩人ダニイル・ハルムス（一九〇五―四二）、ミハイル・スホーチン（一九五七年生）、児童文学作家セルゲイ・セドフ（一九五四年生）らの作品を空想的な挿絵で彩っている。

［図144］レオニート・チシコフ
ソリヴェイク　記憶の風景　2004
Courtesy of the artist

日本とのかかわりも深く、モスクヴィナと共に日本を旅行した際には、鎌倉の大仏や京都の寺院に自作を設置して撮影を行い、帰国後は、モスクヴィナがテクストを、チシコフが挿画を担当した日本旅行記『枕草子』を出版し（二〇〇二年、モスクワ、レトロ社）、再版を重ねた。「メッセージ展――モスクワのアーティストからあなたへ」（二〇〇六年、富山県南砺市、福野文化創造センター）、堂島リバービエンナーレ（二〇〇九年）にも参加している。

空想上の生物たち

チシコフの初期作品の中心的なテーマは、空想上の奇妙な動物である。人間の姿をしているが、象の鼻の中に入りこんで頭だけ外に出して生活する者たちを描いた連作ドローイング《ジヴフ（象の鼻のなかの生物）》（一九八九）。人間の足の形をした生物の絵物語《ダブロイドたち》（一九九一）。木の切れ端に足が生えた生物が、人間の少女と心を通わせる物語を絵本のように描いた《チュルカ》（一九九五）……　チシコフは自分が作りだした空想生物の生態を、アーティスト・ブック、コミックス、オブジェ、戯曲などの多様なジャンルで、幻想的かつリアルに描きだしてきた[43]。これらの作品は、時にグロテスクだが、哀愁に満ちたアナザーワールドを形作っている。

たとえば、潜水服を着た人間の形をした生物「ダイバー」がいる。チシコフは、善良で心優しい「ダイバー」の生活を、三巻の絵本でみずみずしいタッチで描きあげている[44]［図146］。

　ぼくが最初にダイバーを見たのは、湖の岸辺だった。彼らは水から上がってきたところだったが、ホースの先は湖の底まで続いていた。ダイバーたちの皮膚である黒いビロードのような潜水服は、ぬいぐるみのクマに似ていて、長いホースはへその緒を思わせた。このはてしないへその緒は、一生ぼくたちにくっついたまま、大地と永遠を結びつけている。重い靴をはいてゆっくり歩くダイバーたちは、人間そっくりだった。ダイバーたちは、ぼくたち自身である。じつのところ、ぼくたちの体だって、潜水服のような入れ物にすぎない。中にどんな生き物がいるのか、誰も知らない。この入れ物の中には、ひょっとしたら、黒いからっ

［図 145］ レオニート・チシコフ
ダブロイド　2009　Courtesy of the artist

［図 146］ レオニート・チシコフ
ダイバーたち　Courtesy of the artist
出典　Леонид Тишков.
Водолазы З. М.: Гаятри, 2005.

ぽの空間か、まぶしい光があるんだろうか？　それとも、新しい可能性に満ちたファンタジーの世界があるのか。そこでは翼を持たずに空を飛んだり、大海に潜るように自分の深みに沈んでいけるのかもしれない。
ぼくは彼らに手をさしだして、岸にあがってくるのを手助けした。
（『ダイバーたち』一巻、第一話）

最初のエピソードで語られているように、「ダイバー」は「ぼくたち自身」であるという。「実は、これはぼく自身の話である。もし眼球をじっと見たら、それがダイバーのヘルメットによく似ていることに気づくだろう。ひょっとしたら、ぼくたちは、ぼくたちのなかに住んでいる二人の小さなダイバーによって、周囲の世界を見ているのではないだろうか」とも書かれる。高潔で愛に溢れ、時に愚かで、献身的なあまり自滅することもあるダイバーたちの生態を、いくつもの短編小説とイラストで描きだす幻想的な本書が、間接的に浮かびあがらせるのは、人間自身の情と業である。

ダイバーが高貴な存在であることは疑いようがない。だからダイバーはバラを救わずにはいられない。短い夏のあいだに奇跡のように一輪だけ咲いたバラなのだから！　でも、自分の残りの酸素をすべてバラに与えて、ダイバー自身が窒息死してしまうのは正しいんだろうか？　バラは、本当は酸素など必要としていないというのに。他の植物と同じように、バラに必要なのは二酸化炭素であり、酸素はバラを殺してしまう。善行を施す前に、それが何をもたらすか考えよう。ダイバーたちの世界では、英雄然とした態度など不要だ。

（『ダイバーたち』一巻、第九話）

家族はいつも和を求める。ダイビングをしたがる者は、自分の身近な人も一〇〇パーセント同じ願いを抱いていると考えがちだ。でも、どんなに身近な人も、あなたの鏡像ではない。一番親しい人も、あなたとは違う存在だ。だから、自分の子どもの手をとって、家族みんなで仲良く水に潜ろうとするのは良くない。ダイバーたちは法には従順な生き物なのに、子供への愛ときたら狂気と紙一重である。

（『ダイバーたち』一巻、第三話）

だが、愛や思いこみのあまり愚行を重ねる「ダイバー」たちは、他者との魂の交流を求め、世界の美と神秘を享受しながら有限の生を生きる、寛容で調和的な存在でもある。

ダイバーたちにとって、世界とは、人生を共にする水槽のことである。輝く透明な水の入った水槽を持っている者もいれば、濁った緑色の水、バラ色の水の入った水槽を持っている者もいる。あるダイバーたちの水槽には小さな魚が泳いでいるし、サメがいることもある。天国のように美しい魚がいる水槽もある。そんなことはあまりないけれど。

（『ダイバーたち』一巻、第二話）

ダイバーが死ぬ時、輝く魂の鳥がダイバーのもとから飛び去ってゆく。少女が、からっぽになった潜水服を抱きしめて、ダイバーと別れを惜しんでいる。ダイバーはあたたかくて、生きているようだ。ダイバーは、子どものころ好きになって、一生忘れないで愛し続けるクマのぬいぐるみに似ている。だから、ダイバーは死んでしまっても、ずっと生き続ける。

（『ダイバーたち』三巻、七六頁）

ダイバーたちはヘルメットの中の空間に、「星空や日の出、オレンジ色の空焼け、秋の落葉」（一巻、第三話）を抱いているのだという。このロマンチシズムと寂寥感、ユートピア的な世界観は、チシコフの他作品にも通底している。

編み男——他者の生を記憶する

チシコフは、家族や親戚と共に幼年時代を過ごした故郷ウラル地方に愛着を持ち続け、ノスタルジックな映像作品や、ウラルの工場でのインスタレーション設置によって、故郷との語らいを続けている。なかでも、母親を中心とする祖先の古い衣服を用いた《編み男《ヴャーザニク》》（二〇〇二）［図147］は、チシコフの故郷、故人への思い、布や糸という日用的な素材への関心、美術を通じて人々と一体化するという思想が結実した作品である。

チシコフは、この作品の解説テクストに、一九五九年に従兄が結婚した際の親族写真を添えて、次のように書いている。

この写真に写っている人の多くは、もうこの世にはいない。彼らが着ていた衣服は、他の親戚に受け継がれた。そして、衣服がすっかり古くなると、布を裂いてリボンにして、絨毯を編んだ。(45)

古い布を裂いて円形のマットを編むのはウラルの伝統工芸だが、チシコフはマットのかわりに等身大の編みぐるみを作り、祖先たちの衣服をまとってパフォーマンスを行った。それは、「祖先の魂を取り戻すための魔術的な儀式」であり、「人々の魂を永遠のスパイラルに編みこむ」ことだという。

死者の魂を復活させ、再生させるという試みは、チシコフが《ラドミール》の解説文でも言及したニコライ・フョードロフの宇宙思想を彷彿とさせるものだが、チシコフの生み出した編み男は、ユーモアとあたたかさ（なにしろ編みぐるみなのだから！）に満ちている。

布をリボンに裂いて編む方法をチシコフに教えて、制作を手伝ってくれたのは、故郷で暮らす彼の母親だった。やがて母親が世を去ると、チシコフは、母親が生前集めていたボタンを使って母親の肖像を作ろうと思い立った。だが、その頃、親戚の別の女性も亡くしたチシコフは、あら

［図 147］レオニート・チシコフ
編み男　2002　Courtesy of the artist

［図 148］レオニート・チシコフ
失われた人生の部分から成るイメージの再創造　2009 Courtesy of the artist

ゆる人にそれぞれの母親がいることを思い、万人の母としての聖母のイコンを作ろうと決意し、《失われた人生の部分から成るイメージの再創造》（二〇〇九）［図148］が生まれた。大きなパネルに小さなボタンを一つ一つ貼りつけ、聖母の顔を浮かび上がらせていく創作過程は、追善の行為であり、ボタンを集め続けた母の長い人生に思いを馳せる時間でもあっただろう。二〇一四年の日本滞在中だったと思うが、チシコフは、店舗の床に落ちていた誰のものともしれないボタンを拾い上げ、「誰かの服にずっとくっついていて、その人の生の一部だったボタンは、どうしても捨てることができない」と真剣な顔で語りながら、大切そうにポケットにしまっていた。自分の祖先への思いも人一倍強いチシコフだが、その思いは、人間全体に対する思慕の念、誰一人置き去りにしたくないという痛切な使命感と溶け合っている。

二〇一六年には、《ウーマニ》を制作［図149・150］。作家の父親アレクサンドル・チシコフは、第二次世界大戦のさなか、一九四一年八月にドイツ軍の捕虜となり、ソ連南部（現ウクライナ）のウーマニの収容所で四年近くを過ごした。父親は生前、戦時中の体験について多くを語らなかったが、父親の死後、作家は国のアーカイヴを調べて戦時中の父親の足跡をたどり、一九四一年八月に撮影された一枚の写真を手に入れた。そこには、ウーマニの収容所に集められた五万人のロシア人捕虜が写っていた。チシコフはその写真をもとに、何千人もの人々の顔を克明に描いていった。そのどこかに写っているかもしれない父親を思いながら、そして戦争で亡くなったあらゆる人々を記憶し供養するために。その大作ドローイングの脇に置かれた赤い光のオブジェでは、〈HUMAN〉（人間）の最初の文字だけが点滅して〈UMAN〉になり、人間性が失われる

［図149］レオニート・チシコフ
ウーマニ　2016　photo: Gennady Grachev
Courtesy of the artist

［図150］レオニート・チシコフ
ウーマニ　2016　Courtesy of the artist

［図151］レオニート・チシコフ
僕の月　北極　2010　Courtesy of the artist

と（ウーマニが象徴するような）戦場が現れることが示唆されていた。光のオブジェの横には、軍服のボタンを模した大きなオブジェも置かれている。それは、チシコフの母が生涯集め続けたボタンの箱の中に残された、父親の形見のボタンだった。

僕の月

二〇〇三年以降、チシコフが一貫して取り組んでいるのが、《僕の月》プロジェクトである［図151］。チシコフは、光る三日月のオブジェを友人のように抱えて、どこへでも出かけていく。モスクワ南部の自分のアトリエの屋上へ、パリへ、北極へ、ニュージーランドへ。

《僕の月》プロジェクトの始まりについて、チシコフは次のように語っている。

月は、もう長年にわたって、私と共にいます。私は、周囲の世界と私自身を変容させる月の光に魅了され続けています。月は、詩人と夢想家たちの伴侶なのです。月の光は、詩の本質です。私にとって芸術は、そのなかに詩的なものを見いだす時に生まれてくるものです。月との友情は、孤独の体験でもあります。月は、多くの創作者たちを魅惑してきました。そこで私は、詩人や画家たちが出会ったあらゆる月の詳しいカタログを作ることにしたのです。私が最初に興味を持ったのは、ベルギーのシュルレアリスト、ルネ・マグリットの月でした。マグリットの絵画《九月一六日》に描かれた、樹木の葉のなかに囚われた月ですね。私は、この幻想的な画家の絵画のなかへ実際に旅してみたいと思い、電球で月を作って、それを木に掛けました。二〇〇三年のモスクワの芸術祭でのプロジェクトです。(46)

月は、孤独な人々の「唯一の友」であり、「私の友でもある」とチシコフは語る。月を携えて二〇カ国以上を巡ってきたチシコフの旅は、月という普遍的な美によって国境や宗教を超えて人々を結びつけようとする巡礼のようでもある。

チシコフは、エニセイ川での展示では地元の詩人ヴィクトル・アスターフィエフ(一九二四―二〇〇一)の小説『魚の王様』を引用するなど、作品を設置する地域の文化との創造的な対話を重ね、新しい物語を紡ぎだそうとする。

二〇一四年に千葉県市原市で開催された中房総国際芸術祭いちはらアート×ミックスでは、強風で倒れた市原の山中の倒木を用いて《松尾芭蕉の月》を制作した〔図152〕。芭蕉は、「木を切りて　本口見るや　今日の月」という俳句で、満月を今切られたばかりの新鮮な切り株に喩えたが、チシコフはその俳句に基づいて、切り株をくりぬいて満月の形のライトボックスを埋め込み、芭蕉の夢想を現実にしたのである。芭蕉は日本文学者ヴェーラ・マルコワ(一九〇七―一九九五)らの翻訳によってソ連時代に人気を博したことから、チシコフも青年時代から愛読しており、この俳句について、自伝でも言及している。それを読むと、チシコフがこの俳句を詩情、詩的世界観の象徴として捉えていることが分かる。

芸術家は、創作によって、ありふれた物のなかに潜む詩情を明らかにすることができる。普通の人にとって、普通のものは普通にしか見えない。月を見れば「ああ、月だな」と思い、月が地面を照らしてくれるから、夜道が明るくて転ばなくてすむと感じるに過ぎない。でも、詩人なら、たとえば松尾芭蕉であれば、月を見れば詩が生まれる。

木を切りて　本口見るや　今日の月

私たちは、月だけでなく、りんご、コップ、デッサン用の石膏の鼻でさえ、本当はこんなふうに詩的に捉えることができるはずだ(47)。

いちはらアート×ミックスで、チシコフは、《松尾芭蕉の月》に加えて、《ジョルジョ・デ・キリコの月》、《ガルシア・ロルカの月》の全三作品を、日本の俳人、イタリアの画家、スペインの作家へのオマージュとして展示した。チシコフは、「この三作品は、あわせて展示することが重要で、三作品で一つの総合的なインスタレーションになっている(48)」と語っているが、この三者の出会いは、国や文化を超えた交感、多様なジャンル（俳句、小説、美術）の融合を示唆した点で、チシコフ自身の世界観、そして、国際現代美術祭の本質も表現していた。

これらの作品の展示場所である旧里見小学校（二〇一三年に閉校）は、そこで学んだ子どもたちのあたたかい気配が残る空間で、チシコフの人生観や創作の軌跡に即した場所だった。チシコフは、絵本、児童文学、児童演劇、子どものワークショップなどを数多く手がけてきた作家であり、自伝でも、子どものように世界と人生を受け入れることこそ創作の第一歩だと語っている。

創造する人間になるには、どうすればよいか。もしも、人生とは創造であり、あらゆる瞬間が創造のエネルギーで照らされていることを理解すれば、自分の才能を見出し、自分が天才であることに気づくだろう。なんでもできる気がしていた子どものころのように。子どもの時は、絵を描くのも、歌うことも、踊るのも、自分の世界を創ることも、なんでもできると感じたはずだ。そう、飛ぶことでさえ。(49)

いちはらアート×ミックスのチシコフの部屋は、私たちの失われた子供時代に、そして、宇宙にもつながっていた。《ジョルジョ・デ・キリコの月》について、チシコフは次のように書いている。

一九六〇年代にジョルジョ・デ・キリコが描いた絵のなかに、私は共通の無意識を見いだし、希望の光が燃えあがるのを感じた。これは、空間が私たちの世界と非在によって切り分けられた場所だ。私たちの家のありふれた壁のむこうに、永遠の冷たい宇宙があり、その一部が姿をかえて、輝く月になっている。私たちの家を訪れた天の身体には、宇宙の深みから数百万の星のエネルギーが流れこんでいる。そして私たちは、そのそばに、永遠の端に立ち、この光の一部になる。

その後もチシコフは、続けて二度、いちはらアート×ミックスに参加し、二〇一七年には、旧里見小学校で《種田山頭火の月》と《ウィリアム・ブレイクの月》を展示している。

二〇二一年には、市原の小湊鉄道の七つの駅舎で《七つの月を探す旅》プロジェクトを展開。それは、宮沢賢治に関心を抱くチシコフが、小湊鉄道を「銀河鉄道の夜」になぞらえ、観客を宇宙へと誘うプロジェクトだった[図153]。チシコフは、自分がプロジェクトを行う土地の歴史や文化をいつもきわめて丹念に学ぶ。第一の駅である五井駅では、「五井」の地名の由来が、名刀を作るための良い水を探していた男が、五つ井戸を掘り、五番目の井戸で良い水を得たという逸話にあることを知り、井戸に模したバケツの水の中で月が光る作品《水もなく月もなく　あるいは桶の中の七つの月》を制作した。素朴なバケツはチシコフにとってノスタルジーを喚起するオブジェで、故郷での幼年時代を主題にした作品でも使用しており、バケツを通じて、市原とウラルを結ぶ回路が生まれたかのようだったが、古めかしいバケツは、おそらく他の人々にとっても、昔通った学校の教室や実家の前庭など、各々の郷愁を誘うものであるだろう。チシコフの作品は、人々が共通して持つ懐かしい感覚を呼び起こし、人々を結びつけていく。

また、チシコフは、この作品の背景には別の逸話もあると語っている。鎌倉時代、京都に住んでいた尼僧であった千代能（武将安達泰盛の娘）は、月夜に、竹製の古い桶で水を運んでいたが、桶が壊れ、その瞬間に自由を感じたという。千代能はこう謳っている。「千代能がいだく桶の底抜けて水たまらねば月もやどらじ」。チシコフは、自作における桶（バケツ）に入った月も、魂の解放、自由の獲得を表現していると語る。

第二の駅である上総村上駅では、孤独な宇宙飛行士をめぐる作品《村上氏の最後の飛行　あるいは月行きの列車を待ちながら》を展示した［図154］。小さな駅のホームのベンチで俯き加減に座る宇宙飛行士は、チシコフが考案した心優しい生物《ダイバーたち》を彷彿とさせる。地元の年輩の女性が宇宙飛行士の隣りに座って話しかけたり、観客が一緒に写真を撮ったりと、この飛行士はたいそう人気を博したが、月行きの列車を昼も夜も待ち続ける健気な宇宙飛行士は、夢、幸せ、穏やかな日々など、手に届きそうでありながら実は手に入れるのが難しい素晴らしいものを一心に願うあらゆる人々の姿であり、共感を誘ったのだと思う。宇宙飛行士のヘルメットは暗色

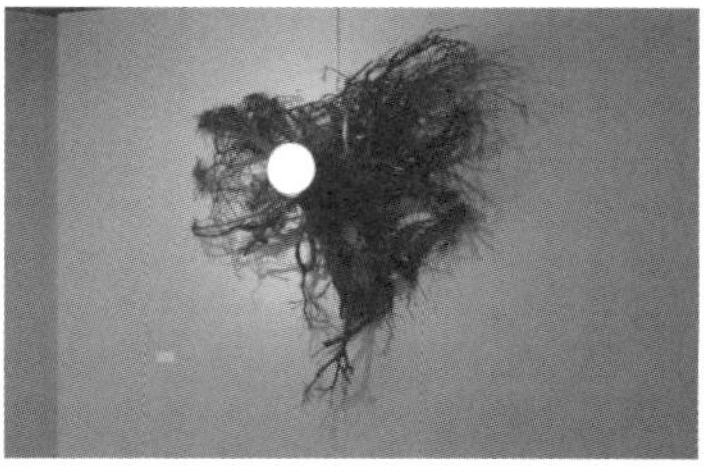

［図152］レオニート・チシコフ　松尾芭蕉の月　2014 photo: Hideto Nagatsuka

［図153］レオニート・チシコフ　小湊鉄道を銀河鉄道にたとえたイメージ画　2019　Courtesy of the artist

［図154］レオニート・チシコフ　村上氏の最後の飛行　あるいは月行きの列車を待ちながら（連作　七つの月を探す旅）　2021　房総里山芸術祭いちはらアート×ミックス2020⁺

で、中を見通すことはできない。その内部にあるのは、私たち自身の顔であるかもしれず、その丸い空間の中にはそれぞれの宇宙が広がっている。

月への道――同じ夢をみる

二〇二二年四月、チシコフは、瀬戸内国際芸術祭に参加し、香川県坂出市で、七つの作品から成るプロジェクト《月への道》を発表。かつて沙弥島で歌を詠み、月と海に思いを馳せた柿本人麻呂、ちょうど五〇年前に月に降り立ったアポロ一六号の宇宙飛行士、宇宙ロケットを設計しSF小説を書き、宇宙への道を志向し続けたロシアの宇宙思想家コンスタンチン・ツィオルコフスキー、子どもの頃に山上で空を眺め宇宙を思った作家自身、ソ連で死んでいった市井の人々などを主人公に、人間が国や民族や時代を超えていかに宇宙を夢みてきたかを描き出す作品だった。チシコフは、本作に次のような解説文を寄せている。少し長いが引用しておきたい。

古来より星空と月は、神々しい美しさと、到達しがたさによって、人々を惹きつけてきた。そして人は、飛行と月への到達を夢みてきた。この作品は、その夢がどのように現実のものとなり、永遠に私たちと共にあり続けるかについて物語っている。

I《雪の天使》は、作家が故郷ウラルで撮影した映像である。彼は雪山に登り、そこから飛び立ち、雪の静寂の中に消えていこうとする。頭上では夜の星が瞬いている［図155］。

私の部屋は明るい
夜の星のおかげで。
母はバケツを手に取る
黙って水を運んでくる……

これはロシアの詩人ニコライ・ルプツォフの詩であり、作家の幼年時代と家族の記憶に捧げられた本作と呼応している。

Ⅱ《人類の宇宙への移住》は、哲学者で宇宙主義者のニコライ・フョードロフに捧げられている。作家は、古い家族のアルバムから故郷のウラルの人々の写真を集めた。彼らはすでにこの世にはいないが、星に姿を変え、宇宙の一部となった［図156］。

Ⅲ《KETsの星》　学者コンスタンチン・エドゥアルドヴィチ・ツィオルコフスキーは、宇宙への到達と月への飛行の夢を現実にした人物だった。学校で算数を教えながら、飛行体を発明し、最初の宇宙ロケットの設計図を書いた。そして未来の人類をめぐる哲学的著作やSF小説を書き、宇宙映画を監修し、絵を描き、発明に勤しんだ。《KETsの星》は、スプレマティズムのオブジェにも似た宇宙ステーションのプロジェクトの名称である［図157］。

Ⅳ《地球での最後の夜》　二〇二二年四月は、三人のアメリカの宇宙飛行士が月に降り立ったアポロ一六号の飛行（四回目の有人飛行）から五〇周年である。この宇宙飛行に参加した月着陸船操縦士チャールズ・デュークは、自分の家族の写真を持っていった。このインスタレーションはその出来事に捧げられている。デュークは自分の家族の写真を月の表面に置き、月の土埃の上に置かれた家族写真の写真を撮ったが、それはコンセプチュアルアートの理想的な作品である。インスタレーション《地球での最後の夜》は、自分の家を永遠に見捨てなくてはならなかった宇宙飛行士についての物語である。しかし、この作品は、彼についてだけでなく、自分の家や親しい者を永遠に置き去りにしなくてはならないあらゆる人々について、私たちすべてについての物語でもある。なぜなら私たちは、この地球にほんの短い予定で来たのであり、宇宙が人間の新しい家となるからである。これは、永劫回帰を夢みる人間についての物語である。

Ⅴ《月への階段　あるいは柿本人麻呂の月》は、『万葉集』に収められた偉大な歌人、柿本人麻呂の短歌へのオマージュである［図158］。

天の海に雲の波立ち月の舟星の林に漕ぎ隠る見ゆ

かつて沙弥島に来た人麻呂は、浜辺に立ち、海を眺めたが、それから千年近く経つ今も、海はその時と同じように美しく力強い。そしてその時と同じ月が雲間を漂い、私たちは月の舟に乗って永遠の宇宙へ旅立つ。階段を昇って月のそばへ行き、絶えることのない和歌を聞くことができる。月からは宇宙と学校が、緑の丘が、かつて私たちが学校へ通った道が見える。学校は、私たちが学ぶだけではなく、友人を見つけ、恋をして、宇宙への飛行を夢みた場所である。

これら五つの作品は、沙弥島の浜辺にある現在は閉校となった元沙弥島小・中学校で展示され

［図 155］レオニート・チシコフ　雪の天使（連作　月への道）2022　瀬戸内国際芸術祭　photo: Keizo Kioku

［図 156］レオニート・チシコフ　人類への宇宙の移住（連作　月への道）2022　瀬戸内国際芸術祭　photo: Keizo Kioku

［図 157］レオニート・チシコフ　KETs の星（連作　月への道）2022　瀬戸内国際芸術祭　photo: Keizo Kioku

たが、《月への道》は、さらに与島、鍋島へと続いていった。旅の終点は、明治五年にリチャード・ヘンリー・ブラントン（一八四一―一九〇一）の設計によって設置された鍋島灯台だった。灯台の内部に設置されたインスタレーション《宇宙の立方体　あるいは百万の星とひとつの星》は無数の星の光を放ち、灯台の光もまたひとつの星となる［図159］。チシコフは、「灯台が放つ赤と緑の細い光線の上に立ち、空へ出れば、波立つ雲のあいだで月の舟が私たちを待っている」と語る。観客はここから宇宙へと旅立つのだという。

だが、本作の準備中にロシアのウクライナ侵攻が起こり、作家は深い悲しみの中で、二〇二二年三月、次のようなメッセージを発表した。

芸術の重要な目的の一つは、人々を結びつけることです。私は長年、自分の作品によってこの原理を追求しようとしてきました。私はもう二〇年以上、自分の月を抱えて地球を旅してきました。同じ月の光に照らされることで、肌の色、民族、宗教の異なる様々な人々の心が結びつくように。目に見える詩である美術作品が、観客のみなさんの心を結んできました。

今年の瀬戸内国際芸術祭で制作する《月への道》という連作インスタレーションでは、人類の宇宙飛行の夢、この夢をかなえるための地球人すべての世界的な兄弟的関係というテーマを追求します。この夢は、空に浮かぶ月のように素晴らしいものです。その夢を壊してはなりません。小林一茶の永遠に生き続けるある俳句のことを想起したいと思います。

花の陰あかの他人はなかりけり

この俳句は、共に桜を見ることで、人々の心が結びつき、親しい存在になることを謳っています。やがて開花する桜が、私たちに平和をもたらしてくれることを、私は痛む胸で心から願っています。

チシコフの《月への道》は、彼が初期作品から一貫して表現してきた、他者への共感、死者の追悼、文化を超えた人々のつながりを表現する作品だったが、ウクライナ侵攻のさなか、本作は

［図 158］レオニート・チシコフ　月への階段　あるいは柿本人麻呂の月（連作　月への道）2022　瀬戸内国際芸術祭　photo: Keizo Kioku

［図 159］レオニート・チシコフ　宇宙の立方体　あるいは百万の星とひとつの星（連作　月への道）2022　瀬戸内国際芸術祭　photo: Keizo Kioku

痛切なメッセージを持つことになった。ソ連の宇宙開発は冷戦期には国家称揚の手段となったが、宇宙への熱中を育んだ文化的背景には、困難な歴史の中でここではないどこかを夢みて宇宙に思いを馳せてきたロシアや各国の詩人やアーティスト、哲学者、音楽家たちの軌跡があった。チシコフはアートと詩によって宇宙を政治から奪還し、万人の故郷として私たちの手に返し、国境も争いもない宇宙に、地上の夢を託そうとする。

ユートピアの再創造

チシコフの世界観はユートピア的で、周囲のありふれた世界に詩を見出し、月が誰をも分け隔てなく照らすように、文化や民族を超えて人間界、自然界を包みこむ調和的な世界を創りだそうとする。この苦悩に満ちた世界で、チシコフは、実現不可能なユートピアでなく、パスタ、ボタン、古い洋服、月などで織りなされた「今ここにあるユートピア」を出現させ、人々に贈ろうとする。

チシコフは語っている。

アーティストは、ありとあらゆる道具を使って新しい世界を次々に創りだします。アーティストの魔法の杖は、筆、キャンバス、紙、鉛筆、インスタレーション、ビデオ、オブジェ、彫刻です。[50]

アーティストや詩人は、不可能なものや実現できそうもないものを信じることができます。ユートピアを生みだし、天空の城を作り、この世を想像の世界で満たすことができます。
そしてアーティストや詩人は、一つではなくいくつもの道を示し、人々はその道を歩みます。アーティストは社会にいながら、薄い振動板のような役割を担っていて、目に見える世界と、その周囲にある目に見えない世界を結びつけています。アーティスト自身も、いわば目に見えない存在で、取るに足りない存在です。アーティストは、つねに端にいて、無に至るまで自分の存在を消し去り、やがて跡形もなく消えて、自分の作品のなかに溶けていくのです。それは、しかるべき運命であり、ほとんど献身的な活動で、自分の意思とは無関係に、本来的に授けられた運命です。こんなアーティストになれるのは、理想的なものを信じている人だけです。

チシコフは、二〇一九年、市原湖畔美術館で、パスタとパンを用いてユートピア的世界である《ラドミール》を一〇日間かけて制作した。ボランティアと共に作り、子どもを対象としたワークショップも予定していたことから、チシコフは、「以前、別の美術館で、強力な接着剤を使って一緒に作業しているうちに具合が悪くなってしまった人がいた」と話し、参加者の健康を慮って、接着性の弱いボンドを指定した。暑さに弱く溶けやすい作品であり、美術館では二四時間冷房をかけ、作品を保護していた。だが、二〇一九年九月九日、台風の影響で市原は大きな被害を受け、美術館を含む一帯が停電し、空調が止まり、未来の建築や太陽を象ったパスタの作品は全壊した。チシコフはこの状況を受けて、次のようなメッセージを寄せた。

人間の夢は打ち砕かれるものです。人間の夢は脆いものなのです。でも、気を落とさず、手を休めずに、皆で力を合わせて世界を再建しましょう。太陽はふたたび輝くのです。

九月一七日、地元の方々やスタッフが千葉、東京、新潟等から集結し、大勢の共同作業によりパスタのオブジェは一日で復元された。チシコフは、「この新しい《ラドミール》は、ロシアの宇宙主義者ニコライ・フョードロフの言う『共同事業の哲学』にほかなりません」と語った。しかし、一〇月一二日の台風による二度目の停電のため、《ラドミール》は再び崩壊した。チシコフはひどく落ち込み、「ロシア未来派や私たちが夢みるユートピアは、この世界では実現しないのだろう」と話した後で、すぐに気を取り直し、作品を再制作せずに、写真をメッセージと共に展示することを提案した。

宇宙と理想都市を夢みたヴェリミール・フレーブニコフは、一九二二年、貧困のうちに三七歳の若さで世を去りました。宇宙進出を夢想した詩人アレクサンドル・ヤロスラフスキーは、ソロフキの収容所で銃殺されました。ロシアの宇宙主義とアヴァンギャルドの運命は悲劇的なものだったのです。ですから、彼らに捧げたこの作品が崩壊したことは、まさに彼らの時代の隠喩となるのです。脆いものはすべて、たとえ壊れてしまっても、永遠に記憶の中に生き続けます。芸術は物体ではなく、思想なのです。ロシア・アヴァンギャルドの芸術家や詩人の思想は壮大で、その幻想性は人々を困惑させるほど法外なものでした。彼らは否定され、困難な人生を送りました。台風後のこの展示は、あの時代の様々な思想の廃墟を表しているのです。私たちは壊れた家の中を歩き、瓦礫の中から何かを見つけようとし、惨事の後に残った何かを保存しようとします。ロシアでは、革命、内戦、一九二〇年代の飢饉、そして三〇年代のソ連における大混乱のさなかに、多くのアーティストや詩人が弾圧によって亡くなり、彼らの書物や絵画や原稿が失われました。その後、第二次世界大戦が起こり、戦争はほぼすべてを、記憶さえも失わせました。私は、世界は、あの時代の詩人やアーティストが夢みたように発展していないと思います。フレーブニコフは人々の合一、世界共通の言語、全宇宙的な世界について語りましたが、二〇世紀の人間はそうした道を歩んでこなかったのです。

筆者は、一九九九年頃からしかチシコフを知らないが、当時まだ四〇代半ばだったチシコフは、自分の展覧会がその日始まることを喜んで、会場へと続くモスクワの並木道を、晴れやかな笑顔で跳ねるように歩いていた。「ペレストロイカで統制は緩んでいったけど、ぼくが、これからはなんでも作って展示できるって初めて実感したのは、ソ連が崩壊した日だったんだよ」と語っていた。だが、時代は悪い方へ変わっていった。ロシア全土で高まった民主化運動が弾圧された二〇一二年、チシコフは、「あの運動によって社会が変わると期待したのに、そうはならず、あれから鬱状態にあるが、作品を作り続けている」と言って、アトリエで絵やオブジェを見せてくれた。その後も多くの絶望を経て、それでもなお彼は何度でもユートピアを生み出そうとする。チシコフの作品は、作家にとっての喜びであると同時に、彼自身が述べるようにまさに「献身」であり、人々の苦悩と夢の歴史であり、彼は、この世界におけるアーティストとしての使命に向き合い続けているのだと思う。

Ⅱ　空への階段——ターニャ・バダニナ

「遅れてきた青年」

レオニート・チシコフ（一九五三年生）、ターニャ・バダニナ（一九五五年生）、ウラジーミル・ナセトキン（一九五四年生）、アレクサンドル・ポノマリョフ（一九五七年生）、コンスタンチン・バティンコフ（一九五九年生）……

五〇年代生まれのロシア美術作家作家たちは、いわば「遅れてきた青年」である。彼らは、一九七四年九月に、画家オスカル・ラビンと詩人アレクサンドル・グレゼルが企画したモスクワ郊外の非公式芸術の野外展覧会が当局のブルドーザーで破壊された「ブルドーザー事件」を知っているが、その頃、まだウラル地方やオデーサで学業の半ばだった彼らは、ロシア美術史上に名を残すその展覧会に間に合わなかった。一九八八年、ソ連文化省の協力のもとでモスクワで開催されたサザビーズのオークションで、グリーシャ・ブルスキン（一九四五年生）の作品が四一万ドル余の値をつけ、ソ連非公認芸術が西側の美術市場の注目の的となった時、五〇年代生まれの作家たちは、若い作家たちのグループ展に出展しはじめたばかりだった。

一九九一年のソ連崩壊時、彼らはまだ三〇代。元非公認芸術グループ出身の美術批評家ヨシフ・バクシュテインは、「美術にとっては、イデオロギーが支配していたソ連時代よりも、市場経済化された世界でのサバイバルのほうが難しい」と述べているが、五〇年代生まれの作家は、比較的キャリアが浅い時期に、観客と資金をいかに獲得するかという新たな問題に直面し、新体制下での生き方を模索することになった。

彼らが四〇代から五〇代を過ごした一九九〇年代から二〇〇〇年代にかけて、トレチャコフ美術館等を中心とする首都の美術界では、彼らの父の世代にあたる元ソ連非公認芸術家（その多くは、八〇年代半ばにニューヨークやパリ、ケルンなどに去っていた）の再評価がブームとなり、ロシア国内で制作する作家に美術館の大展示室が解放される機会はきわめて少なかった。

長い社会主義体制を経てようやく訪れた「自由」の時代であるからこそ、ロシアの現代美術は、政治や社会を批判的に扱い、過去と決別するための装置となることを求められた。こうした状況は歴史や社会の諸相をアイロニカルに表現する作家には追い風となったが、創作によってユートピアを追求しようとした作家たちにとっては逆境となった。美術批評家ヴェーラ・ダジナは、ターニャ・バダニナ論の冒頭で、「過去の経験に対するニヒリズムが蔓延する中で、この世代は独自の道を選んだ。素材をコンセプチュアルな対象としてではなく、世界を芸術表現によって理解するための唯一可能な手段として捉えてきた芸術の歴史を葬るかわりに、発展させようとしたのがこの世代である」[51]と述べている。ここでは、そのバダニナの創作全体を振り返り、作家の主題、表現の変遷、そして日本で制作した作品について考察したい。

ヨーロッパとアジアの境界で

タチヤナ・バダニナ（作家名・ターニャ・バダニナ）は、一九五五年一一月一六日、ヨーロッパとアジアの境界線から東に二五キロの位置にある、ウラル山脈の工業都市ニージニー・タギルで生まれた。バダニナは「ウラルは私の力の源」であると考え、モスクワで暮らす現在もかならず年数回は故郷を訪れているが、[52]ロシアのアジア側に位置するこの境界の町で生涯最初の約三〇年を過ごし、モスクワ、ペテルブルクを始めとするヨーロッパ・ロシアとの往還を続けた半生は、バダニナの自意識に影響を与え、異なる世界の接触を創作の主題に据える契機となったことだろう。

バダニナの短い自伝「グロッソラリア」によれば、バダニナがニージニー・タギルを科学と美術が融合した町として捉えていることが分かるが、その意味でも、作家の故郷は、科学的要素をしばしば作品に取り入れた彼女の創作の源泉になっている。

町の真ん中には、美しい池の岸辺に、歴史あるデミドフ記念工場があり、その隣りには、第二次世界界大戦中、一九四四年に建てられた美術館がありました。この町には、国じゅうから素晴らしい人々が集まってきました。そこでは工業と美術のユニークな結びつきがあり、何世代もの住人たちによって、創作に適した良い環境が作られてきました。[53]

この町で、作家は美術とどのように出会ったのか。バダニナの自伝を、もう少し引用してみよう。

私は三歳の時からアーティストになることだけを願っていました。子供の頃、私は、自分が描くものはすべて本物になり、私の絵は甦ると思っていました。自分は絵が上手だと考えていたのです。でも、九年生の時、初めてエルミタージュ美術館を訪れ、美術の世界では私抜きですべてがすでに為されていたと感じました。それで美術教師になることにしたのです。

こうしてバダニナは、一九七三年から七八年まで、国立ニージニー・タギル教育大学芸術学部で学び、七八年から九一年まで同学部で美術教師を務めた。将来の夫で作家のウラジーミル・ナセトキンにも、ここで出会っている。

八〇年代には、バダニナはナセトキンと共に、モスクワ近郊の芸術家会館に定期的に滞在し、後にプロジェクトを共にするアレクサンドル・ポノマリョフをはじめ、ソ連全土からやってきた芸術家と交流し、モスクワの美術館やギャラリーを巡った。(54) やがて、作品を携えて首都と故郷を往復する不便さに耐えかね、創作と展覧会に専念するため一九九七年にモスクワに移住。現在もモスクワで制作を続けている。

これまで、エカテリンブルク美術館（一九九五年）、芸術家同盟グラフィック・センター（ヴィリニュス、一九九九年）、ペルミ、タリン、モスクワのクローキンギャラリー等の画廊で四〇回以上の個展を開き、二〇一三年には、ヴェネツィア・ビエンナーレで個展〈AMOUR 1221〉

を開催した（レジデンス・カ・ザナルディ）。トレチャコフ美術館、エルミタージュ美術館、ロシア美術館等の現代美術展や、アゼルバイジャン、ロシア各地の芸術祭にも参加している。

記号——文化の記憶

バダニナの創作の歴史を俯瞰すると、記号、白、翼、服、花、越境、記憶、祈り、旅といった、いくつかの特徴的な主題やモチーフがあることに気づく。なかでも白と記号は、バダニナの初期の油彩やドローイングから現在のオブジェにまで通底する重要な要素である。

バダニナがキャンバスやオブジェに配置するのは、太陽、月、円、三角、矢印、数字などのアルカイックなシンボルであり、これらの記号が刻まれた彼女の作品は、諸文明と文化の記憶、人類の叡智を想起させる。これらの普遍的な記号は、宇宙的、宗教的であると同時に数学的、物理学的、地理学的でもあり、実験装置を模した《虹発生器》（二〇〇八）［図160］や一連の光学的オブジェ［図161］にもちりばめられ、芸術と科学の融和、諸分野の融合というバダニナの作品の特性を強めている。バダニナは、記号について次のように述べている。

私は、創作を聖なる活動として捉えています。そのため私の作品は、象徴的で形而上的なものになります。私は、古代から現在まで使われてきた文化史的なイメージやシンボルの一部である単純な視覚的記号を、数多く使っています（収集しています）。私にとって絵を描くことは祈りに似ています。手を使って念入りに作業すること自体が、瞑想になるのです。創造とは、秘密を贈られることであると同時に、見る者に無意識的で原始的な衝動を伝える贈与の行為でもあるのです。

ダジナも、「イメージ＝記号＝シンボルは、バダニナの語彙において最重要の要素」であり、「創作をデミウルゴスの行為として神聖化することから生まれるバダニナ自身の宇宙観《コスモロジー》の礎である」(55)と指摘するように、バダニナの作品における記号は、エジプト文明、仏教、天文学など人間のあらゆる文化的記憶を喚起しつつ、複数の文明が融和する宇宙的空間を形成している。バダニナは、政治性を持たない記号のレベルまで個々の文化を還元化し、白い空間の中で再構築することで、国境や争いのない理想郷的な調和の世界を創造するのである。

バダニナは「創作は聖なる活動である」と語り、またバダニナはロシア正教の敬虔な信者でもあるが、彼女の創作世界はキリスト教だけでなく聖なるもの全般に通じている。チベットで感銘を受けた仏教寺院や儀式を主題とする作品を制作したり、二〇一四年の初来日の際には聖なる空間の入り口としての鳥居の作品を構想したりするなど、バダニナは開かれた態度で宗教全般に接している。

さらに言えば、バダニナにとって「聖なる活動」とは、人間や宇宙の秘密を解き明かそうとするあらゆる探求者、思索家、表現者の行為を指すものでもある。美術、科学、歴史、宗教が融和する無時間的な作品を制作するバダニナは、人類の夢や思索の継承者としての側面を持っている。その意味でバダニナの作品は、中世の修道士の僧庵にも、近世の哲学者の書斎にも、現代の科学者の実験室にも繋がっている。ただしそこには、ファウスト的エゴイズムや狂気めいた熱情はない。白い空間に配置された単純な記号の浄化作用によって、人々の夢と、彼らに対する作家の共感が響きあう静謐な世界が作り出される。ダジナは、バダニナにとって「創造は、身体的な世界、死を免れない空虚な世界から、非身体的な永遠の世界に至る困難な旅(56)」であると語るが、バダニナの作品における記号は、その困難な旅の装具であり、時空を越えて人々を結びつける働きをしている。

翼――空への憧れ

バダニナの主要な関心は、空と大地の合一に向けられている。

バダニナの世界は、光のオブジェ《空への階段》、大地と空が出会う地平線を描いた連作ドローイングなど、空と大地の邂逅の夢に満ちているのである。

なかでも翼は、作家が九〇年代半ばから集中的に取り組み続けてきた重要な主題であり、バダニナの理念――人類の夢の継承、宇宙との一致――を多義的に表現している。

たとえば、バダニナの描く翼はしばしばグライダーやライト兄弟らの初期の飛行機のような形をしているが、それが（ロシア・アヴァンギャルド的なフォルムの現代的な追求であると同時に）人類の夢を記憶し表現するという意図に基づいていることは、二〇〇三年の個展会場で、飛行を夢見た歴史上の人物の映像が投影されたことからも明らかだ。白いグライダーを描いたエッチング《翼》（一九九八）［図162］の画面を覆う黒い線も、古いフィルムの縦線ノイズや古文書の破れを思わせ、この作品に、飛行を夢見た昔の人々へのオマージュとしての性格を与えている。

一方、一九九九年にウラルでカロリン・ゲディケ、オレク・ルィスツォフと共同で行ったアクション《飛び去った鳥の影》［図163］では、作家たちは白い翼をつけて野原を舞い、空を見上げ、天との一体化の夢を祝祭的に表現していた。

翼を主題とする作品の集大成として位置づけられるのが、巨大な八つの透明な翼と、四つの白い翼を展示した空間全体が統一的な作品となっていた二〇〇三年の個展「翼」（サム・ブルック・ギャラリー、モスクワ）である［図164］。芸術評論家セルゲイ・ポポフは、本展を次のように評している。

「翼」展は、バダニナの世界観を形にしたものであり、彼女の宇宙観、調和についての思索である。人間はつねに空を賛美し、つねに飛行を夢見てきた。飛行機械の創作には、レオナルド・ダ・ヴィンチやタトリンなどの天才的な芸術的才能も熱中してきた。ロシア・アヴァンギャルドのもっとも重要な神話の一つも、飛行という主題、翼のイメージと結びついていた。ターニャ・バダニナのオブジェは、この主題を二一世紀の素材を使って表現している。画廊の全空間が、独特で象徴的な空の志向を表現している。(57)

[図 160] ターニャ・バダニナ　虹発生器
2008 Courtesy of the artist

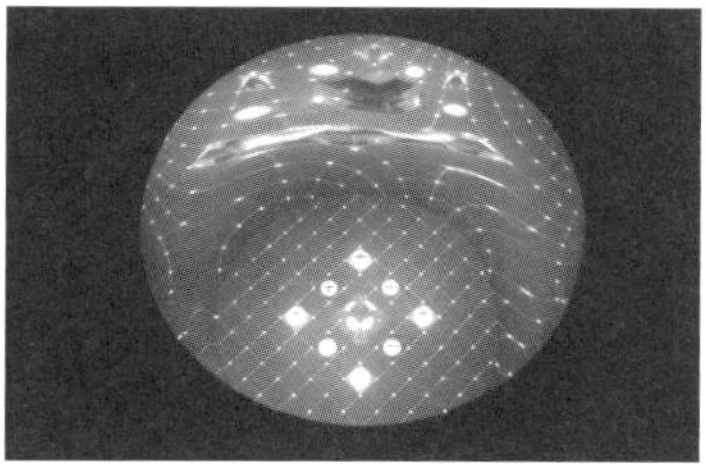

[図 161] ターニャ・バダニナ　逆遠近法 1　モスクワの星の王子さま
2011 Courtesy of the artist

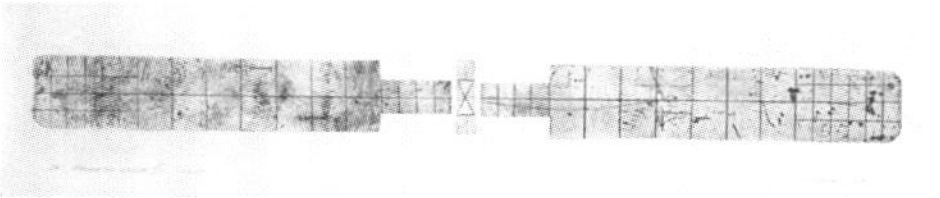

[図 162] ターニャ・バダニナ　翼　1998　Courtesy of the artist

[図 164] ターニャ・バダニナ　翼
2003　photo: Alexander Konstantinov
Courtesy of the artist

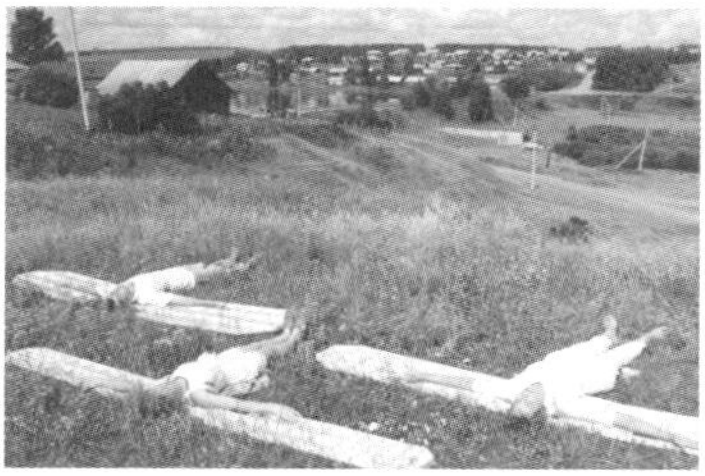

[図 163] ターニャ・バダニナ　飛び去った鳥の影　1999　Courtesy of the artist

一方、バダニナ自身は、「翼のオブジェは、人々の夢みる力、時間と空間の克服、現実からの飛翔を象徴しています[58]」、「私の作品にたびたび現れる天使と翼は、心理的な自由への希求です[59]」と語り、自伝でも「翼は、私の夢です」、「翼には私たちを支える力があり、私にとっては、天における魂の巡礼の象徴なのです」、「時間は、昨日と明日という二つの翼で飛びます。人間には、過去と現在という二つの時間の翼が与えられています。経験と夢想という二つの翼が、私たちに時を越えさせ、私たちの存在の目的地へ連れていくのです[60]」と綴っている。

しかし、二〇〇五年にコクテベリの野原に設置したオブジェ《天使の影》（ナセトキンとの共作）［図165］に寄せたバダニナの言葉は、いつになく寡黙だった。

輝く天使はコクテベリの上を飛び去りました。遺されたのは天使の影だけ。これは空の一部です[61]。

白い翼をつけてみずから「天使」となりウラルの草原を駆け回ったアクション《飛び去った鳥の影》の多幸感とは対照的に、荒野に置き去りにされた《天使の影》には寂寥感が漂う。翼の素材として従来の白や透明のプラスチックや紙ではなく鏡が用いられていることも、この翼が、地上の私たちが空に羽ばたくための翼ではなく、飛び去った天使の姿を映すことで、空と私たちを結ぶ装置であることを告げている[62]。作家は、前年に一人娘を亡くしたのである。だが、世界で戦争の激化した二〇〇二年にイリヤ&エミリア・カバコフが、天から墜落して翼を折った天使のインスタレーション《堕ちた天使》によって表現したユートピア喪失の感覚は、バダニナの《天使の影》には見当たらない。空高く自由に舞う天使の姿を一瞬でも垣間みようとするこの作品には、かけがえのないものを失った後にも続く人生と世界にさえ光を見いだそうとする希望が託されている。

二〇一九年には、バダニナは連作ドローイング《翼》を制作［図166］。これは、バダニナが実現したいと夢みるインスタレーションの設計図でもある。塔や古民家に大きな翼を設置するが、建物の外に突き出ているのは翼のごく一部である。観客が建物に入ると翼の中心部が目に入り、初めて全体像が分かる仕掛けだという。本作には、以下の文章が書き込まれている。「深淵に惹きつけられるなら翼を持たなくてはならない」（レオナルド・ダ・ヴィンチ）。「私に鳩のように翼があったなら。そうすれば飛び去って休むものを。私は遠く逃れ去り、荒野に宿ろう。嵐と颯を避け、急ぎ逃れたい」（ダビデの詩篇五五章）。この旧約聖書の詩篇五五章は、「胸が悶え、死の恐怖に襲われた」人間の苦しみを主題とする章である。それに呼応するかのように翼もバランスを失い、大地に横たわる。それは一見すると絶望の光景に見えるが、バダニナが当初本作に書き込もうと考えていた三番目の文章を読むと、翼は、死によってようやく平穏を得た人間の姿ではないかと思えてくる。

私たちは天使の声を聞いて、ダイヤモンドをちりばめた空を見るのよ。地上のあらゆる悪や、私たちのあらゆる苦しみが、全世界を満たす神様の慈悲に包みこまれるの。そして私たちの生活は、静かで優しく、おとぎ話みたいに甘いものになる。（チェーホフ『ワーニャ伯父さん』）

これは、戯曲『ワーニャ伯父さん』の最後の場面におけるソーニャの台詞である。「なんてつらいんだろう。このつらさが君にわかればなあ」と嘆くワーニャ伯父さんに、ソーニャが、生きていきましょう、他の人のためにも今も年を取ってからも働きましょう、そしてその時が来たらおとなしく死んでいきましょう、そしてあの世で私たちは苦しみましたと神様に申し上げましょうという場面に続く言葉である。ソーニャが語るこの人生観は、娘に先立たれた二〇〇四年以降のバダニナの生涯と作品にも通じるものであると思う。バダニナの作品は、生きていくのは辛いことだが共にその生を全うし、生を祝福しようと、観客の心に静かに呼びかける。

天使の服・人間の服

二〇〇七年前後からバダニナは、白い服を主題とする連作を制作し続けている［口絵5］。二〇一二年の個展「天使について」をめぐるインタビューで、バダニナはこう語っている。

私の娘アーネチカはデザイナーでした。八年前に自動車事故で亡くなりました。娘は、服のデザインの下絵を紙に描いていましたが、私は自分の創作と娘の仕事をどう結びつければ良いか答えを見いだせず、セラフィモ・ズナメンスキー修道院を訪れ、ニェメツキー墓地に眠る女子修道院長フォマリ修道女を詣でました。その時、少女たちが、ジョージアから運ばれた聖母の服の複製を私に贈ってくれたのです。その複製を手にアーネチカの部屋に入った時、私はなぜこれが私のもとに来たのかすぐにはっきりと分かり、すべてが結びつきました[63]。

「祈りを創造に変え、創造を祈りに変容することができる[64]」と語るバダニナは、二〇〇五年にセラフィモ・ズナメンスキー修道院の白い外壁を背景に、二メートルの赤い布で美しいアーチを作って祈りを形にし、死者への思いを天に届けるアクション《生神女庇護祭》[図167]を行った。二〇〇七年には、同教会で自作の白い服を展示している[図168]。白い服は、聖母の服、昇天する

[図165] ターニャ・バダニナ　ウラジーミル・ナセトキン　天使の影
2005　Courtesy of the artists

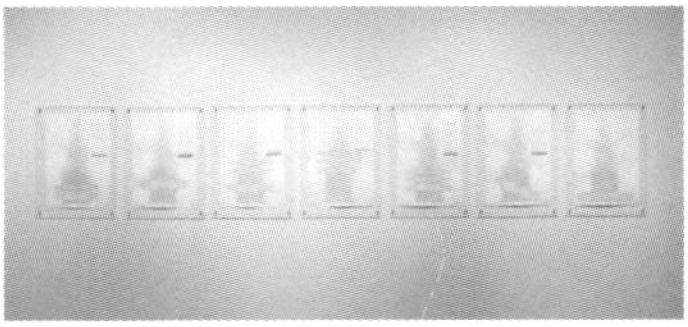

[図166] ターニャ・バダニナ　翼
2019　photo: Hideto Nagatsuka

[図167] ターニャ・バダニナ
生神女庇護祭　2005　Courtesy of the artist

死者の服であり、亡き娘に捧げられた天使の服である（白い服の一部には、天使の小さな翼がつけられている）。

しかし、バダニナの白い服は、信仰者のためだけの服ではない。バダニナはチェーホフの戯曲『三人姉妹』の主人公に捧げる三枚の白い紙の服を制作しているが、姉妹たちは宗教には無関心で、不幸な結婚、不倫、意に染まぬ仕事に日々苦悩する、きわめて人間的な存在だった[65]。いつかは田舎からモスクワへ戻り住むことを夢みていた姉妹たちの「モスクワへ！ モスクワへ！」という有名な台詞が表すように、姉妹たちはいつも、ここではないどこかを求めていた。結局、姉妹の誰一人として夢をかなえることはできなかったが、バダニナの白い服は、困難な生を終えて天へ昇る姉妹たちや、その「兄弟姉妹」である私たちすべてに対するねぎらいと祝福を象徴しているようだ。二〇二四年の大地の芸術祭では、バダニナは越後妻有の住民に農作業をする時に着る野良着を持ち寄ってもらい、その形や模様をとりいれた白い服を作った。それは、人々の労働や人生への尊敬であり、国を越えた魂のつながりを表している。

白と光——魂の解放

白い服、白い翼、白い花……。バダニナの白は、いったい何を表しているのか。

天国の庭や地平線を描いた油彩でも、天や空は白く塗られている。翼や服も天のイメージと結びついている。ならば、バダニナの白は、おしなべて天を象徴していると考えて良いのだろうか。作家自身が白い光と空について語った二つのテクストを併置してみよう。

白と光は、私の作品の形式であり内容です。白い色は、隠喩的で多様な意味を持っています。白は、純粋、純潔、英知、光の象徴です。白は、あらゆる色のスペクトルを生みだします。私のグラフィックや油彩における色彩は次第に明度を上げ、やがて油彩の白は、オブジェやインスタレーションの白に変容しました。白い光は、あらゆる創造物をその光線に浸して、身体的生の基盤となり、より崇高な意味では、神的本性を備えています。光は、存在するものすべての根源です。光は生です。

空は、創造的な原理であり、私の創作すべての重要なテーマです。白い天国の庭を描いている時も、想像上の夢の翼で空をめざしている時も、私は空を作っているのです。空は、大地の上の空中の世界であり、鳥たちが飛び、雲が漂っています。それは、私たちが星や他の天体、すなわち大地の上に広がる宇宙すべてを見いだすことのできる天空です。そして、そこには神が治め、天使の住む精神的世界があります。(66)

私は最初は、鉛筆画や水彩画、油彩を描きはじめました。そして私の絵はどんどん明るさを増し、白い色で満たされ、やがて白い色は白い光になりました。私にとって色は魅力を失い、昼間の明るい日光のような光こそが必要になったからです。私の作品における白い光には、様々な隠喩的な象徴性があります。清らかさ、純潔、高みを目指す心などです。[67]

これらの言葉と創作の軌跡が示しているのは、バダニナの作品における多義的な白は、もちろん天の色としても用いられるものの、「高みを目指す心」、天をめざす人間の生を象徴する色としても意味づけられていることだ。それは、白い翼のオブジェが「人々の夢みる力、時間と空間の克服、現実からの飛翔を象徴」していたことからも明らかである。

白が天を志向する人間の生を象徴する色であるなら、多義的な白い服にも、天に思いを馳せる生者の服という、さらに一つの意味が加わることになる。白い服という主題は、まさに、作家が長年追求した翼という主題の変容として理解できるだろう。

チベット、ネパール、ヒマラヤ山脈への旅から生まれた《モスクワにおける仏教大祭》(二〇〇一)［図169］でも、白は人間の生の象徴である。アクリルの円筒にネパールの白い紙を貼り、内側に設置した電球によって柔らかく発光する九本の円柱から成るこの作品の形態は、直接的には作家がチベットで見た僧院の建築を源泉としている。しかし、バダニナの他作品を参照するなら——すなわち、廃れた工場の溶鉱炉を「復活」させた《赤い線》(二〇〇一)［図170］における光る円柱は「生の象徴」[68]であり、湖上に白く光る円柱を横たわらせた《地平線》(二〇〇二)［図171］は、天と地が接する場所で輝く人間の生の象徴だったことを想起するなら——、《モスクワにおける仏教大祭》の白い円柱もまた、天を求めて祈る人々の姿(と祈りの形)として解釈でき

[図 171] ターニャ・バダニナ　地平線　2003（背景にウラジーミル・ナセトキン　太蘭はざわめいた）
Courtesy of the artist

[図 168] ターニャ・バダニナ　白い服　セラフィモ・ズナメンスキー修道院での展示　2007
Courtesy of the artist

[図 172] ターニャ・バダニナ　生物学研究所　2004　Courtesy of the artist

[図 169] ターニャ・バダニナ　モスクワにおける仏教大祭　2001　Courtesy of the artist

[図 170] ターニャ・バダニナ　赤い線　2001
Courtesy of the artist

るのではないか。この作品は、天と地を結ぶのは一人ひとりの人間だという、人間性への信頼の表明である。

バダニナは白いオブジェには黒色で記号や紋様を描きこむことが多いにもかかわらず、本作では白い円柱の中央部に仏教的紋様をごく淡く浮かびあがらせている。そして、ヒマラヤで撮影した一連の写真を被写体が判然としないほど縮小した上で、円柱を飾る細い帯にしている。このように特定の宗教・文化（紋様）や現実世界（写真）を表現する要素が二つとも明晰さや具体性を奪われているのは興味深い。それは、第一に、この作品が固有の文化をインスピレーションの源泉としながらも祈りという主題を扱った普遍的なものであることを強調し、第二に、祈る人々（＝白い円柱）がすでに俗世との関係を失い、天と一体化しつつあることをも表現しているのではないか。

天に星、野には花

翼のオブジェが、天を志向する人間の強い意志と能動性を表現していた一方で、夢を実現しようとする途上で天に召された人々を優しく包みこむ服のオブジェは、より受動的な心性を表現しているといえるかもしれない。しかし、この受動性は、無力感や喪失感から生じた諦念ではなく、神から生を受け、やがて神のもとに戻るという信仰、世界の理や宇宙の力によって生かされているという謙譲の精神に基づいている。

バダニナの作品には、初期から現在まで花という主題が頻出するが、これらの花もまた（天国の庭の花であると同時に）、神や自然によって生かされている弱い存在でありながら夢を求めて美しく咲く人間の生を象徴していると考えられる。大地の懐に抱かれて風車の花の群れが寄り添うように咲く《生物学研究所》（二〇〇四）［図172］は、本作が設置されたソロヴェツキー諸島が修道院と強制収容所の地であったという歴史も背景となり、宇宙における人間存在の儚さ、ひそやかさについて思い至らせ、野に咲く花のようであれという聖書の言葉を想起させる。

興味深いのは、バダニナの夫ウラジーミル・ナセトキンがクリャジマの湖に設置した群生する花のオブジェ《太藺《ふとい》はざわめいた》（二〇〇三）も、同様の連想を誘うことである。この湖畔の芸術祭では、バダニナの光のオブジェ《地平線》とナセトキンの《太藺はざわめいた》が重なり合い、あたかも一つの作品のようだったが、これはたしかに、空と大地が接する場所（地平線）で懸命に花を咲かせる人間の姿を表現した合作として構想されているのだろう。[69] ジョン・ボウルトが指摘するように、バダニナとナセトキンは「まったく異なる美学的、外的フォルムを用いて制作」しながらも、「その二重性において互いに不可分の存在であり、不協和音が協和を奏でている」[70] のである。

旅——大地の芸術祭

バダニナは、旅する作家である。

一九九九年にはナセトキンと共に、共同アーティスト・イン・レジデンスのプロジェクト「PIK」を開始。「PIK」は、「旅・アート・コミュニケーション」[71]のイニシャルだが、語感として「ピクニック」を連想させる。ナセトキンとバダニナは、年代も作風も異なる十数名の作家をこの「ピクニック」に誘い、ウラル、バイカル湖、チベット等でそれぞれ半月ほど共同生活を送った。旅先ではシンポジウム、ワークショップ、美術展を開催し、メンバー同士はもちろん現地の作家、住人と交流し、その土地の画材、素材を作品に用いることで現地の物質とも「交流」してきた。

バダニナとナセトキンにとって、いつか日本を訪れるのは長年の夢だった。学生時代に奨学金の月額に匹敵する高価な浮世絵の画集を購入したほど日本の美術に惹かれ、北斎へのオマージュ的なオブジェも制作しているナセトキンが、バダニナと共に「富士信仰をはじめとする日本の民間信仰や伝承に関心があるので、いつかぜひ日本で共同アーティスト・イン・レジデンスをしたい」と語ったのは二〇〇〇年のことだが、その一四年後、夫妻は、大地の芸術祭の下見のためにようやく日本を訪れた。

バダニナとナセトキンが作品を設置したのは、新潟県十日町市の旧奴奈川小学校（奴奈川キャンパス）である。同校は、一九八四年に当時の松代町立室野小学校と峠小学校が統合して開校し、小川のほとりに立つ、広いグラウンドと校舎を持つ美しい学校だったが、人口減少のため二〇一四年三月に閉校し、芸術祭の会場として生まれ変わった。二〇一四年十月の下見には筆者も同行したが、バダニナは、校舎の廊下と理科室を隔てる曇りガラスの壁を通して実験道具がおぼろげに見えている光景に一目で関心を抱いた。そして、その光景から受けたインスピレーションをもとに、教室の棚などをすべて白く塗り、大きな半透明の白い障壁を立て、障壁の向こう側に設置した棚に並ぶ様々な道具がほのかに透けて見えているという空間を考えた。棚には、バダニナが小学校で見つけた学用品や実験用具を配置し、教室の中央にはテーブルを置いて自作の光のオブジェを設置している。この《レミニッセンス（おぼろげな記憶）》［図173・174］では、バダニナの創作哲学と、作品の舞台の特性が見事に調和している。「子供たちの未来」と「人の不在」の両方を象徴する廃校は、追悼、人間や世界への愛着や信頼というバダニナのテーマと呼応している。バダニナが作りだす多義的な白い空間は、そこで学んだ人々の希望、この集落で亡くなっ

［図173］ターニャ・バダニナ　レミニッセンス（おぼろげな記憶）2015　大地の芸術祭　Courtesy of the artist

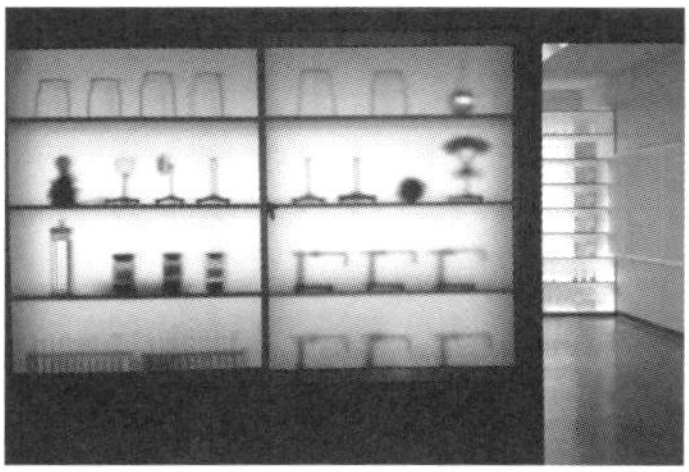

［図174］ターニャ・バダニナ　レミニッセンス（おぼろげな記憶）2015　大地の芸術祭　Courtesy of the artist

た人々の記憶の保管庫のような神秘的で慈愛に満ちたものとなった。また、小学校は、各人が専門分野を専攻する高等教育とは異なり、子供たちが共に様々な科目を学ぶ場であり、子供たちの日常には、美術、国語、算数、理科などの多様な教科や遊びが融けあっている。芸術と科学と生の一体化はバダニナの創作においても重要な主題であり、本作でも、科学と芸術の融合としての光のオブジェが用いられている。

バダニナは、奴奈川キャンパスの屋外にも作品を設置した。校舎の外壁に設置された避難梯子に心を止め、「天へ昇る」というコンセプトを与えるためにその梯子を数一〇センチ空へ伸ばしてから、梯子全体を白い光で発光させた［図175］。昼の光のもとでもほのかに光を放つ、空への階段。それは、旧奴奈川小学校で学んだすべての人々への祝福であり、あらゆる人々の空への憧れ、未来への希望の象徴である。二〇〇三年にバダニナはフランスで、暗闇の中で無数の蠟燭の炎だけが揺れる同名の作品を制作しているが、それは作家が、この作品は「追悼の蠟燭を想起させる」、この光は「祈りを天に届ける」と述べるように、喪を強く喚起するものだった。それに対して、子供たちの明るい声の余韻が響く校庭や妻有の豊かな自然に包まれて輝く《空への階段》こそ、かつてバダニナが同名の作品に寄せた解説にふさわしいものとなった。

光の階段は、空に到達するという目的を持つ越境を象徴しています。一つ一つの段が、魂の上昇の各段階を表しています。この階段は、大地と天、人と神の結びつきを確立したいという願いを表現しているのです。[72]

バダニナは、国家崩壊後の混乱の中でも、そして最愛の家族を失った後にも、信仰、芸術や世界への愛情に支えられて、調和的世界を表現し続けてきた。また、多様な文化、領域に関心を抱き、文化の差異や時空を超えて人間は夢を伝えあい理解しあえることを表してきた。

二〇二二年六月、モスクワの「クーブ」で開催されたグループ展で、バダニナは新作《ゲート（門）》を発表した。「この状況で何を見せることができるか考えた」とバダニナは筆者に語った。一面に十字架を描いた黒い壁を越えると、そこでは合わせ鏡の中で永遠の光の道が続いている。その門は、光への出口であるという。ウクライナ侵攻後、ロシアに残って制作する作家たちは、様々な比喩的な表現で悲しみや追悼の意を示そうとしている。

［図175］ターニャ・バダニナ　空への階段　2015　大地の芸術祭　Courtesy of the artist

Ⅲ　大地の作家――ウラジーミル・ナセトキン

電線のあいだには、星たちのファルセットだけがある――
そこではペルミ市民が深い眠りについている。
だが水は拍手している、そして岸辺は
ドレミに合わせて降りる霜のようだ

（ヨシフ・ブロツキー「ヴェネツィア詩篇」より）

ロシア現代美術の旅

ロシアから世界へ、旅を続ける作家たちがいる。

月のオブジェを抱え、ニュージーランドの海や房総の山を旅して写真を撮るレオニート・チシコフ。チベットの寺院や新潟の山を旅しながら、人々の空に寄せる夢を表現しようとするターニャ・バダニナ。「航海するには外交官になるか船乗りになるしかなかった」[73]ソ連時代に、大洋を求めて航海士として数年間を海上で過ごし、八〇年代末からは海や伝説の島をテーマにインスタレーションや映像を制作する作家となって、南極や北極圏の海への創作の旅を続けるアレクサンドル・ポノマリョフ。

彼らが皆、ヨーロッパとアジアの境界であるウラル山脈や、多様な文化の出会う港湾都市オデーサで青年時代を過ごしているのは興味深い。彼らはソ連時代末期に、水平線や山脈の彼方に広がる世界に憧れて移動を人生の指針と定め、ソ連崩壊を経て移動の自由を得ると共に、世界中を巡りはじめた。

ウラジーミル・ナセトキン（一九五四年生）も、そうした旅する作家の一人である。ウラル山脈の東麓の小都市イーヴデリで生まれ、そこから三八〇キロ南にある工業都市ニージニー・タギルで美術教師をしながら人生の前半を過ごしたナセトキンは、一九九七年にモスクワに移住するまで、生活の場であるアジア・ロシアと、レジデンスと展示の場であるヨーロッパ・ロシアの往還を続け、移動のリズムを身体に刻みこんだ。

［図 176］ウラジーミル・ナセトキン　チベットの影（部分）2000　Courtesy of the artist

一九八九年から二〇〇三年にかけては、妻ターニャ・バダニナと共に、共同アーティスト・イン・レジデンスのプロジェクト「ＰＩＫ」を組織し、内外の作家たちとウラルやバイカル湖で共同制作やワークショップを行い、その成果として大きなグループ展を各地で開催した。とりわけ、ネパール、チベットへの旅から生まれた「方角は東」展（二〇〇〇年、モスクワ）は、個々の作品の強度もさることながら、文化接触がもたらす創造性を提示した展覧会全体が、第二次チェチェン戦争下で排外主義を強めていた閉塞的なロシア社会において、批評的な意味を獲得していた。

作家たちは何を求めて旅をするのか。「方角は東」展は、その答えの一つを示していたといえる。本展でナセトキンは、チベットの寺院の石段や壁を写しとった二七枚の正方形の写真を、曼荼羅のような配置で展示していた（《チベットの影》）［図176］。ナセトキンは、チベットの寺院で石段を上っていた時、そこに落ちる影の形のなかに、自分が長年追求してきた幾何学模様を見いだし、天啓に打たれるような思いをしたのだという。(74) 創作の新たな霊感を求めて遥かな旅に出て、未知の大地を踏みしめた時、作家がそこで発見するのは、しばしば、自分が生涯をかけて求めてきた主題や理想のもう一つの姿である。こうして作家は越境しながら自分の創作の変奏を奏でることで、人類の文化を結びつける役割をする。

荒野と芸術

ナセトキンの創作を貫く最大のテーマは、大地である。ナセトキンは、「ミニマリズムのレッスン」と題したテクストで、次のように語っている。

> 最初の衝動はいつも自然を源泉としている。私は抽象主義者ではないので、何も考えだすことはできないし、今までもできなかった。私の作品の根底にあるのは自然観察であり、私はいつもそれをスケッチブックに描きとめる。それから、この鏡映の元に何があったかを時に忘れ、自分の世界、自分の空間を作りだす。[75]
>
> 私のテーマは大地、その一部、地相、風景である。風景は作戦地にも似て、壕のような明瞭な直線が単色の面に食いこんでいる。その面には砂が練りこまれ、キャンヴァスの空間は、生命なき荒野や、ニージニー・タギルや他の大都市の工業地帯を思わせる。これは自然と文明、抗いがたい自然の力と計算の争いである。私は物質主義者だが、私の作品における荒野は、どんな特定の場所とも結びついていない。この荒野は、どの国にも、どの大陸にも存在し得る。[76]

ナセトキンが大地にインスピレーションを受けて描く作品は、まさに大地そのもの、大地の断片のように見える。ナセトキンはしばしば、その土地で採集した砂を、その土地の風景の色に彩色し、絵の具と混ぜてキャンヴァスに塗りこむ。その行為自体と作品の肉厚な表面《ファクトゥーラ》からは、創作によって大地を現出させたいという作家の強烈な願望が伝わってくる［図177・178・179］。なぜ、ナセトキンは、これほど大地に執着するのか。その根底には、作家が八〇年代にくりかえし訪れたトルクメニスタンの荒野で、不毛の美に感銘を受けた原体験があった。(77)

荒野。私にとって荒野の無人と不毛は、清らかさと清浄さの体現のように思える。そして、逆説的だが、私にとって荒野は、植物が生えていないにもかかわらず、地上の楽園についての最後の思い出を秘めた場所である。荒野でこそ、超越的、超常的な世界に触れ、神の呼び声を聞くことができる。荒野は、私が平凡な人生の意味を発見するのを助けてくれたのだ。(78)

美術史家ジョン・ボウルトは、この言葉を受けて、ナセトキンにとって「荒野、大洋、山脈は、無用な場所のメタファー」(79)だと述べ、ナセトキンが描くのは、資源や食料の供給地としてではない自然であり、そこでは荒野の静けさに耳を傾け、山頂に差す日差しの移ろいを眺めることができると綴っている。

さらに言えば、ナセトキンにとって荒野や大地は、無用であるがゆえに価値のある美術の象徴であるのではないか。芸術が政治や社会に奉仕することを求められた社会主義時代に創作を始め、大学で若者たちに美術を教えていたナセトキンにとって、美術のあるべき無用性は、切実な問題だったはずだ。ナセトキンは美しく無益な大地を創作することで、美術を社会的・政治的要請から解放し、美術と自分自身の自由を確認し続けているのではないか。「まさに荒野が、複雑さから単純さへと至る道に私がたどり着くのを助けた」[80]という言葉どおり、荒野はナセトキンに、ソ連と新生ロシアという二つのシステムにおいて美術の意味を問い続けてきた作家が追求すべき主題を明確に示し、作家のアイデンティティを目覚めさせた。

幾何学的図形と宇宙

ナセトキンは、つねに大地や自然と対峙しながらも、風景画を描くことはなく、初期のドローイングから現在の油彩やオブジェに至るまで、すべてを幾何学的な形に昇華させていく。その理由の一端は、フォルムと色彩の構成の飽くなき探求であり、ミニマリズムへの傾倒である。

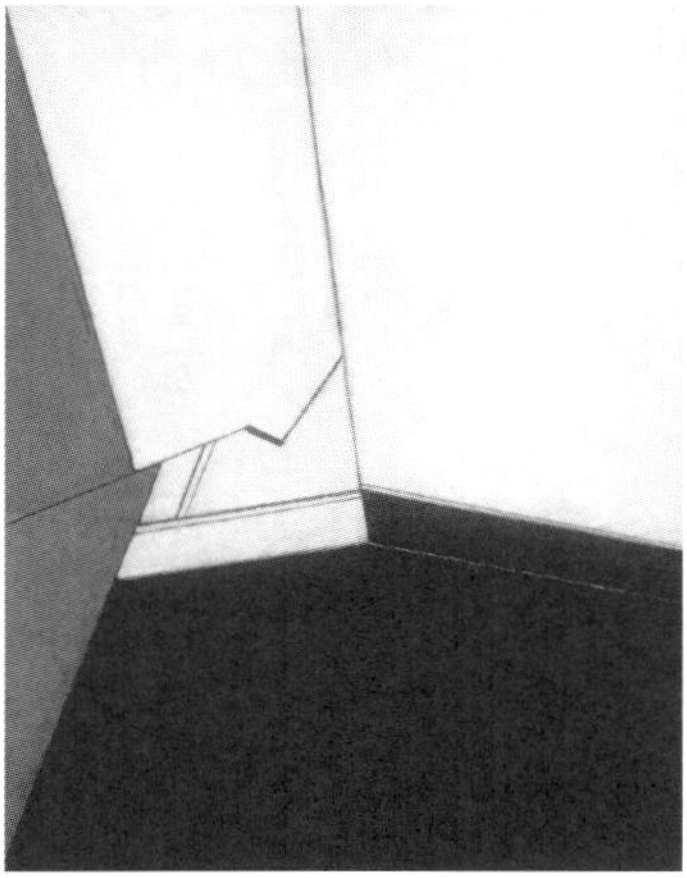
［図 177］ウラジーミル・ナセトキン
構造物 6.6　1995　Courtesy of the artist

［図 178］ウラジーミル・ナセトキン
構造物 7.6　1995　Courtesy of the artist

思うに、絵の芸術的価値を決めるのはリズム、色彩の構成、形の調和であり、主題は絵の真の作用を妨げる。だが、それと同時に、主題は、純粋な芸術的美点を理解し、それを統一的なものとして受け止める助けになる。(81)

単純さは、芸術の目的ではない。物のリアルな意味に近づこうとするうちに、意志に反して単純さに近づくのだ。(82)

また、作家は次のようにも述べている。

作家のストラテジーに表れているのは、多元的な表面を同時に存在させることだ。それを定義しているのは、空間の多層性と、結びつき得ないものの結びつきを明らかにする神秘のコードである。思うに、作家は、古代の大陸の地図や図式、見取り図に満ちた、集積された豊かな文化の完全なアーカイヴを転写している。(83)

これらの言葉や彼の作品が示すように、ナセトキンにとって幾何学的図形は、「到達しがたい調和」(エドゥアルト・クベンスキー(84))であると同時に、あらゆる文明を結びつける原始的なフォルムであり、人類の文化の共通項である。大地の記号化によって、作家は、ある特定の土地に発しながら、人類の普遍性を模索している。だからこそナセトキンの幾何学的な形は、美術史家ヴィターリー・パチュコフが語るように、エジプトのピラミッドの象形文字、エル・リシツキーのテクストを含むあらゆる「世界文化の引用の息吹(85)」を秘めている〔図180・181〕。

幾何学的図形によって人類を結びつけようと試みた後、ナセトキンの作品は宇宙を志向し始める。ボウルトは、ナセトキンの作品の宇宙性について、次のように書いている。

《氷山》〔図182〕や《記念碑》〔図183〕は天を指している。衛星アンテナや、あるいはシャーマンのタンバリンのように、しばしば、それが何なのか分からず聞き取れないほど不正確で不明

［図179］ウラジーミル・ナセトキン　地形幾何学　2001　Courtesy of the artist

［図180］ウラジーミル・ナセトキン　星座　高滝湖座　2019　photo: Hideto Nagatsuka

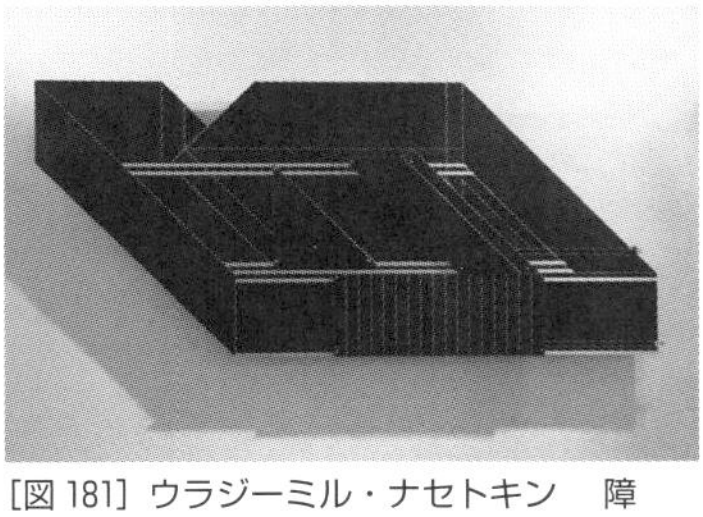

［図181］ウラジーミル・ナセトキン　障壁　2008　Courtesy of the artist

瞭な遠い声を反映している。これらの作品は、宇宙からの信号を捉えるアンテナである。これは崇高な建築の設計図なのだ。これらの作品は、新しい図形幾何学を構成している。古代のピラミッドのようにナセトキンの尖塔は多義的で、その厳格さは明瞭に形作られ、その配置は比類がなく、その穏やかさは可動的である[86]。

《記念碑》(二〇〇一)は、その形状の二重性から見ても、人間界と宇宙の両方を示しているかのようだ。全三トンの五枚の金属板から成るこの彫刻は、横から見ると、金属板の間の空っぽの空間が強調され、重量のない「天に属する」作品に見える。しかし正面から見ると、作品は重量のある「大地に属する[87]」物体なのである。この彫刻が、二〇〇一年に開催された国際展「工業的風景における芸術のエコロジー」の参加作品として、作家の故郷にほど近い鉄鋼業の都市ニージニー・タギルに設置されたことを念頭に置くなら、本作における金属はまさに、人間の古来からの営為の象徴であることが分かる。それと同時に、《水と金属と石の建築》(一九九九)[口絵6]をはじめとするナセトキンの他作品における金属も、自然や宇宙に対する人間界の象徴として理解されるのである。

ボウルトはナセトキンの垂直形のオブジェを指して「宇宙からの信号を捉えるアンテナ」だと書いているが、大地を描いた平面作品にも、宇宙の刻印ははっきりと刻まれている。バダニナが「私は大地から天を見るが、彼は天から大地を見る[88]」と語るように、ナセトキンの描く大地はしばしば俯瞰的であり、宇宙からの眼差しを宿している。また、パチュコフは、「ウラジーミル・

ナセトキンの芸術の姿勢は、時折、芸術の約束事的な輪郭を越え、いつも自分の本性を保ちながらも美的な境界を乗り越え、私たちの世界を形作る宇宙と創造の高度な法則を想起させ、想起する[89]」と書いている。幾何学的フォルムによって地上を統一体とすることで、次の段階では地上全体と宇宙という二項対立に向きあおうとするナセトキンの創作の姿勢は、ロシア哲学との関連で考えれば、きわめて自然な展開だといえる。ウラジーミル・ソロヴィヨフをはじめとするロシアの哲学者や宇宙思想家は、人類が集合体となることで「神人」となり、やがて宇宙とも結びつき得ると考えていた。

［図 182］ウラジーミル・ナセトキン　氷山　2004　Courtesy of the artist

［図 183］ウラジーミル・ナセトキン　記念碑　2001　Courtesy of the artist

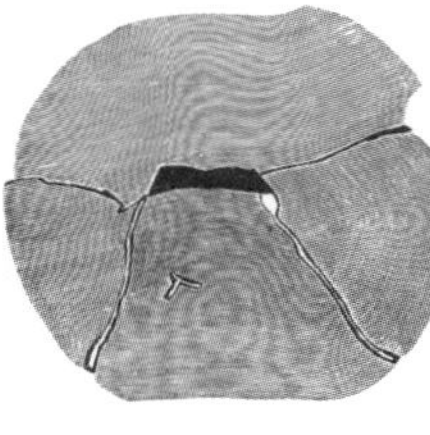

［図 184］ウラジーミル・ナセトキン　ヴェネツィア詩篇　2011　Courtesy of the artist

ロシア・アヴァンギャルドの継承

附記しておきたいのは、ナセトキンの幾何学的フォルムは、多様な文化の共通項や宇宙の志向という性格を持っている一方で、いくつかの作品は、一見して特定の文化を、とりわけリシツキーやアレクサンドル・ロトチェンコ（一八九一―一九五六）などのロシア構成主義を強く想起させることだ。「ロシア・アヴァンギャルドを継承し、いかに独自に展開させるか」という問題は、二〇世紀後半の少なからぬロシア作家の課題であり、ナセトキンの創作の一つの問題系であると言ってよい。

その一例となるのが、金属のオブジェを川の中に設置し、水の流れの変化をも作品とする《水と金属と石の建築》、レール上を動くインスタレーション《氷山》（二〇〇四）、音を奏でる《サウンド版画オブジェ・通路》（二〇〇六）等である。これらはロシア・アヴァンギャルド的な幾何学的フォルムを用いながらも、軽やかな遊び心に満ちた作品であり、政治や歴史に絡めとられたロシア・アヴァンギャルドを、歴史的な文脈から解放し、芸術作品の根源にある創作の夢とエネルギーを抽出する機能を持っている。

ナセトキンは、「私の創作には、いつも二つの方向性があった――伝統と自然である。伝統に傾けば剽窃に近づき、自然に傾けば自然主義に近づく。いつも両者の間でバランスを取っている」[90]、「スプレマティズム、構成主義、ミニマリズムの手法、表現方法を統合し、様々な伝統や言語の文化をコンテクストとして、私は自分の芸術のコンポジションのシステムを作っている」[91]と語っているが、美術史への尽きせぬ興味は、芸術の意義や文化の状況の劇的な変化を目の当たりにしてきたソ連作家の宿命であり、ナセトキンの作品は、文化のあり方をめぐる作家の誠実な思索の軌跡になっている。

再び、旅について

近年、ナセトキンは、いくつかの新しい旅に出た。

その一つが、ロシアの亡命詩人ヨシフ・ブロツキーとの「旅」である。冬のヴェネツィアを愛し、彼の地への旅を重ねたブロツキーが遺した「ヴェネツィア詩篇」の一六篇の詩のために、ナセトキンもまた一六の挿絵を版画で制作したのだが、たゆたう水や影、仮面の描写を通じて無次元の世界を描きだすブロツキーの詩と同様に、ナセトキンの作品もまた、挿絵の役割を越え、「無限の神秘」[92]を表現していた。作家と詩人のこの共同作品は、限定版の書籍として刊行され、二〇一一年のヴェネツィア・ビエンナーレでも展示された[93]［図184］。キュレーターを務めたアレクサンドル・ポノマリョフは、暗い会場にいくつものデスクライトを置いてナセトキンの版画とブロツキーのテクストを浮かびあがらせたが、それは、ヴェネツィアの暗い水の象徴であると同時に、時空を超えた作家たちの出会いと魂の旅を思わせた。

ナセトキンが近年熱中するもう一つの旅は、グーグル・アースを使ったプロジェクトである。二〇〇〇年代後半より、ナセトキンは、目的地の地形をグーグル・アースで俯瞰して面白い地形を探しだし、それをキャンヴァスに写しとる作品を制作している。しかし、ナセトキンの旅はバーチャルな旅では終わらない。ナセトキンは、下絵を描いた画布を丸めてスーツケースに入れ、実際に現地を訪れてその土地の砂を採取し、そこで見た風景の色に砂を染めて画布の上に貼る。ナセトキンは、「ニューヨークでは不審者に間違われると厄介だから、僕が路上にしゃがんで砂を集める間、妻が脇に立って警官が来ないか見張っていたんだよ(94)」と笑いながら語っていたが、このいかにもアナログ的な行為と、デジタルな旅が交差しているところに、プロジェクトの批評性――グローバリズムや情報社会に対する批評性がある。

私たちは旅に何を求めているのだろう? 真理、自分自身、理想的な場所、天国――それらは各人の個人的なものだ。でも、おそらく私たちは皆、文化とは対話の最中に、様々な分野が出会うところで生まれること、だからこそ、文化は特定の場所、地域、国への属性を保ちながらも未知の可能性を持っていることを信じている。もっとも素晴らしい発見は、様々な文明、科学、人生の哲学が出会うところで生じるのだ(95)。

ナセトキンはこれまでノルウェー、オーストリア、ルーマニア、アメリカやロシア各地を訪れて連作《グーグル・アース》を制作してきたが、各々の作品は、様々な異なる土地の姿であるにもかかわらず、明らかに共通性も備えている［図185・186］。大地を幾何学的フォルムで表す背景に世界の普遍性の探求というナセトキンの意図があることは先述の通りだが、本連作には、より政治的、直接的な批評性もあると言ってよい。なぜなら、ナセトキンは、政治の中心であるモスクワの赤の広場や、紛争地である北オセチアについてもこの連作を制作しているからだ。上空から見れば共通の形状を持つ土地で生きながらも、民族や文化の差異ゆえに争うことの愚かさを、本連作は問題化しているのではないか。なお、ナセトキンは政治をつねに前面に押し出す作家ではないが、本連作に限らず、文化の差異を越えた人類の共通性を見いだそうとする彼のあらゆる作品は、現代社会において示唆的である。

ナセトキンは、大地の芸術祭・越後妻有アートトリエンナーレ二〇一五に参加するために、二〇一四年十月に越後妻有を訪れ、晩秋から翌春にかけて、モスクワの自宅で、グーグル・アース

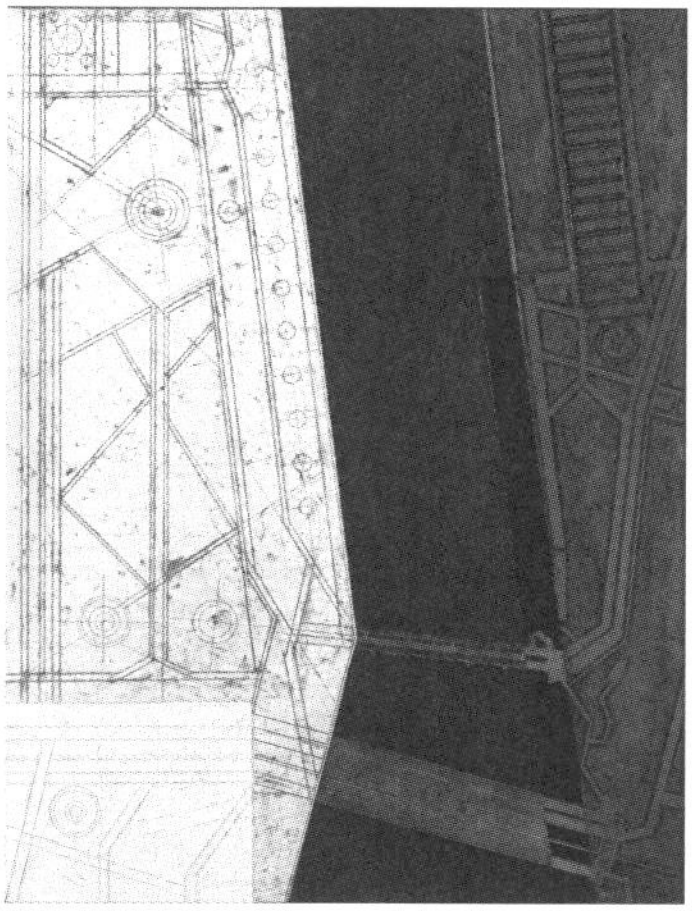
[図185] ウラジーミル・ナセトキン　グーグル・アース　北オセチア 2008 Courtesy of the artist

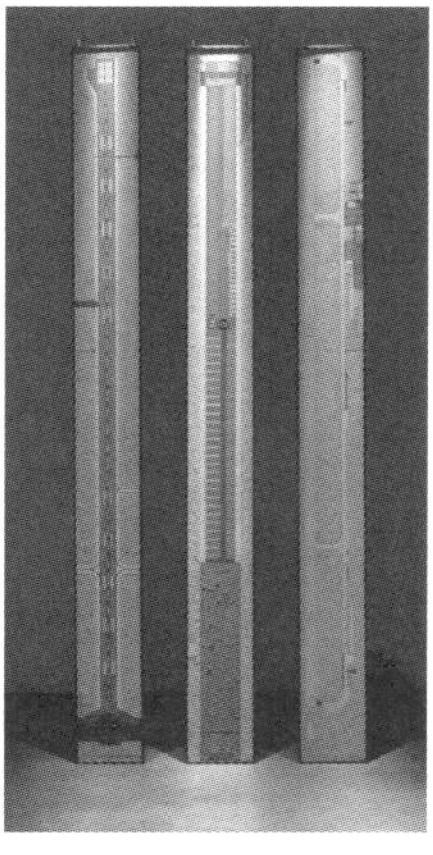
[図186] ウラジーミル・ナセトキン　グーグル・アース　ルーマニア　空港 2010 Courtesy of the artist

によって新潟の上空を旅し続けた。二〇一五年六月には再来日し、現地に一ヶ月間滞在して、作品を設置する旧奴奈川小学校の校庭や校舎で砂やチョークの粉を集め、《グーグル・アース 十日町の田畑》［図187］を完成させた。

また、ナセトキンは、同小学校の敷地に《塔》と題したオブジェも建設した［図188・189］。このオブジェは折れ曲がる壁でできた小さな迷宮のように見えるが、上から見ると、そのフォルムが、「円満、融和、団結」を象徴する同小学校の校章をかたどっていることが分かる。ナセトキンは、視察で旧奴奈川小学校を訪れた際に、校舎に残されていた航空写真（創立記念日に児童が校庭で校章の形に並んだ様子を写した写真）を発見し、自分が《グーグル・アース》シリーズで行ってきた俯瞰的な視点が、この日本の伝統行事にも表れていることを知り、インスピレーションを掻き立てられた。

校章型のオブジェの中心部にある小部屋には小学校の机と椅子が一対置かれているが、その空間は扉のない壁で囲まれ、誰も入ることができない。壁に開いた穴から覗きこむことができるだけだ。「中に入ることができない空間」には、大きな意味があるとナセトキンは語る。それは、モスクワ郊外の湖畔に設置したオブジェ《クリャジマ三三景》（二〇〇四）［図190］、《ロシアの要塞》（二〇一二）の主題でもあった。ナセトキンは、《クリャジマ三三景》について、「どことなく防御施設を思わせ、オブジェの中心は閉じていて入ることはできない。これは、ロシアの不可知の魂を象徴し、観測される世界からの遮断を示している」[96]と述べていた。一方、《ロシアの要塞》の中心部にある閉じた部屋は「敵意に満ちた世界から断絶」した「聖なる空間」であり、

「そこには出入りできず、迷宮を歩く時に壁の狭い銃眼から覗くか、険しい壁にのぼって上から見ることができるだけ」で、その空間は「神秘の感覚を呼び起こし、観客が日常の些事を忘れるのを助ける」[97]と書いている。「閉じた外見と迷宮のような内部を持つ本作品において、芸術はどこか脇にあるのではなく、まさに芸術のあいだを通り抜け、芸術の中を覗きこむことができる」のだという。

ナセトキンは、校章の形をした《塔》のアイデアを初めて思いついた時、「これは、ふだんは入ることのできない廃校の象徴であり、聖なる空間でもある」[98]と語っていた。ナセトキンにとって、中心に潜む閉じた小部屋は、日常の喧騒やあらゆる争いから遮断された聖なる場所、記憶の保存庫であり、入ることができないというその無用性ゆえに、作家の考える美術のあるべき姿を

［図 187］ウラジーミル・ナセトキン　十日町の田畑　2015　大地の芸術祭　Courtesy of the artist

［図 188］ウラジーミル・ナセトキン　塔　2015　大地の芸術祭　Courtesy of the artist

も象徴している。ナセトキンは、初めて奴奈川の地に立ち、この作品を構想した時、いつかその小部屋に雪が降り積もり、じきに机と椅子が朽ち、大地に還っていく様子を夢想していた。この小部屋は、奴奈川の大地にインスピレーションを受けたナセトキンが、その返礼として大地の一角に特別な意味を与え、人々の思いが再び出会う場所にするための装置なのである。

ナセトキンは次のように書いている。

地理的にどこにいるかということ、環境の質は、作家の個性の形成に影響を与える。でも、もし特定の場所に、たとえばモスクワ、ローマ、あるいはパリにエネルギーが集中しているとしたら、誰もがそこを目指し、そこでしか面白いことは起こらないということになる。しかし、すべてはより複雑で非凡だ。作家の移動は、無限の回帰を重ね、時間の迷宮を旅するようなものだ。だからそこではピート・モンドリアンにも、カジミール・マレーヴィチにも、シュメールの魔術的記号にも、バビロンのジッグラトにも出会うことができるし、ウラルや西シベリアの古い絵文字の文化の連想の鎖に没頭することもできる。(99)

奴奈川におけるナセトキンの作品は、その場所のエネルギーを源泉としたものでありながら、作家がこれまで旅したすべての場所の記憶、追求してきた芸術上の課題が融け合う、時空の迷宮のような作品になった。

空を見よ、自分を見よ

《塔》の壁にはいくつもの窓があり、観客はそこから、小部屋だけでなく、妻有の山や森を眺めることができた。その手法はナセトキンが好んで用いてきたものであり、二〇一九年に市原湖畔美術館の前庭に設置された《空を見よ、自分を見よ》でも応用されている[図191]。《空を見よ、自分を見よ》は迷宮のような作品で、観客は三つの小部屋を通り抜けながら、壁に開いた窓からは湖や森を、壁に囲まれた空を、そして壁に仕掛けられた鏡に映る自分の姿を眺める。本作にも、扉のない入れない部屋が一つだけあり、窓から中を覗き込むことができるだけである。その部屋だけは床が鏡張りで、高い空を映しているのが見える。それは「聖なる空間」であり、「神秘の感覚を呼び起こし、観客が日常の些事を忘れるのを助ける」とナセトキンは語る。本作

[図 189] ウラジーミル・ナセトキン　塔
2015　大地の芸術祭　Courtesy of the artist

[図 190] ウラジーミル・ナセトキン
クリャジマ三三景　2004　Courtesy of the artist

[図 191] ウラジーミル・ナセトキン
空を見よ、自分を見よ　2019　photo: Hideto Nagatsuka

はロシアの古い要塞をイメージしているというが、軍事的施設としての要塞ではなく、「聖なる空間」が象徴する、人が心に抱く大切なものを守るための要塞である。

本作が展示された「夢みる力 未来への飛翔——ロシア現代アートの世界」展の会期は夏休みに重なっていたことから、子供たちが美術を楽しめるようにと、彼の一枚のドローイングをもとに迷宮を作れないかとリクエストされて生まれた作品だった。本展に、体験型の作品や、鏡、水、パスタなどの好奇心を喚起する素材を使った作品が多いのは、夏休みに美術館を訪れる子供たちに楽しんでほしいというロシアの作家たちからのプレゼントだった。

それと同時に《空を見よ、自分を見よ》は、美術によって空や森、自分自身を新たな視点で眺めるというナセトキンの主題を展開したものでもある。川の流れの中に金属のオブジェを置いた《水と金属と石の建築》において、自然の水流を美しく変化させた金属のオブジェが人間や美術の象徴であったように、ナセトキンは、美術があることによって世界はどう変わるのか、アートは世界にどう働きかけるのかを追求してきた。人間と自然の関わりを示すものとしての美術を追求するナセトキンの旅は続く。

Ⅳ　海と空の間で――アレクサンドル・ポノマリョフ

二〇〇六年、北極圏、グリーンランドの東に広がるバフィン湾。紺青の海と空をかきわけて一艘の白い巨船が突き進む。舳先の真下に、古代ギリシャ・ローマ以来の伝統に則って、航海に安全をもたらす守護神とされる船首像《フィギュアヘッド》が「据え付けられて」いる。しかしこの守護天使はどうやら生きているらしい。深海の上空で、ロープで船に体を縛りつけ、前方に手を差しだしているのは、ロシアの現代作家アレクサンドル・ポノマリョフである。

この海上のパフォーマンス《バフィンの像》は、ポノマリョフの創作の主題と本質を端的に表現しているように思える。それは、海への関心、自然と人間の関係、生創造的な姿勢である［図192］。

オデーサから世界へ

アレクサンドル・ポノマリョフは、一九五七年、旧ソ連（現ウクライナ）の川辺の工業都市ドニェプロペトロフスク（現ドニプロ）に生まれた。一九七三年、オリョール美術学校を卒業後、海上の世界への憧れを募らせ、オデーサ工科海洋大学（現：国立オデーサ海洋アカデミー）に入学する。「大洋を旅したかったが、当時のソ連では、航海できるのは外交官か船乗りだけだったから、船乗りになった[100]」のだという。一九七九年の卒業後は、航海士となって七つの海を渡ったが、一九八二年、健康を害して陸地に戻り、全ソ海上交通研究所で交通システムを研究しつつ、哲学者メラブ・ママルダシヴィリ（一九三〇―一九九〇）らの講義を聴講し、新プラトニズムや仏教に関心を広げた。モスクワで現代美術作家エリク・ブラートフ、フランシスコ・インファンテらと親交を深め、再び美術に没頭し、八〇年代半ばから現在にいたるまで一貫して、海や島、船をテーマに創作活動を展開している。

九〇年代初頭から、モスクワとパリを中心に多数の個展を開催［図193］。二〇〇七年には第五二回ヴェネツィア・ビエンナーレでロシア代表を務め、二〇〇九年のヴェネツィア・ビエンナーレ、二〇一二年、一四年のヴェネツィア建築ビエンナーレなど、その後もヴェネツィアの両ビエンナーレでロシア館とウクライナ館双方で活動し、二〇一六年秋には、瀬戸内国際芸術祭の招聘作家として日本で初めて制作活動を行った[101]。

海と南極――自由の空間

美術史家ジョン・ボウルトの言葉を借りれば、ポノマリョフの創作はつねに「水中、水辺、水を使って、水上で、そしてしばしば大洋や海で[102]」行われてきた。

なぜ、ポノマリョフは、水や海を主題に制作を続けるのか。

黒海に注ぎこむドニプロ川のほとりで生まれ、オカ川沿いの町で少年時代を過ごし、交通と文化交流の拠点であるコスモポリタン的な港町オデーサで青年時代を過ごしたポノマリョフの目に、川や海はつねに、外部の世界につながる道、自由の空間として意識されたことだろう。

一九六〇、七〇年代のソ連は、つかの間の「雪解け」の後、文化統制下で美術家たちが次々に非公認芸術グループを作り、公的には発表できない作品をひそかに制作し、自宅で仲間同士で見せ合っていた時代だった。当時、モスクワ・コンセプチュアリズムの作家ドミトリー・プリゴフが、巨人となった警官が都市を隅々まで凝視するというグロテスクな情景を詩に書いたように、あるいは、イリヤ・カバコフが、自宅に秘密警察が踏みこむに違いないという恐怖に取り憑かれ

［図 192］アレクサンドル・ポノマリョフ
バフィンの像 2006 Courtesy of the artist

［図 193］アレクサンドル・ポノマリョフ
プーシキン美術館個展風景 2015
Courtesy of the artist

て、その光景を繰り返し描いたように、作家たちは監視を肌で感じながら生活していた。[103]

パノプチコン的社会から逃れるために、七〇年代にはエリク・ブラートフやヴィターリー・コマルといった非公認美術作家が次々に亡命し、モスクワでは、一九七〇年代半ばからアンドレイ・モナスティルスキーが、ニキータ・アレクセーエフらと共に、管理された都市空間を離れて郊外でパフォーマンスを行い「瞑想のための場」を作る〈集団行為〉の活動を繰り広げた。

ニキータ・アレクセーエフは、〈集団行為〉の主要メンバーとして活動する一方で、一九八二年から八四年にかけてモスクワの自宅のアパート全体をインスタレーションに変えるグループ展を開催し、それを新しいジャンルとして〈AptArt〉（〈Apartment〉と〈Art〉から成る造語）と名づけた。アレクセーエフの〈AptArt〉は、ソ連の非公認作家が居住空間でしか作品を展示できないという状況に焦点を当てた政治的メッセージ性を持つものであり、〈集団行為〉とは別の方法で都市空間の統制を問題化するアクションだった。

年長の作家たちが、イデオロギーと無縁な自由の空間を創造することを求めて、郊外やアパートで様々な探求を重ねていたのと同時期に、若きポノマリョフは海へ出ていった。当時のポノマリョフにはモスクワの非公認芸術の動向を知る由もなかったが、遠く離れたオデーサでのポノマリョフの船出もまた、〈集団行為〉や〈AptArt〉と呼応するアクションだったのである。

公海である大洋は、誰のものでもなく、水は国境やイデオロギーを意に介さず流れていく。イデオロギーと無縁な自由の空間に対するポノマリョフの渇望は、彼の後年の活動である南極ビエンナーレへと続いていく。

失われた島——軍隊と芸術

ポノマリョフは政治的問題を声高に主張することはないが、ユーモアをこめた表現で、国家や軍隊との距離感を示してみせる。二〇〇九年のインスタレーション《フィードバック》[図194]は、一五台の自転車を飛行機に連結させ、一五人で漕ぐことで、飛行機を飛ばそうという荒唐無稽なアイデアの作品だが、これは不可能な方法で未来に飛び立とうとしたソ連の歴史をシニカルかつユーモラスに表しているという。自転車の漕ぎ手の一五人という数字は、「ソ連邦を構成していた共和国の数[104]」を指している。そして、ソ連邦が困難な歴史を経て解体されたように、ポノマリョフの飛行機も、自転車の動きに合わせて滑稽に光を点滅させるだけで、離陸することはない。

政治に対するポノマリョフの批判意識は、二〇〇〇年のプロジェクト《マヤ、失われた島》[図195]にも表れている。ポノマリョフは、ロシア海軍の北方艦隊の協力を得て、四隻の軍艦を率いて北極圏のバレンツ海に行き、軍艦からの発煙で小さな島を包みこみ、視界から島を消し去った。そして、地図上でその島を白く塗り潰したのである。二〇〇一年には、その一連の様子を映し出した映像作品と、消失前と消失後の島を描いたドローイングを、モスクワのクローキン・ギャラリーで展示している。

美術史家ジャン＝ミシェル・ブウールは、このプロジェクトについて「作家は、新しい技術と戦略によるパフォーマンスのために、きわめて真面目な軍の組織の機能の意味自体を変えた[105]」と評し、「このパフォーマンスは、地図から一つの町や領域を消し去ることのできる軍の脅威的な力を想起させる。作家は軍の力に対して、自分が持つ単純化という力、規範の砦に想像上のものを持ち込む能力を対置している[106]」と述べている。《マヤ、失われた島》は、芸術によって軍隊を非武装化する試みであると同時に、想像力によって島を「消失」させる芸術と、領土を空爆等で殲滅する軍隊を対比することで、世界に対するアプローチとしてどちらを選ぶかを、観客に問いかけるプロジェクトである[107]。

それと同様に、潜水艦を用いた一連のプロジェクトも、武装解除という文脈で捉えることができるだろう。一九九六年、現役の潜水艦の外側に赤、黄、白の色鮮やかな抽象的なコンポジションを描き、作家自らその潜水艦に乗りこんでバレンツ海を航海したプロジェクト《レオナルドの北方の軌跡》［図196］では、ポノマリョフは作品のコンセプトについて次のように語っている。

偉大なレオナルド・ダ・ヴィンチは、『アトランティコ手稿』の中で、潜水艦のアイデアと原理について初めて書いているが、「海底での殺人」に使われることになるのではないかと危惧して、記述を暗号化した。そのために二〇〇〇年も解読不能となったわけだが、天才の予言は現実のものとなり、潜水艦は現代のもっとも恐ろしい秘密めいた隠れた武器となった。私は、偉大な巨人の足元に漂う卑小な塵にすぎないが、反転の操作を行い、この秘密めいた隠れた領域に侵入し、「死をもたらす武器」から芸術のオブジェを作り出し、潜水艦を美術の領域に奪還したのだ[108]。

[図 194] アレクサンドル・ポノマリョフ　フィードバック 2009 Courtesy of the artist

[図 195] アレクサンドル・ポノマリョフ　マヤ、失われた島 2000 Courtesy of the artist

[図 197] アレクサンドル・ポノマリョフ　狼の群れの庭 2006 Courtesy of the artist

[図 196] アレクサンドル・ポノマリョフ　レオナルドの北方の軌跡 1996 Courtesy of the artist

一方で、ポノマリョフが、ルクセンブルクのアルゼット川や、フランスのロアール川といった調和的な風景の中に、彩色したソ連の潜水艦を突然出現させたプロジェクトは、芸術による武装解除の意味を持つと同時に、芸術や自然に対する様々な疑問を喚起することを意図している。潜水艦をロアール川に浮かべた二〇〇三年のプロジェクト《深い？　深い！》で、作家が「これは魚のための芸術」だと冗談めかして語ったように、ユーモアと意外性に満ちたポノマリョフの作品は驚きと笑いを誘うが、人々は笑いの後、見慣れた光景を一変させたオブジェを目の当たりにして、芸術の定義や機能について再考し、風景自体をも注意深く観察しはじめる。水面上に露出した潜水艦の上部構造が、水面下に潜水艦の巨大な本体が潜んでいるという錯覚をひきおこすからだ。

ルーヴル美術館前のチュイルリー公園でのプロジェクト《狼の群れの庭》（二〇〇六）［図197］では、ポノマリョフは庭園の池に、「美の殿堂」であるルーヴルに立ち向かうかのように無骨なソ連の潜水艦を設置したが、通行人や旅行者はもちろん、庭園を飾る古典的な彫像までもが驚嘆して潜水艦を眺めているような配置になっているのは興味深い。庭園の彫像が、伝統的、古典的な美の規範、芸術観の象徴であることは言うまでもない。

このプロジェクトでは、潜水艦から時折、ソ連の歌謡が大音量で流れる仕掛けが施されているが、「ロシアから突然現れて」「巨大な身体」で「鮮やかな色彩」を身にまとい「大声で歌う」潜水艦は、作家自身のイメージとも重なってくる（ポノマリョフは当時、しばしば赤や黄の服をまとってパフォーマンスを行い、自作の詩を力強く朗読し、歌を披露していた）。

さらには、フランスやルクセンブルクに突如現れたソ連の「異様な」潜水艦は、ペレストロイカ期まで西側でほとんど知られることのなかったロシア現代美術の「奇異性」の表象としても解釈できるのではないか。ポノマリョフが西ヨーロッパの都市に設置した潜水艦は、オレク・クリークらが反発したロシア現代美術に対する世界の認識（西側の芸術祭等に招聘された旧ソ連の現代作家が、ソ連のモチーフを用いた作品や、どこか「非芸術的」で荒々しい作風を期待された一九八〇―二〇〇〇年代の風潮）を利用しつつ、その無言の圧力に対して圧倒的な芸術性で応答した例であるようにも思える。

画布としての海

西側におけるロシア現代美術のイメージに対する自己言及、芸術による非武装化など、ポノマリョフの潜水艦には、様々な批評的な意味が託されている。そして、そのドローイングは、潜水艦という主題を捉えるための、さらに別の視点をもたらしてくれる。

《艦隊の利用》（一九九一）［図198］は、前述の《レオナルドの北方の軌跡》の構想を描いたドローイングである。白い空、黒い海と島影というモノトーンの空間の中を、黄色や白で彩色された黒い潜水艦が、白い波を立てながら、荘厳なほどの存在感で進んでいく。前方の水平線がかすかに黄色く染まっているのは、夜明けの瞬間なのだろうか。ジョン・ボウルトは、ポノマリョフにとって「旅の目的は、最終地への到達ではなく、出発港から到着港の間の空間にある」(109)と述べ、ポノマリョフ自身も「私にとって、展覧会や、経済的なあるいはその他の結果よりもしばしば重要なのは、道程なのである[110]」と書いているが、このドローイングからも、彩色された潜水艦が水面をかき分けて進む光景自体が作品であり、そのプロセス全体が創造であるという作家の意図が伝わってくる。北極海、地中海、バイカル湖など、様々な海や湖を航海した「レオナルドの船」は、世界各地を創作の場に変容させたのである。

また、このドローイングにおいて、潜水艦は、まるで黒い画面=海面に絵具を置くための絵筆やパレットナイフを思わせるフォルムと角度で配置されており、潜水艦の航海は、自然というキャンヴァスに絵を描く行為と重なってくる。ポノマリョフにとって、海や世界は創作の空間であり、無限の画布なのである(彼は、ヴェネツィア・ビエンナーレの南極パヴィリオンに寄せたテクストでも、南極を「白い紙」と呼んでいた[111])。

ポノマリョフは、航海士たちの助力なしには実現しなかった《レオナルドの北方の軌跡》を振り返って、「このプロジェクトが可能になったのは、航海士と芸術家は同じ視点を持っているからだ。両者とも、空間の中で働き、子供の頃の夢を実現しようとする[112]」と述べている。ポノマリョフは、航海と創作を同一視し、どちらも、広大な「空間」と対峙する行為、「空間」の中での自己のあり方を探求する行為として捉えているのである。

画布や紙に向き合う作家は、小舟に揺られて大海原を眺める漁師と同じほどに孤独で、「空間」と向き合う時は誰もが一人であるという感覚は、冒頭で触れたパフォーマンス《バフィンの像》にも明確に表れている。自らの身体を船首に縛りつけ、両手を差し出して海と対峙したポノマリョフのパフォーマンスの主題は、空間に挑み続ける作家の生そのものである。

人間の呼吸・宇宙の呼吸

ポノマリョフの作品において、海と同様に、視覚的にも意味上でも重要な要素を占めているのが、水平線上の無限の空間として広がる空である。ポノマリョフは「海は統一のとれた真の別世界であるが、私の興味の対象は、たんなる海という主題ではなく、ある種の広々した地形的なパノラマである[113]」と語っているが、空は、そのパノラマの重要な要素である。

インスタレーション《視点》(二〇〇八)[図199]では、宙に浮いた航海士たちが、木と合体し

[図 198] アレクサンドル・ポノマリョフ　艦隊の利用　1991 Courtesy of the artist

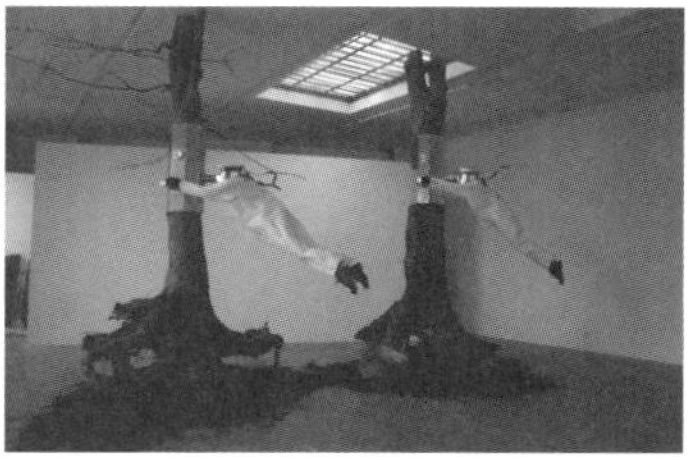

[図 199] アレクサンドル・ポノマリョフ　視点　2008　Courtesy of the artist

た潜望鏡を覗きこんでおり、そこでは飛翔、航海、潜水というテーマが結合している。「誰もが自分の中に潜望鏡のような光学器械を作り[114]」、視野を広げて世界を見ることができるはずだというポノマリョフの言葉からは、作家にとって、海と空の合一が、人間の視野の拡大の隠喩であることが分かる[115]。

なお、ポノマリョフが「作詩においてもっとも影響を受けた二人の詩人の一人であるウラジーミル・マヤコフスキー[116]」の一連の詩には、人類を共同体化した上で宇宙へ接近するという思考が読み取れるが、ポノマリョフの場合も、海と空を合一させて人間界を総体として捉えた上で、人間界（人間の生）を宇宙的な規模で考察しようという意図があるように思える。《バフィンの像》における空と海を同時に「抱擁[117]」するポノマリョフの身体も、作家自身の創作姿勢の表象であるだけでなく、それぞれの方法で世界や宇宙の一部となろうとする人類の表象である。

死を定められた有限の存在である人間は、世界とどのように関わり、宇宙の中でどのように生きるべきか、それこそが、ポノマリョフの創作を貫く命題である。ここで特に想起したいのは、「呼吸」というモチーフによって人間と自然（宇宙）の共鳴を描いた二つの作品だ。

第一の作品であるインスタレーション《波（ダライ）》（二〇〇一）［図200］は、二〇〇〇年のチベット、ネパールへの旅に着想を得て生まれた。薄暗い室内に長さ一二メートルの水槽が置かれ、水槽と向き合うようにスクリーンが設置されている。チベットの寺院のファサードを飾る白いカーテンが低い視点から映し出され、まるで波のように揺れているのが見える。やがて、画面にポノマリョフの顔がクローズアップで浮かび上がる。作家が力をこめて息を吐くと、それに呼応して（装置が作動し）水槽の水面がにわかに波立つ。そして画面からは作家の姿が消え、ヒマラヤ山脈から下界を映した映像が流れはじめる。雲に覆われた下界は、空のようにも海のようにも見える。

この作品では、寺院を真下から見上げた映像、山脈から地上を見下ろした映像の間に作家の映像が挟みこまれることで、地平線（あるいは水平線）と天の間という広大な空間の中で生きる人間の姿が表現されている。しかし、無限の空間の中で人間は決して取るに足らない卑小な存在ではないことを、人間の呼吸に呼応して水面が波立つことが示している。人間の呼気を、海のうねりや、寺院のカーテンをはためかせる風の動きと呼応させることで、人間と自然界の共鳴、小宇宙と大宇宙の照応を描こうとする。

第二の作品である《絶対零度のトポロジー》（二〇〇五）［図207］では、一五〇〇個の方位磁石を載せた木の机が部屋の中央に設置され、四方の壁に掛けられた四つのスクリーンに、ポノマリョフの顔と風景（氷の海と空、船）が交互に映し出される。数分に一度、ポノマリョフが渾身の力で息を吐くと、方位磁石が一斉に向きを変え、新しい方角が示される。荒れた海の上で「作家自身が方位磁石」[118]となり、宇宙的な空間の中で自ら進路を定めて決然と進んで行く。

ポノマリョフの作品を愛し、彼に捧げた詩や随筆も書いた現代詩人フセヴォロト・ネクラーソフ（一九三四—二〇〇九）は、ポノマリョフの創作には作者の強い個性が感じられるが、それは、頬を膨らませて息を吐く大写しの顔や頑強な容貌のためではなく、「自分の作品に対する作者の姿勢が、見る者に伝染するほど真摯である」[119]ためであると語っている。ポノマリョフは映像作品やパフォーマンスでしばしば自分の身体を用いるが、そこに二〇世紀初頭のロシア象徴主義のような自己陶酔が見られないのは、病のために何度も死に瀕したことのある作家が、芸術の可能性を追求して挑戦を重ねる自己滅却的な姿勢ゆえであり、有限の生を極限まで経験し尽くすという意味で、ポノマリョフの身体は、彼の作品において、冒険家や芸術家、そしてあらゆる人間の生の表象となり得る。

水の下の空

二〇一五年三月、ポノマリョフは、瀬戸内国際芸術祭二〇一六の招聘作家として、作品の構想を練るため瀬戸内海を訪れた。高松市の瀬戸内海歴史民族資料館でも和船の造形に見入っていたが、作品の設置場所となる塩飽諸島の本島（丸亀市）では、神浦で日本の墓地に関心を持ち、塩飽勤番所で瀬戸内地方の航海史や古地図について質問を重ね、笠島の港では、ポノマリョフ夫人と筆者が集落を一周している間も、作家は夕暮れの海辺を一人で歩き続けていた。土地の空気と対話し、過去の声に耳を澄ませているかのようであり、「ここはとても静かで、何かが過ぎ去って行った感じがする」と語っていた。

こうした体験を経て、ポノマリョフが書き上げたのが以下のプランである。作家による二つのテクスト（コンセプト、作品に寄せた自作の詩）を引用したい[120]。

《水の下の空》［口絵7］

A　このインスタレーションの詩学は、瀬戸内海の本島を訪れた時の印象に基づいています。私はここで、漁師たちの重労働、この土地の造船技術の美学を知り、瀬戸内海、とりわけ本島の漁師、住民の生計手段と文化を形作ってきた悠久の時の流れを感じました。

B　島の海辺に構成物《コンストラクション》を設置します。それは伝統的な和船を思わせる三つの構造物から成り、どうにかバランスを保っていますが、固定されていないので風を受けると淡々と揺れるのです。船の部分は、軽い堅牢な材料なら何を使用しても構いません。ただし船の表面には厚く砂を塗り、船がまるで砂でできているような印象を与えなくてはなりません。船底を形

［図 200］アレクサンドル・ポノマリョフ
波（ダライ） 2001 Courtesy of the artist

［図 201］アレクサンドル・ポノマリョフ
絶対零度のトポロジー 2005 Courtesy of the artist

［図 202］アレクサンドル・ポノマリョフ
荒野の叫び 2014 Courtesy of the artist

作るのは、もつれあう古い網やロープです。自由自在に編み込まれたロープは、幻想的な町のようなレリーフを船底に作りあげています。その町の建築や街路のフォルムは、（ガウディがそうしたように）反転させた立体的な模型の原則に従って作られています。この形の基盤となるのは、網やロープで作られたカテナリー曲線ですが、そこから垂れ下がっている漁の錘、鉤針などの船具が船底のフォルムを作り上げ、それが町の反転したレリーフになっているのです。船の下には、船の上部と同じ形状の鏡が置かれ、観客は鏡の中に、反転していないあるべき町の姿を見出します。

船の垂直の支柱は、舵の形状の梁になっています。この支柱は砂浜の上にしっかり固定します（色々な固定方法が可能です）。支柱には、水平の枠のような構造物をとりつけます。また、梁全体に沿った金属製のロープは、引っ張るという機能だけでなく、美的な役割も果たしています。すべての船の舳先は、ロープで岸の壁と（ねじを使って）結びつけられています。一艘につき二本のロープを使うのは、立体の揺れを制限するためでもあり、美的な目的のためでもあります。船の水平部の均衡をとるために、本島の美しい石で作った錘を用います。蝶番《ちょうつがい》としては、金属製の活索を用い、うまい具合に止まるように筒をはめます。

私は楽しかったが、あとでなぜか悲しくなった……

漁船の灯火が漂っている　（「おもしろうてやがて悲しき　鵜舟哉」芭蕉）

おまえの魚はなんと美しいのか！
だが、老いた漁師がそれを自分で
味わうことができたなら　（其角[121]）

過ぎ去った年月がすべてを砂に変え
風が振り子のバランスを崩した。
栄華のリズムが櫂の動きのようにこめかみに響く。
時は戯れに古い船底に
釣り下げた——
町のかたちを、迷宮を、秘密の
地図を。
寺や漁師の見張小屋は反転し
反転したクレーンがそこに建築を作りあげる。
寺院の尖塔は釣り竿に似ている。
運命は情熱の網によって縺れあう。

焦がされた壁、ロープはタールを塗られ
スクリューは孔雀の羽のよう
色とりどりの板を
漁師たちは崇めまつる

すべては上か下に突き出ている。
どちらでも同じことだ、
誰の視点で見るかというだけ。
鳥の目で見るなら
町は底に伸び、
魚の目で見るなら
町は空中に浮いている。

ロープを共に引っ張る
船首を傾けて。
船は星のように海に散らばる。
鋭い目の漁師が着物の裾をかきあわせ
船乗りと運命を分かちあった。

人生は通り過ぎるが
人生の知恵は子供の唇の端で
微笑となって輝いた。

黄金の涙が
頬を流れた
黄金の透明な
小さな魚となって。

魚は尾をひらめかせ
二つの鰭で
老人の顎鬚を
一打ちし
波間へ飛び去った。
そして底の町を旅しようと
漁師を誘うのだ。

アリアドネーは漁師のために
東洋のアラベスク紋様の網を編みあげた。
けっして誰も分からないだろう
白い釣糸のあいだになぜ赤い糸が絡みあっているのか。

老夫は突然たぐり寄せるだろう
空中の釣り針を
古いパラシュートの
引き輪を。
魚たちの間を彼は行く。
そして彼の上には
彼の深い空の天空と水底から見た水面。

海が内側で呻き
闇が溶けていく。
小舟は底の町と共に漂白する。
漁師は町の道をさまよい
自分が捉えた魚の美に酔いしれる。

この二つのテクストからは、ポノマリョフが本島で感じた漁師たちの労働やその歴史への共感が作品の源泉にあることが分かる。また、エピグラフとして引用されている俳句の原文とポノマリョフが親しんだロシア語訳を比較すると、芭蕉の句のロシア語訳では「鵜飼」という主題が訳出されていないため、（本島にもあてはまる）日本の海の一般的な光景を描いた詩として作家が引用したことが察せられる。一方で、其角の俳句に登場する老いた漁師は、ポノマリョフの詩の主人公となっており、彼のインスタレーションは日本の古典文化への応答にもなっている。

《水の下の空》には、ポノマリョフの創作上の様々な軌跡が反映されている。船の枠組みというフォルムを用いる点で、本作は作家がマラケシュ・ビエンナーレで砂漠に設置した《荒野の叫び》（二〇一四）［図202］や、ヴェネツィア・ビエンナーレの南極パヴィリオンに出展したインスタレーション《コンコルディア》（二〇一五）を継承している。

もつれあう古い網が作り出す幻想都市の入り組んだ線や形は、ポノマリョフのドローイングに通じている。ポノマリョフのドローイングは、作家が影響を受けたカンディンスキーや石濤の線に通じると同時に、交通システムのグラフィック化や船舶に関する技術的な知識も基盤の一つにあり、古典と現代、美術と科学が融合しているが、《水の下の空》の網の複雑なフォルムもその複合性を受け継いでいる。[122]

水の下（船底）にも町と空があり、水と空という二つの空間が一体化しているという点では、《水の下の空》は、ポノマリョフの多くの作品に連なるものだが、調和のとれた小舟の中でその二つが融合して神秘的な町を作り上げているという幻想性と静謐さは、従来の作品には見られない新しいものである。(123) 多次元の空間を内包するその小舟は、あるいは人間という小宇宙をも表しているのかもしれない。

ポノマリョフは、たえず水のように変化する。

ポノマリョフの世界は、水のようにいかなる境界も越え、すべてを抱擁し、空を映し、呼吸しながら、どこまでも広がっていく。

水は、私たちの身体の六〇パーセントを占める成分でもある。ポノマリョフの作品を通じて、人類の過去の声に耳を澄ませ、地球を共同体として感じ、芸術を生みだした人類の運命に希望を託し、宇宙と共鳴して生きるすべを学ぶ時、私たちの内なる水は、死への恐怖に震える暗い水ではなく、生命の根源として輝きはじめる。

南極ビエンナーレ——アート・地球環境・公共空間

二〇一七年三月、ポノマリョフは世界初の南極での国際芸術祭である南極ビエンナーレを実施した。ポノマリョフはこれまで、研究船に乗って北極海や南極を含む世界各地の海でパフォーマンスを行い、科学者と協力して複雑な装置を用いたインスタレーションを制作するなど、分野を超えて人々と協同して創作を続けてきた。アーティスト、詩人、哲学者、科学者、ダイバーらが共に旅する南極ビエンナーレの構想は、こうした多面的な創作と交流の延長線上に生まれ、一二年間の準備期間を経て、ようやく実現に至った。二〇〇五年頃、モスクワのギャラリーで、南極ビエンナーレの構想を描いたパネルを最初に見た時のことをよく覚えている。筆者はそれを、このコンセプト自体が作品なのだと思った。「他の人たちにはジョークだろうと言われたよ」とポノマリョフは語っていた。でも彼は本気であり、それから毎年、「来年こそは実現する」と言い続け、そしてとうとう実現させてしまった。

その準備の過程で、二〇一四年にはヴェネツィア建築ビエンナーレで初の南極パヴィリオンを開設し、南極の未来をめぐる展覧会を開催した。〈Antarctopia〉と題したその展覧会の解説テクストでは、南極ビエンナーレのコンセプトが、次のように語られている。

南極は、最後の自由の大陸です。一九五九年に結ばれた南極条約により、南極はどの国にも属しておらず、「人類全体の関心」に基づく創造のためにこそふさわしい場所です。南極（〈Antarctica〉という語の語源は、ギリシャ語の〈antarkikos〉「北極の反対」を語源としています）は、純粋で、到達しがたく、それ自体が芸術のように謎めいています。この白い大陸は、様々な土地や国籍の作家たちが協同のための新しいルールを描くための白い紙となるのです。[124]

筆者も、二〇〇〇年頃にポノマリョフと知り合って以来、彼の作品を研究してきた縁で、南極ビエンナーレに参加することになった。ポノマリョフからは、「どの国家にも属していない南極でこそ、人々は平等な立場で文化的な活動をすることができる。南極は子午線、時間の線が集まる場所であり、そこに様々な国からそれぞれの時間を抱えた人々がやってくる。南極の白い雪の大地は、新しいキャンバスのような象徴性を持っている。海洋、南極、環境、宇宙といった人類共通の問題は、多くの国の様々な分野の人が協力することでしか解決することができない。そのための共同体の基盤を作りたい。南極ビエンナーレに参加する人は、各々が自分の使命について考え、だれもが、研究、制作、制作補助、運営など複数の役割をはたさなくてはならない。でももっとも大事なことは、対話をすることだ」と常々聞かされていた。ソ連のイデオロギー的空間で三四年間を過ごしたポノマリョフにとって、南極は、紛争の絶えない世界の状況や国家の恣意性とは対象的なユートピア的空間である。ポノマリョフは南極ビエンナーレを「さかさまのビエンナーレ」と呼び、「国ごとのパヴィリオンが競い合う既存のビエンナーレとは違う」と、船上でも熱く語り続けた。

第一回南極ビエンナーレでは、ロシア、日本、中国、ドイツ、アルゼンチン、ブラジルなど一三か国の作家、研究者、ジャーナリストら七七人、航海士や調理師など四二人の乗組員がロシアの研究船に同乗した。「学際的研究者」として招聘された一三人中、美術研究者は筆者も含めて二人だけで、海洋学者で極地研究者のセルゲイ・ピーサレフ（一九五八年生、ロシア）、南極文化史の研究者で写真家でもあるジャン・ポメルー（一九六九年生、フランス）、宇宙ステーションのデザイナーであるバーバラ・インホフ（一九五二年生、オーストリア）とススミタ・モハンティ（一九七一年生、インド）、環境学者リーセン・シュルツ（スウェーデン）、哲学者アレクサンドル・セカツキー（一九五八年生、ロシア）らがいた。

南極ビエンナーレのプログラムは、一二日間の航海中に、南極半島や島々にできるだけ上陸して作品を設置し、鑑賞後に搬出して次の目的地を目指すというものだ（荒波でボートが出せない時もあり、全部で九回上陸した）。船内でも、航海中に制作されたカーチャ・コヴァリョーワ（一九六六年生）のドローイング等の展覧会［図203］を開催し、作家や研究者によるレクチャー、「芸術と科学」「探検」「ユートピア」などをテーマとするディスカッションが連日催されるという過密なスケジュールであり、少なからぬ参加者が船酔いや疲れで寝こんではまた復帰するというハードな航海だった。

参加作家は一九名。一回の上陸時間が三、四時間という制限や苛酷な気象状況のもとで、一か所ごとに二─四名の作家がプロジェクトに果敢に取り組んだ。

五十嵐靖晃（一九七八年生）は、東京とサンパウロの自閉症児と共に藍染めした糸を持参し、ビエンナーレ参加者と船内や南極の島で江戸組紐を組み、その紐を使って皆で凧揚げをするプロジェクト《時を束ねる》［図204］を展開。「子午線、すなわち世界の時間が一点に集まる南極で、参加者が手にする糸は、各自の時間を象徴している」と五十嵐は語る。悪天候や無風の日々が続き、このまま凧を揚げられないのではとはらはらしたが、参加者たちが作品の成立を願い、風を待った最終日、凧はようやく空高く舞いあがった。イギリス基地の廃墟が残され、アザラシの群れが吼え立てていたデセプション島は、アンドレイ・タルコフスキー（一九三二─八六）の映画

『ストーカー』（一九七九）にも似た死と脅威の空間だったが、皆で糸を持った凧が上がった瞬間、あたかも風景が明るく色を変え、希望の土地に変わったように感じられた。参加者の時間と命を束ねて空に昇っていく凧は、未来に向けた協同という南極ビエンナーレの理想を体現していた。

若手作家公募で首位に選ばれた長谷川翔（一九八七年生）は、《ウィンターランドスケープ（南極編）》［図205］を実施。自分でデザインし鋳造したスケート靴で氷上を滑り、靴から発生する電気を用いてライトペンを発光させ、自作のフォトドローイング暗箱の中で写真フィルム上に風景を描いた。作家が滑っては立ち止まって静かに絵を描くその様子は、ユーモラスであると同時に、一枚の絵が生み出されていく過程を見せる、どこか求道的なパフォーマンスとして、創造への畏敬に近い感覚を呼び起こした。科学者とアーティストが船内であれほど討論し続けた「科学と芸術の融合」を、てらいなく洗練されたかたちで実現した作品であり、その意味で南極ビエンナーレを象徴する作品だった。

日本の両作家と並んで手仕事的な要素を持つ作品《抽象的地質学》［図206］を制作したのが、モロッコ出身のイト・バラダ（一九七一年生）である。陽気なバラダは、船内の食堂で皆のテーブルを回っては、オレンジの皮や紅茶パックを集め、船底の部屋にこもって「魔女みたいでしょう」と冗談を言いながら、食材を入れた鍋で布を染めていた。そして、染め上がった色とりどりの布を、絶景で知られるパラダイス湾に面した南極半島の雪上に配置。「モンドリアンやロシア・アヴァンギャルドを思わせる」と私が言うと、バラダは「そうなの！　ロシア人がたくさん乗っているから、ロシア・アヴァンギャルドを引用したの。美術史、染色の伝統、食事という人間の営みが溶けあっているのよ」と語った。

多数の作品が、雪、氷山、寒さなど南極の環境を巧みに利用していた。マラケシュ・ビエンナーレなどでも建築的な作品を発表してきたドイツのグスタフ・ドゥージング（一九八四年生）は、布のテントに液体を吹きかけて凍らせ白い建築を作る《固体の状態―凍った綿のテント》［図207］を制作。広大な空間の中で白く輝くテント（現代的な聖堂のようでもある）を見ていると、吹雪に吹きこめられてテントで絶命したイギリスの南極探検家ロバート・スコット（一八六八―一九一二）を始め、南極探検の歴史が脳裏に浮かんだ。希望、救済の象徴であると同時に墓碑をも思わせるドゥージングのテントは、世界各地の難民やホームレスのシェルターとも重なっ

［図203］南極ビエンナーレ　船内でのカーチャ・コヴァリョーワ個展 2017 photo: Wakana Kono

［図204］五十嵐靖晃　時を束ねる 2017　photo: Wakana Kono

［図205］長谷川翔　ウィンターランドスケープ（南極編）2017 photo: Wakana Kono

てくる。

世界と孤絶した非日常的空間のように捉えられがちな南極だが、南極にいると、なぜか日本やロシアにいるときよりも、世界の様々な問題、世界の様々な文明や文化が、はるかに身近なものとして実感される瞬間がある。どの国家にも属していない南極にいるという意識が思考や感覚に強く作用するからであり、これだけ多国籍の人々と共に航海をつくりあげたからでもあると思う。南極で美術作品を見ると、人類の現状や歴史が次々に想起され、イマジネーションの連鎖が無限に広がっていく気がした。おそらく、ビエンナーレに参加した作家たちも、それに似たことを感じていたのではないだろうか。

ブラジルの作家、アレクシス・アナスタシオウは、船内から氷山にイメージやテクストを投影する《外は寒い―大規模投影》［図208］を実施した。南極の雪が氷山になるまでに二万年以上かかることから、同じく二万年前のラスコーの壁画を源泉とする狩りのイメージや、「ユートピア主義者にエサをやらないで下さい」などのユーモア溢れるテクストを映しだした。南極で人類の文明と歴史を追想した本作品は、先述の「南極でなぜか感じる世界各地域の歴史や文化との不思議な近さ」を表す作品だったと思う。さらには、いかに南極の環境を破壊せずに文化・芸術活動を行うかという問いへの一つの答えとなる作品でもあった。

南極という場所の特性上、自然保護や環境問題はいくつかの作品に共通する主題であり、たとえばアルゼンチンの作家、ホアキン・ファルガス（一九五〇年生）は、地球温暖化に伴い危険なウイルスが氷から溶け出すのを防ぐため、氷を凍結させるインスタレーション《氷結機》［図209］

の稼働実験を行なった。一方、母国エクアドルのカカオの木を南極に持って来たポール・ロセロ・コントレラス（一九八二年生）のインスタレーションは、南極と他の地域の自然が連鎖していることを、奇跡のような美しい光景によって語る、詩を思わせる作品だった。

そして音楽や朗読が、南極の壮大な空間をどこまでも流れていった。バングラディシュ出身でロンドン在住のシャマ・ラフマン（一九八三年生）は、氷上でシタールを奏でつつ歌い、カナダの作家ルー・シェパードは、南極の岸辺の線を五線譜上で再現した電子音楽「南極に捧げるレクイエム」を演奏した。夜更けの船内では、自分を南極のイルカやクジラの依り代であると信じるシャーマン的な作家エウラリア・ヴァルドセラ（一九六三年生）による語り《ペネロペの声—生き物との交信》の録音が、船外の波の音と溶けあいつつ異世界をつくりだした。[125]

［図 206］ イト・バラダ　抽象的地質学 2017　photo: Wakana Kono

［図 207］ グスタフ・ドゥージング 固体の状態—凍った綿のテント 2017 photo: Wakana Kono

［図 208］ アレクシス・アナスタシオウ 外は寒い—大規模投影 2017 photo: Wakana Kono

情報が遮断され（インターネットはほぼ使えない）、他の世界と遠く離れた孤独の地である南極は、作家が人生や家族を思い、再考するための場ともなった。アンドレイ・クジキンは、亡父の遺作である九九本の木を描いた版画を模して、全裸で逆立ちして木の格好をするというパフォーマンスを世界各地で九九回行おうとしているが、南極では、本作品の持つ人との関わりとの希求がより強調されたと筆者は感じた。

アレクサンドル・ポノマリョフは、《南極のアルベドの錬金術（あるいは洗う蒼い月）》［図210］を制作。光の照り返しを受ける天体を表す三つの巨大な球体を、ボートから海に沈めた。海水で洗われるこの球体は、南極の美によって浄化される人間の象徴であるという。この作品を直接見ることができたのは、撮影者であるダイバーとクジラや魚だけだ。「南極ビエンナーレによって、自然界に美術という贈り物をしたい」というポノマリョフの理念を表す本作品は、人間が自然にどのように関わることができるのかという本質的な問いへの、芸術によるアプローチである。

南極ビエンナーレでは、参加者たちが、極地での活動という冒険への期待と不安、「史上初の南極ビエンナーレをなんとか成功させたい」という使命感を共有し、まるで探検隊の同志のようだった。とはいえ、リーダー的存在の人、いつも無口でひたすら写生している人、南極にかならずしも美術は必要ないと考える研究者など、たがいに性格も意見も異なっていたので、閉鎖空間での長期の共同生活のなかで、参加者が敬遠しあうケースも一度ならず見られた。しかし、多様な人々が次第に互いを許容し、共存の場が生まれ、各々が自分の居場所や交流のスタイルを見つけていくところは、この世界の縮図のようだったと思う。国籍も専門も志向も性格も違う人々が一艘の船に乗り合わせ、有限の空間や食料を分けあって生きているという状況は、地球船宇宙号のイメージも喚起した。

氷の海に囲まれて旅をしていると、どこにも行き場がなく、人員も物資も限られ、外に出れば死んでしまうという意味で、まるで宇宙船に乗っているような気持ちになった。これは他の同乗者も同様に感じたようで、何人もの参加者が同時多発的にアーサー・C・クラーク（一九一七―二〇〇八）の『２００１年宇宙の旅』（一九六八）を思い出したのが興味深かった。噴火によって被害を受けた南極基地の建物が残るデセプション島では、多くの参加者がフランクリン・J・シャフナー（一九二〇―八九）の映画『猿の惑星』（一九六八）の最後の場面を連想したが、同じ作品を共に思い出すという体験も人々を近しくした。誰も口には出さなかったが、「私とあなたはこれほどなにもかも違うのに、私たちは同じ風景を見て同じ作品を思い出すのか」というような驚きが目に浮かんでいた。文化を共有することで異なる人々が通じ合っていく場面が多々あり、文化の意義について考えさせられた。

極地の極限的な状況で芸術祭をつくるということは、これほどの苦労をしても芸術、音楽、文学、表現は必要なのかという問題に直面することでもあり、人類と芸術の関わり、自分の表現について問い直すための、またとない機会だった。困難な生活のなかで壁画を描き、動物の骨を削って楽器をつくった古代の人々の心の躍動が、自分のものとして追体験されるような日々だった。難境の中で、氷山や氷河といった南極の清冽で神秘的な風景と同じほどに作品が「目を洗い」、圧倒的な存在感を放ち、美術作品が人間や文明の象徴としての意味を担い得たことは、正直に言えば、ビエンナーレの参加前には予想していなかったことだ。

人々を結びつけた船は、南アメリカ大陸の南に位置するティエラ・デル・フエゴ諸島最南のオルノス島のホーン岬をまわってウシュアイアに帰っていった。国境のある世界に再び戻ることが、いかにも不自然に感じられた。南極への航海は終わったが、今も参加者たちはその体験を伝えようと表現を試み、旅の意味を問い直し、作家たちは制作を続けている。アラブ首長国連邦の作家、アブドラ・アル・サーディ（一九六七年生）は、氷山の稜線を描いた大量のスケッチをもとに、故郷の村でドローイングを制作し、張恩利（一九六五年生）は、南極の空間に置いた卵のオブジェの写真をもとに上海で作品を描いている。南極ビエンナーレの成果は、二〇一七年のヴェネチア・ビエンナーレで展示され、かたちを変えながら、世界各地の美術館や芸術祭をめぐってきた。「南極ビエンナーレは終わらない」とポノマリョフは語る。南極という白い紙の上で作家がイマジネーションを羽ばたかせ、それに触発されて人々が対話の輪を広げ、表現を続けていくかぎり、この波のうねりは続いていく。

Fram2——世界を繋ぐ

ポノマリョフを中心とする南極ビエンナーレチームは、二〇一八年の大地の芸術祭で、南極ビエンナーレの過去と現在と未来を表す《Fram2》［図211］を制作した。全くの偶然だったが、展示会場が奴奈川キャンパス（旧奴奈川小学校）に決まったずっと後で、キャンパスのある室野は、民間人として初めて南極越冬隊に参加した料理人の小堺秀雄氏（タレントの小堺一機氏の父）の故郷であることが分かり、スタッフと筆者は東京の小堺氏の自宅で当時の話を伺い、その廃校の音楽準備室には、氏の寄付した越冬隊の靴や手袋などが、そして近隣の集会所には南極の大きな石が残されていることも分かった。下見に訪れた雪深い二月、南極を思わせる妻有の白い大地で「南極のかけら」を目の当たりにしたポノマリョフは、愛しそうに長いあいだそれらを撫で続けていた。離れた場所を結びつけ、世界を一つにしようとする南極ビエンナーレの奇跡が今も続いていると感じた瞬間だった。

［図209］ホアキン・ファルガス　氷結機
2017　Courtesy of the artist

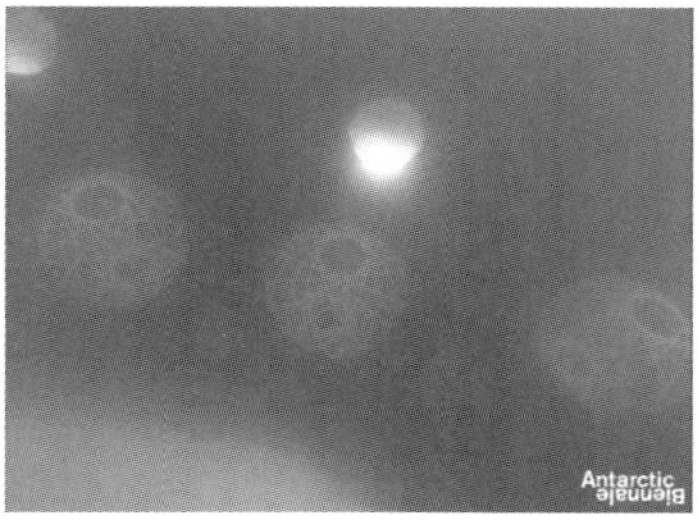

［図210］アレクサンドル・ポノマリョフ
南極のアルベドの錬金術（あるいは洗う蒼い月）2017　Courtesy of the artist

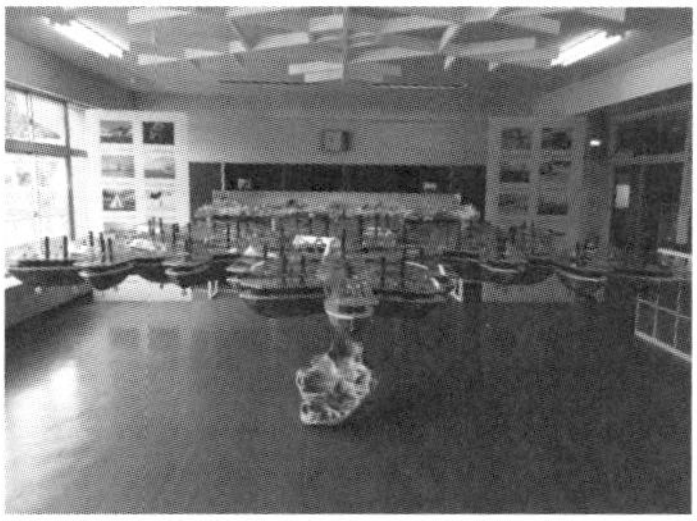

［図211］アレクサンドル・ポノマリョフ＋
南極ビエンナーレチーム　Fram2　2018
大地の芸術祭　Courtesy of the artists

私たちは、その南極の石も用いて、展示室である教室の中央に、可動式建造物《Fram2》のモデルを作った。これは、未来の南極ビエンナーレの芸術・科学探検隊のための施設として、ポノマリョフが構想し、建築家アレクセイ・コズィリがデザインしたものだ。自走式の四三のモジュール（船）から構成され、分解したまま南極にも容易に運搬することができる仕組みになっている。南極沿岸で、各モジュールは、水面に浮かぶ建造物として雪の結晶の形に結びつく。この建築は、自由自在に水中を移動し、氷の海を浮遊する。各モジュールは、フリチョフ・ナンセン（一八六一―一九三〇）が北極を航海し、ロアール・アムンセン（一八七二―一九二八）が南極を探検した船「フラム号」と同じ原理で作られているので、氷山や岸辺に当たっても壊れることがない。ポノマリョフは、「フラムは、ノルウェー語で前進という意味だ。一九一二年、白瀬矗隊長率いる日本初の南極探検隊は、南極点初到達から帰還するアムンセンの探検隊を収容するために来航していたフラム号と、南極のクジラ湾で遭遇した。この船は出会いの船だ。そして、これは大地の芸術祭を創設した北川フラム氏の名前でもあり、フラムという言葉は過去と現在の様々な出来事を不思議な縁で結びつけている」と語っていた。

《Fram2》が実際に南極で実現した暁には、その透き通った円屋根の下には、南極ビエンナーレ組織・計画センター、水陸両用可動統御装置、アーティストたちのアトリエ、研究室、大会議室、休息のための施設、冬の庭園、快適なキャビンを置いて、ここを南極での芸術活動と、「公共空間」の探求拠点にするのだとポノマリョフは夢見る。もし本当に南極でアーティストインレジデンスができれば、作家にはどんなに大きい刺激になることだろう。

奴奈川の展示室ではさらに、マリーナ・リン（マリーナ・マスカレンコ、一九九〇年生）による南極の岸辺を模した模型〔図212〕を設置し、第一回南極ビエンナーレで実現されたアートプロジェクトの数々をミニチュアで再現した。別室ではアリョーナ・イワノワ＝ヨハンソンの映画『古典元素の探求者たち』〔図213〕が上映され、大地の芸術祭オープニングの翌日には、南極ビエンナーレに参加した哲学者アレクサンドル・セカツキーらも招いてシンポジウムが開催された。シンポジウム終了後には、五十嵐靖晃が南極と新潟に寄せて雪の結晶をかたどって作った新しい凧を、皆で小学校の校庭で上げるパフォーマンスをした。南極と妻有を結ぶ雪の結晶の凧は、夕暮れの室野の空に高く上がっていった。

[図212] アレクサンドル・ポノマリョフ＋南極ビエンナーレチーム Fram2 2018 大地の芸術祭 Courtesy of the artists

[図213] アリョーナ・イワノワ＝ヨハンソン 古典元素の探求者たち 2018 Courtesy of the artist

[図214] アレクサンドル・ポノマリョフ Questions of Evolution―進化の問題 2021 いちはらアート×ミックス Courtesy of the artist

南極ビエンナーレは、二〇一四年のロシアのクリミア侵攻の三年後に実施された。ドニプロ（現ウクライナ）出身で現在はモスクワで暮らすポノマリョフは、「南極ビエンナーレでは、ウクライナの基地もロシアの基地も訪問する」と語り、私たちは両国の基地の隊員と交流の機会を持った。

だが、二〇二二年、ロシアのウクライナ侵攻が起こった。ポノマリョフは、他の多くのウクライナやロシアの作家たちと同様、戦争勃発直後は、自らの活動や美術が戦争を止められなかったことを悲しみ、「南極ビエンナーレは夢に過ぎなかった」と語った日もあったが、この状況で自分たちができることをし続けようと決意した他の作家たちと同様に、ポノマリョフも制作に戻っていった。

二〇二三年三月、石川一洋氏（ＮＨＫ専門解説委員）のインタビューにおいてポノマリョフは「私の祖父の一人はウクライナ人で（第二次大戦の激戦地）スターリングラードの英雄で、通りの一つに祖父の名前がついている。もう一人の祖父は、ロシア人でやはりスターリングラードの英雄で、戦後亡くなった。私は誰だというのだ」と語り、同年七月、山口晶子氏（共同通信社）の取材に答えて「南極ビエンナーレは開催自体が不可能と言われた試みでした。それが実現できた事実に目を向け、いま一度同じ地球という船でどう共に旅するか、対話するかを学ぶべきです。互いを侮辱し、殺し合うのではなく、揺れ動く世界で愛することや学ぶことを通して答えを見つけたいのです」、「文化は人を結び付け、戦争は人を遠ざける。文化を共に創ること、友情を育むことが大切だと信じています」と語った。

南極ビエンナーレは平和のための文化の船であり、文化を共に創ることで人々は結ばれ、不可能なことを可能にしてきた。戦争勃発以来、作家たちはまるで各自が一艘の船であるかのようにこの荒波の中で仕事を続け、文化の架け橋を再構築していく気の遠くなるような活動に取り組んでいるが、こうした時代にも、そうした人々が出会い、思いを共有する場を様々な形で設けることができるのではないか。ポノマリョフ自身は、今、多国籍の人々の航海である北極ビエンナーレの構想を温めている。

この戦争の時代において、大地の芸術祭の《Fram2》は、探検船「フラム号」の航海者フリチョフ・ナンセンのもう一つの側面を想起させる。ナンセンは、冒険家として活動した後、政治家になり、国際連盟の難民高等弁務官も務めた。ロシア革命を経てソ連が国外在住のロシア人の国籍を剝奪したことを受けて、ナンセンの主導で国際連盟は、ロシア人、そしてそれ以外の様々な国の難民に「ナンセン・パスポート」を発給。セルゲイ・ラフマニノフ（一八七三―一九四三）、イーゴリ・ストラヴィンスキー（一八八二―一九七一）、ウラジーミル・ナボコフ（一八九九―一九七七）、マルク・シャガール（一八八七―一九八五）らもナンセン・パスポートを受給した。当時の状況は、ウクライナ侵攻に反対して多くのロシア人が国を去った現在にもつながっている。戦争、気候変動による旱魃などによって多くの難民が生じ、国を超えた共生の必要性が増している現在、《Fram2》は、その理念を静かに伝え続けている。

大陸からの風

ポノマリョフは、二〇二一年には、いちはらアート×ミックスで、台車、自転車、機関車などの乗り物の進化によって人類の進化を象徴的に表した《Questions of Evolution―進化の問題》[図214]と、房総半島の心臓を表す《永久機関》[図215・216]を制作。戦争が勃発した二ヶ月後、ポノマリョフは《永久機関》について、大地の芸術祭と瀬戸内国際芸術祭のトークイベントで、「これは想像的、精神的な空間における動きを表していますが、それはあらゆる芸術の重要な特徴でもあります。仏教の教えでは、人間の心臓は魂の入れ物だと考えられています。ですから私の作品では二つの心臓が上下に永久に動き続けているのです。私たちの世界の血液であり重要な元素である水をかきわけながら心臓が動き続けています。私たちは今、とても複雑で危険な道

[図215] アレクサンドル・ポノマリョフ
永久機関　2021　いちはらアート×ミックス
Courtesy of the artist

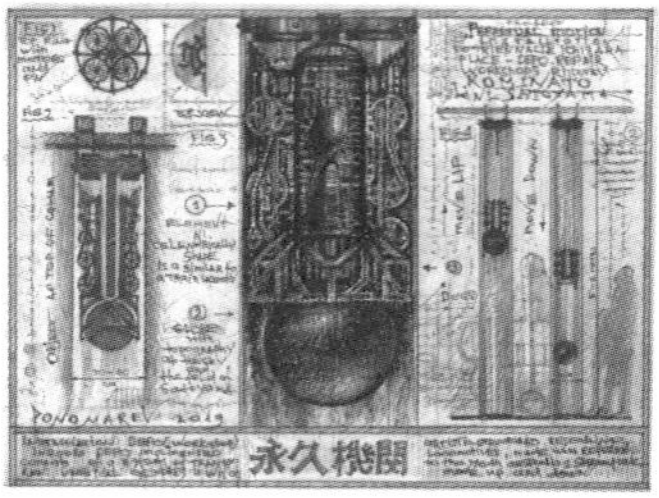

[図216] アレクサンドル・ポノマリョフ
永久機関スケッチ　2019　Courtesy of the artist

を通っています。多くの人々の血が流されています。私は、私たちの多文化的な原理、人間の公共の空間、進化、美術や文化という線路の上の永遠の動きが、ふたたび平和の基盤となることを願っています[126]」と語った。

そして、二〇二三年、奥能登国際芸術祭では、《TENGAI》〔図217・218〕を発表した。《TENGAI》では、海に面した丘の上に、二艘の船のような作品が立っている。それは船であると同時に尺八を吹きながら放浪する虚無僧であり、旅、放浪を二重に意味しているのだとポノマリョフは語る。天蓋は、虚無僧の被り物を意味している。そしてこの作品は、海の向こうから吹いてくる風によって弦が揺れるエオリアンハープでもある。海の向こうにはウラジオストクがあるとポノマリョフは言う。ウクライナ侵攻が続き、ロシアが外部との交流を失い、世界各地で

［図217］アレクサンドル・ポノマリョフ　TENGAI　2023　奥能登国際芸術祭　photo: Kichiro Okamura

［図218］アレクサンドル・ポノマリョフ　TENGAI　2023　奥能登国際芸術祭　photo: Kichiro Okamura

分断が進むこの時代に、ポノマリョフは、国を超えて吹いてくる風によって音を奏でる本作に、交流への願いをかけたのである。

戦争は世界に大きな亀裂をもたらしたが、作家たちは、言葉で表せないものを美術によって語り続けている。ポノマリョフは南極ビエンナーレの航行中、「不可能なことを可能にする」と言い続けてきた。それはロシアの作家のみならず、美術、文学、文化、哲学にかかわる古今東西の人々がそれぞれの方法で取り組んできたことだ。戦争のさなかにおけるポノマリョフの孤独な取り組みも、人間の文明という大きな海に、新しい水を注ぎ続けている。

未来篇——あとがきにかえて

本書のタイトル『生きのびるためのアート』は、ソ連の元非公認作家イリヤ・カバコフとユロ・ソオステルの一九九三年の展覧会タイトル「生きのびるための挿画(Illustration As A Way To Survive)」を源泉としている。エストニア出身のソオステル(一九二四―一九七〇)はすぐれた抽象画家だったが、四九年に「反ソヴィエト的グループ」に属した「国民の敵」として逮捕され、五六年に釈放されるまで収容所で暮らした。名誉回復後はモスクワで暮らし、カバコフと親交を深め、両者とも、社会主義リアリズムを規範とするソ連の文化統制下では発表できない作品をひそかに制作し、公的には共に絵本の挿絵画家として活動することでソ連後期を生きのびようとした。だが、収容所の苛酷な生活で健康を著しく損なっていたソオステルは、四六歳で旅立っていった。

「生きのびるための挿画」は、発表するあてのない作品をひそかに描きためながら、公的には絵本画家として生計を立てていたカバコフらの五〇―七〇年代前後の挿絵を指す言葉だが、カバコフの作品には生涯を通じて、希望のない社会から逃れるために自分の絵の中に飛び込んだ男や、楽観的な絵を見ることで救われようとする登場人物が数多く登場する。一九三三年にドニプロ(旧ソ連、現ウクライナ)でユダヤ人として生まれ、戦争と貧困のうちに幼年時代を過ごし、長い非公認作家時代を生き延び、アメリカに移住した後も疎外感に苦しみ、ウクライナ侵攻に絶望しつつ二〇二三年五月に世を去ったカバコフの生涯は、人生は困難で厳しいものであるからこそ「生きのびるためのアート」が必要だということを伝え続けていた。

＊

二〇二二年二月のロシアのウクライナ侵攻は、戦時下においてアートはなにができるのか、アートを通じて新しい交流の回路をどのように開くことができるのかという問いを作家や私たちに突きつけることになった。本書は、様々な作家たちが、文化統制、国家解体後の混乱期、パンデミック、戦争などの困難の中で、アートで何を表現し、何を求めてきたかという問題についてのささやかな応答である。ロシア現代美術史は、人は絶望的な状況に置かれても、困難があればあるほど普遍に行き着くという芸術の力を体現してきた一つの力強い例である。

ロシアの作家たちが経験してきた問題は、現代日本に生きる私たちにも通じる問題であり、政治や言語が語れないものを語り得る美術作品を見ることによって、私たちは共に感じることができる。アレクサンドル・ポノマリョフは、二〇一九年一二月、石川県珠洲市で行われた「南極会談」で次のように述べていた。

ある国と別の国が交流をする時、芸術家というものはその最先端にいてとても重要な役割を担うことができると思います。芸術家の仕事は違うものを結びつけることであり、それは芸術そのものの目的であるからです。日本の船乗りが偶然ロシアに来て、ロシアを体験するということも、喩えれば、芸術的な体験だったのではないかと思います。日本の画家は花を描いたり自然を描いたりして世界を感じてきましたが、他の場所に行ってそういうことを感じるのも創造的な行為と等しいのだと思います。重要なのは、私たちみんなが同じ船に乗っている感覚で嵐も平穏な日も共に乗り越えていく、その感覚なのです。

本書の後半では、大地の芸術祭や瀬戸内国際芸術祭などにおけるロシアの作家の作品や、南極ビエンナーレについても言及したが、戦争や政治によって世界の分断が進む中で、様々な作家たちがある土地を訪れ、その土地や住民の歴史に思いを馳せ、人々と交流して地域に作品を贈る国際芸術祭は、その地域の創生だけではなく、国際的な相互理解や対話、交流のための重要な場となっている。

本文で触れることができなかったが、建築家で作家のアレクサンドル・コンスタンチーノフが、奥能登国際芸術祭二〇一七に参加した時のことを書き留めておきたい。コンスタンチーノフは二〇一六年の晩秋、現地視察のために石川県珠洲市を訪れ、私も同行したが、彼は珠洲の杉の美しさに感銘を受け、何度も溜息をついていた。また彼は、風の強いこの地域ではバス停に待合室として小屋が建てられていることに関心を抱き、これらの小屋を改造することで、地域の人々が生活の中で長く楽しめる作品を作りたいと考えた。「広場や空き地にただ彫刻を作るのではなく、住民と関わりを持つ作品を作りたい」と述べていた。コンスタンチーノフは冬の珠洲で数ヶ月暮らし、地域の住民と親しく交流し、自分の手で作品を作り、二〇一七年、四つのバス停から成る《珠洲道海五十三次》［口絵8］が完成した。どのバス停にも木が描かれていた。彼は、自分や他の作家がいずれ珠洲で五十三個の芸術作品としてのバス停を作ったなら、地域の新たな喜びと資源になるのではと考えていた。

　下見で珠洲を訪れた時、コンスタンチーノフは宿での夕食後に海辺を散歩しようと言い、浜に出ると、十月末であるにもかかわらず、突然服を脱いで海に泳ぎ出ていった。「肌でこの土地の海や波を感じなくちゃ」と言っていた。「泳ごうと思って黒いパンツをはいてきた」と得意そうだったが、泳ぐつもりなら言ってくれれば宿からタオルを持ってきたのに。私は止めたが、それまでにもロシアの六〇代前後の男性が、作家も学者も、日本に来て浜辺に出ると突然服を脱いで泳ぎ始めることは多々あったので、止めても無駄なことは分かっていた。暗い海を見附島の方向へ泳いでいく彼の姿はどんどん小さくなっていき、このまま戻れないのではないかと心配した。彼はひと泳ぎしてやっと戻ってくると、私の小さいハンカチでその巨体を拭いていたが、三年後の二〇一九年、卒中で六五歳で世を去り、一人で暗い海の向こうへ泳ぎ去ってしまった。苦労の多い人生だったが、つねに明るく振る舞い、周囲の人々に祝祭のような晴れやかな時間を贈ろうと心砕いていた。彼の遺したバス停は長年地域で親しまれてきたが、この作品は、他者に幸福な時間を贈りたい、他者の日常を楽しさで彩りたいというコンスタンチーノフの人生の反映でもある。

　格子状の構造物で既存の建築を包むという手法は、コンスタンチーノフがこれまでの創作においても探求し続けてきたものであり、それが珠洲においては、波の白や夜の海の黒を取り入れた端正な作品になった。他の土地で作った作品よりも線に動きがあり、とりわけ海辺に立つ笹波口バス停の作品の線には、波を思わせるリズムがあった。ある作家が生涯をかけて追求してきた手法や主題が、新しい土地との関係、異文化接触のうちに新たな展開を見せることは、もちろん作家にとっても美術史にとっても重要なことであると同時に、開かれた作品はそれを見る人の心にも働きかけていく。

蛇足だが、何度も固辞したので彼は諦めたと思っていたのに、珠洲川尻のバス停には、一見しただけでは分からない形で、私の名前や顔の線が入っていた。あのバス停にのみ現れている不思議な曲線の背景である。おそらく、世界中に残されたコンスタンチーノフの作品のいくつかは、友人たちとのそうした個人的な思い出を含んでいるのだと思う。彼が世を去った今となっては、それは彼がこの惑星に残そうとした人生の痕跡だと感じる［図219］。

二〇二四年元旦の能登半島地震で珠洲市も大きな被害を受け、多数の方々が亡くなられ、家を失い、コンスタンチーノフの珠洲川尻のバス停も後部の建物の崩壊を受けて一部損壊した。地震の後、珠洲を度々訪れて地元の方々と親しんだアレクサンドル・ポノマリョフからも、奥能登国際芸術祭で珠洲を訪れた多くの知人からも、心配と激励の連絡を頂いた。芸術祭によって培われてきた人と土地の繋がりは、地域の復興にも役立つことを実感した。

＊

ロシアには、一九一七年の革命と内戦による「亡命の第一の波」以来、三度の亡命の波があった。イワン・ブーニン（一八七〇―一九五三）をはじめとする「第一の波」で亡命した文学者たちは、パリやベルリンでコミュニティを作り、活動の基盤を形成していった。ロシア文学には、亡命文学と国内にとどまった作家たちによる文学という二つの流れが生じた。

二〇二二年のウクライナ侵攻後も、多くの文学者や作家がロシアを去り、「亡命の第四の波」となりつつあるが、海外でコミュニティを形成するには至っていない。これまでの亡命の波とは異なり、戦争を始めた国からの移住者ゆえの苦悩があり、侵略が続いている状況では海外での展示の場も限定されている。とりわけ西ヨーロッパのギャラリー等では、反戦を表明したロシア作家たちの展覧会は開催され得るが、ロシアに残した家族を心配する等の理由で反戦を公言することができない作家には状況は厳しい。

そうした中で、二〇二三年一〇月、ドイツのゴスラー・ミェンヒェハウス美術館で、ユーリー・アリベルトとワジム・ザハーロフ（共に一九五九年生）の二人展が開催されたことは、画期的な出来事だった。両者ともカバコフと同様にソ連非公認芸術グループの出身で、すでに長年ドイツに暮らし、戦争への反対を表明しており、ザハーロフは二〇二二年のヴェネツィア・ビエンナーレで、その年は休館となったロシア館の前に戦争反対のプラカードを持って立つパフォーマンスも行なったが、とはいえ、二名のロシア作家の創作の軌跡と美術史上の位置を明らかにする重要な大回顧展が、この時期に西ヨーロッパで企画され実現したことは、美術に対する厳粛な尊敬だった。

一方、ロシア国内では検閲がいっそう強まり、戦争はもとより同性愛、宗教などを主題にした作品の展示も困難になっている。一九五〇—八〇年代のソ連では、カバコフなどの非公認芸術家は発表できない作品をひそかに描き続け、彼らの作品は、検閲が緩んだ後に、あるいは彼らが海外に出国した後に日の目を見たが、現在のロシアでも世に出すことのできない数多の作品が作家の自宅やアトリエで描き続けられているだろう。だが、戦争が終わる前に、作品を戸棚にしまったまま無念の死を迎える作家も数多くいるはずだ。歴史を振り返れば、ソ連時代の文化統制下において、ソ連の芸術家の作品を購入し、ひそかに国外に持ち出し、展示や紹介、出版を行った支援者たちは、しばしば外国人だった。現代においては、孤立する作家たちとつながる方法はより多様であり得る。また、今後、それが可能になった際には、戦争中に非公式に描かれた作品の調査も必要となるだろう。

　この状況において孤立しがちな作家たちをつなぐ試みは、ロシア国内でも行われている。作家ジアナ・マチューリナは、二〇二三年六月、高等経済学院デザインスクールの教え子等にできるだけ自由な展示の場を与えようと、モスクワ中心部の裏通りにギャラリー・コルネイをオープンした。マチューリナたちが教鞭をとる高等経済学院デザインスクールでは、現在も外部には喧伝しないものの自由な教育が保たれており、在学生の作品にも興味深いものが多数見られる。二〇二三年七、八月にモスクワ現代美術館とHSEギャラリーで開催された高等経済学院の学生のグループ展である「ビッグ・データ」展では、ソフィヤ・アレクセーエワの《活動的な市民》（《壊すか、残すか》）［図220］が目を引いた。ボール紙で作った二〇余りの家屋の横に、金槌が置かれている。作家はこう書いている――「提案されたゲームに積極的に参加するか、あるいは何もしないかは、その人の選択に委ねられています。観客は自分自身で決めるのです。キッチンハンマーを使ってインスタレーションを破壊するか、あるいは家屋をそのままの姿で保存するのか」。そこに置かれたのは、まるで実際に中で人々が生きているような気配が漂う情感溢れる家屋だったが、展示初日の夜までに、死角にあった一つの家屋を除いて、すべての家屋は破壊されていた。夜になって二人の見知らぬ少年が、廃墟を復元しようと懸命に試みて、やっと二つの家屋を再建したという。この《壊すか、残すか》は、ウクライナの戦況、破壊への衝動、それに相対する平和や他者の生の尊重への願いなどをイメージさせるその構想力が斬新であると同様に、オブジェ自体も息をのむほど美しかった。本展でアレクセーエワは検閲を受け、作品のタイトル《活動的な市民》を《壊すか、残すか》に変更せざるを得なかった。だが、絶望的な状況においても、未来の作家が躍動を始めている。

ジアナ・マチューリナ自身も、二〇二三年一〇月、モスクワのギャラリー・イラギで、「死の舞踏（ダンス・マカーブル）」展［図221］を開催した。二〇一四年にローマで展示したプロジェクトの再展示で、アンディ・ウォーホルが六〇年代初頭に発表した《ダンス・ダイアグラム》のパロディである。ウォーホルの作品では、踊る人物の足跡が一人分、床に描かれていたが、マチューリナの《死の舞踏》では、二人分の足跡が描かれる。一つが人間の、もう一つが骸骨の足跡である。作品の視覚的な印象は軽やかなものだが、この一件ユーモラスな作品を現在のモスクワで展示することによって、マチューリナは、死の舞踏が現在ウクライナで続いていることに注意を喚起しようとする。

マチューリナと同じく高等経済学院デザインスクールで教壇に立つ写真家イーゴリ・ムーヒン

は、侵攻開始以降のモスクワを被写体とし、ロシアの保守化を表す風景を切り取り、その様子を提示してみせる［図222］。

＊

最後に、私的な思い出について二点だけ述べると、私がロシア文化を学ぼうと思った理由の一つは、一九八八年、高校生の夏、ごく短期間イギリスに行った帰りにソ連の上空を通った時の夜間飛行の体験だった。広大な国土で眼下は一面闇に包まれていたが、ふと点々と光が表れ出したかと思うと、あっというまに光の小さな海が出現して、そこに都市があるということが分かった。だが、辺りは再び一面暗闇に包まれてしまう。当時は、隣国でありながらソ連に今どんな文化があるのか、人々がそこで何を思い、どんなふうに生きているのか、どんな作品が作られているのか、リアルタイムでほとんど情報が入ってこなかった。暗闇のなかに閉じ込められた光は、そこになにか素晴らしいものがあるのに、それが闇（経済格差や政治や距離）に阻まれて外に伝わらない状況の象徴であるように思われ、自分がそこに行って美術や詩や文学作品を見つけて、それを外に出したいと思った。黒い空間の中の一つひとつの光は、広大な宇宙にひととき生まれ、光を放つ人間の象徴のようでもあった。サン＝テグジュペリの『人間の土地』のような飛行だった。それから三五年余が経ったが、私は高校生の時のままいまだ成長せず、同じことを考えているような気がする。

[図 220] ソフィヤ・アレクセーエワ　活動的な市民
2023　Courtesy of the artist

[図 219] アレクサンドル・コンスタンチーノフ　珠洲道海五十三次（珠洲川尻）
2017　奥能登国際芸術祭　Photo : Kichiro Okamura
提供：奥能登国際芸術祭

[図 222] イーゴリ・ムーヒン　モスクワ 2023 年 11 月　2023 Courtesy of the artist

[図 221] ジアナ・マチューリナ　ダンス・マカーブル　2023 photo: Anastasia Sobolva Courtesy of the artist and Iragui Gallery

別の喩えで言えば、ロシアの文化状況は、土産物のスノードームに似ている。内部には豊かな世界があるのに、それはガラスのケースに閉じ込められて外には出られない。その後、ロシア文学を学び、ゴーゴリやアンドレイ・ベールイといった文学者や、敬愛するロック歌手でグループＤＤＴのヴォーカルであるユーリー・シェフチューク（一九五七年生）が、ロシアを「眠れる森の美女」に喩えていることを知った。私にとってロシアの文化研究は、茨で覆われた「呪われた城」に閉じ込められた宝物を、剣で茨を切り払って見つけ出す冒険や闘いにも似ていた。

ロシアの美術を研究するだけでなく、より広い形で伝えたいと思うようになったもう一つの契機は、一九九九年から二〇〇二年の第二次チェチェン戦争のさなかのモスクワ留学だった。戦争は遠い南部で続いていたが、長引く戦争と首都での連続爆破事件によって一部で排外主義が強まり、ネオナチの活動が隆盛し、差別や危険を体験する日々だったが、それと同時に、日本文化を愛する実に多くの篤実な人々から温かい歓待を受けた。それはひとえに、多数の日本文学をロシア語に翻訳し、日本の文化をロシアに伝えてきた過去や現在のロシアの研究者、翻訳家、学芸員、作家たちの地道な努力の賜物だった（その中には、日本に留学したためにスターリン時代にスパイ容疑をかけられ、四五歳で日本人の妻と共に銃殺刑に処された東洋学者ニコライ・ネフスキーもいた）。政情不安な社会でこそ、文化が人々の精神と命を守り、異文化に心を閉ざさない柔軟な姿勢が人々を結びつけるのだと実感したことは、人文学研究の意義を再確認する機会となった。外国文学・文化研究全般は、翻訳、展覧会、演劇、演奏会などの様々な形で社会に広く還元されることで、異文化への関心を育て、国際理解と平和の礎になる。他国の文化を知ることは、他国の人々の表情を知ることであり、他者の痛みや喜びを想像し、共感し得るようになることだからである。文化発信や文化交流は、命や人間の未来に関わっている。

そうした考えのもとに、また、現代作家に伴走したい、素晴らしい世界を見せてくれることへの恩返しをしたいという気持ちで、ロシア東欧の作家の紹介や展示を行ってきたが、でも気がつくといつも、自分が与えるよりも何千倍、何万倍も大きい感動や貴重な体験を相手に贈られている。私自身、アートによって生きのびてきた人生だったと思う。美術は、作品を通じて、作家たちが世界を見るまなざしで私たちが世界を見ることを可能にする。美術によって他者の経験を共にすることは、人生に風穴を開け、日常に新しい地平と救いをもたらす。

＊

この小書の出版にあたって、日本でもロシアでも、多くの方に助けられ、薫陶を受けました。すべての方のお名前を挙げる紙幅がないのが残念ですが、二人の師に格別の感謝の念を記したいと思います。

東京大学大学院スラヴ語スラヴ文学研究室で私がロシア美術研究にたずさわる道筋を作ってくださった沼野充義先生は、ご助言と先生ご自身のご研究により、不肖の弟子をたえず導いてくださいました。文学、美術、映画など多岐のジャンルにわたってロシア東欧文化の研究に取り組まれ、越境的な知のあり方、文化研究の多彩なアプローチ、人文研究の可能性を示された沼野先生のご活動は、つねに大きな指針であり憧れです。また、同時代の作家と交流することの重要性も身を以て教えてくださいました。

そして、戦争が始まった後も「国によって作家を選ばない」と語り、ロシア作家にもウクライナ作家にも展示の機会を与え続けてくださった美術ディレクターの北川フラム氏にもたえず励まされました。ポノマリョフは、北川氏は「世界中の作家の友」だと述べていますが、地域創生と国際理解の場としての地方での芸術祭という新しいシステムを北川氏が築き上げたことは、現代の作家や人々にとってだけでなく、未来の世界の子供たちへの贈り物でもあると思います。不可能を可能にしてきた「フラム号」の航海に力づけられてきました。

また、筆者も翻訳に参加する機会を頂いた沼野充義編著『イリヤ・カバコフの芸術』が一九九九年に出版されて以来、筆者をいつもあたたかく励まし、最初の単著を出そうと声をかけてくださってから長い歳月が流れたにもかかわらず、それが実現するまで待ち続け、原稿や研究に対して的確な助言を与えてくださった五柳書院の小川康彦氏に深く御礼申し上げます。いつか最初の本を尊敬する編集者である他ならぬ小川さんのもとで書くという夢は、人生の支えとなりました。私の迷いゆえに、本のテーマも、ロシア象徴主義文学、現代ロシア文化（美術、詩、映画）など何度か変わりましたが、それらの原稿に対して小川さんが寄せてくださった貴重なご助言も胸に、勉強していきたいと思います。

二〇二四年十月十日

鴻野わか菜

関連年表

西暦	ロシア文化の動向（美術の項目は太字）	歴史上の出来事
1914		第一次世界大戦勃発
1915	**カジミール・マレーヴィチがスプレマティズムを体現した《黒い正方形》を制作**	
1917	亡命の第一の波が起こり、文化人も多数亡命	二月革命／臨時政府成立／十月革命でレーニンを指導者とするボリシェヴィキ政権が成立
1919	**ウラジーミル・タトリンが《第三インターナショナル記念塔》制作**	
1920	**未来派の作家ダヴィト・ブルリューク来日（22年まで滞在）**	
1922		スターリンがソ連共産党書記長に就任／ソヴィエト社会主義共和国連邦成立
1923	詩人ウラジーミル・マヤコフスキーらが芸術左翼戦線（レフ）結成	
1924		レーニン死去
1925	セルゲイ・エイゼンシュテインが映画『戦艦ポチョムキン』を制作し、モンタージュ理論を確立	
1932	**社会主義リアリズムが提唱される**	
1933	イワン・ブーニン、ノーベル文学賞受賞	ドイツでヒトラーが政権掌握
1936	ドミトリー・ショスタコーヴィチの歌劇『ムツェ	

1937	ンスク郡のマクベス夫人』が、ソ連共産党中央委員会機関紙で批判される **パリ万博のソ連パビリオンの頂上にヴェーラ・ムーヒナが《労働者とコルホーズ女性》を設置**	スターリンによる大粛清激化
1939		第二次世界大戦勃発
1945		第二次世界大戦終結
1953	**スターリン関連展示を行っていたプーシキン美術館が常設展を一新**	スターリン死去／フルシチョフが書記長就任
1956	「雪解け」が広がり、検閲が一時的に弱まる	第20回党大会でフルシチョフがスターリン批判
1957	ソ連で発禁となったボリス・パステルナークの『ドクトル・ジバゴ』がイタリアで刊行	
1962	アレクサンドル・ソルジェニーツィンが『イワン・デニーソヴィチの一日』を発表。シベリアの強制収容所の実態が初めて取り上げられ、反響を呼ぶ／「雪解け」の反動が起こる。**フルシチョフがロシア現代抽象絵画展を見て「ロバの尻尾」で描いた絵だと酷評する事件を機に、美術の検閲も強化される**	
1964	詩人ヨシフ・ブロツキーが「徒食者」の罪で流刑となる	ブレジネフが書記長に就任
1970	ソルジェニーツィン、ノーベル文学賞受賞	
1974	**ブルトーザー展覧会（モスクワ郊外で非公認芸術**	

	家達の展覧会が、当局が投入したブルドーザーで破壊される	
1976	アンドレイ・モナスティルスキーらが郊外の森でパフォーマンスを行う〈集団行為〉を開始	
1977	オスカル・ラビンが海外移住を命じられ、フランス到着後にソ連市民権を剝奪される	
1979	アンドレイ・タルコフスキー、『ストーカー』を制作	ソ連、アフガニスタンに侵攻
1982	ニキータ・アレクセーエフが、アパートを非公認画家の展示会場とする〈AptArt〉を開始	
1985	イリヤ・カバコフ、最初の空間総合芸術《一〇の人物》をニューヨークで発表	ゴルバチョフが書記長に就任、ペレストロイカが始まる
1986	ゲオルギー・ダネリヤ監督が、ソ連社会を揶揄する映画『不思議惑星キン・ザ・ザ』を発表	チェルノブイリ原発事故
1987	ブロツキー、ノーベル文学賞受賞	
1988	モスクワで初めてサザビーズ・オークションが開催される	
1989		天安門事件／東欧革命／ベルリンの壁崩壊
1990	モスクワでマラート・ゲリマン・ギャラリー開館	東西ドイツ統一／ゴルバチョフ、ノーベル平和賞受賞
1991		エリツィンが大統領となる／ソ連崩壊

１９９４	国立現代芸術センターが活動開始／オレク・クリークが犬人間のパフォーマンスを始める	第一次チェチェン戦争勃発
１９９５	ウラジオストクで現代美術の拠点ギャラリー・アールカ開館	
１９９６	第１回国際モスクワ写真ビエンナーレ開催	
１９９８	第１回ウラジオストク・ビエンナーレ開催	
１９９９		第二次チェチェン戦争勃発／プーチンが大統領代行に就任
２０００	イリヤ・カバコフ、第１回大地の芸術祭に参加	プーチンが大統領に就任（２００８年まで）
２００１		アメリカ同時多発テロ
２００５	第１回モスクワ国際現代美術ビエンナーレ開催／２００３年に「宗教に要注意！」展を開催したサハロフ博物館館長らが。神の尊厳を傷つけたとして有罪となる	
２００６	カルーガ州にヨーロッパ最大の芸術公園ニコラ・レニヴェッツが創設される	政権批判のジャーナリスト、ポリトコフスカヤが殺害される
２００８	モスクワでガレージ現代美術館が開館	世界金融危機
２００９	エルミタージュ美術館に現代美術部門が創設される	
２０１０	エカテリンブルクで第１回ウラル現代美術工業ビエンナーレ開催／２００７年に「禁じられた美術２００６」展を開催した学芸員らが、「嫌悪と宗	

	教的反目をかきたてた罪」で有罪となる	
2012	プッシー・ライオットが救世主大聖堂でプーチンを批判するパフォーマンスを行い、メンバー2名に「宗教的憎悪によって秩序を乱した罪」で禁固2年の実刑判決	プーチン、大統領に再選（2024年まで）／プーチンの大統領就任に抗議してロシア全土で民主化運動が広がるが弾圧される
2013	ウラジオストクで現代美術センター・ザリャーが、多文化の交流拠点としての都市の創造を目的に創設される	同性愛宣伝禁止法成立
2014		ロシアによるクリミア侵攻
2017	アレクサンドル・ポノマリョフが南極ビエンナーレを実施	
2020		新型コロナウイルスの流行
2022	ウクライナ侵攻に抗議してガレージ現代美術館が展覧会活動を停止／多くの作家が国外に移住	ウクライナ全面侵攻開始／ロシア軍に関する「虚偽情報」を広める行為に対して最大15年の禁固刑を科す法案成立
2023	カバコフ死去	
2024		プーチン、大統領に再選（2030年まで）

（著者作成）

註

（1）Oleg Kulik, *Art Animal*,（Birmingham: Ikon Gallery Ltd., 2001）, p.1.

（2）Дмитрий Бавильский, *Скитомизация. Диалоги с Олегом Куликом.* M.: Ad Marginem, 2004. C.52.

（3）Mila Bredikhina, The Same. Enter Skotinin, Man on All Fours // Oleg Kulik. *Art Animal*, p.9.

（4）Mikhail Ryklin, Perigree Pal. Road to the Bulldog: An Abstract // Oleg Kulik. *Art Animal*, p.68.

（5）Екатерина Деготь, *Русское искусство XX века.* M.: Трилистник, 2002. C.203-204.

（6）Ольга Сергиенко, Отличная тетка // *Большой город.* 8 сентября 2004.

（7）一九九一年の「ソビエト現代美術展」（世田谷美術館）以後、現代ロシア美術をこれほどの規模で一堂に会したのは日本ではこれが初の試みであり、本邦のロシア文化受容史において重要な展覧会だった。

（8）Акт субверсивной афирмации: Художник Марина Перчихина об акции «Ебись за наследника Медвежонка!» // plucer. http://plucer.livejournal.com/60121.html#cutid1（二〇一三年一一月一一日確認）

（9）アレクセイ・プリュツェル＝サルノへのオンライン・インタビュー（二〇一三年一一月二七日）

（10）マリヤ・アリョーヒナ『プッシー・ライオットの革命』上田洋子訳　DU BOOKS 二〇一八年、二九二頁。

（11）Pussy Riot: Искусство или политика? // Look at me. http://www.lookatme.ru/mag/archive/experience-interview/159845-hlystom-i-pryanikom（二〇一三年一一月一一日確認）

（12）Там же.

（13）楯岡求美「拡張する身体感覚――ロシア・アヴァンギャルドと身体――」『旧ソ連・東欧諸国の二〇世紀文化を考える』スラブ研究センター研究報告シリーズNo.64　北海道大学スラブ研究センター、一九九八年、七三頁。
（14）以下の文献を参照。Андрей Монастырский, Предисловие. Том первый // А. Монастырский, Н. Панитков, Н. Алексеев, И. Макаревич, Е. Елагина, Г.Кизевальтер, С.Ромашко, С. Хэнсген. *Поездка за город*. М.: Ad Marginem, 1998. С. 19-24.
（15）モナスティルスキーへの筆者のインタビュー（二〇一三年九月二〇日、モスクワ）
（16）«Думаете, западная публика любит современное искусство? Ни фига подобного!» Борис Гройс о Pussy Riot, фундаменталистах и победе видео // gorod.afisha.ru http://gorod.afisha.ru/archive/boris-grojs-o-pussy-riot-fundamentalistah-i-zasil-e-videorolikov/（二〇一三年一一月二一日確認）
（17）ドミトリー・プリゴフについては、以下の文献を参照。鴻野わか菜「現代ロシア詩人の肖像――ドミトリー・プリゴフ」『千葉大学比較文化研究』vol.1. 一五〇―一五五頁。
（18）Joseph Backstein, Body Art in Russia // *Body and the East: From the 1960s to the Present*, (Cambridge: MIT Press, 1999), p.145-146.
（19）ミハイール・バフチン『フランソワ・ラブレーの作品と中世・ルネッサンスの民衆文化』川端香男里訳　せりか書房、一九八〇年、三〇〇頁。
（20）前掲書、二四頁。
（21）前掲書、二七六頁。
（22）以下の文献を参照。Тамара Галеева, Альтернативные художественные практики позднего социализма и эпохи перестройки в регионах России: случай Свердловска/Екатеринбурга. 鴻野わか

菜編『生存と共生　人文学の現在（2）』千葉大学人文社会科学研究科研究プロジェクト報告書第三一三集、二〇一七年、七—二〇頁。

（23）ユーリヤ・クリムコ　インタビュー「ウラジオストク・ビエンナーレとロシア極東の美術」『Relations』vol.3. https://relations-tokyo.com/2021/03/28/interview-yuliya-klimko/（二〇二三年一二月二一日確認）

（24）同掲書

（25）Андрей Ерофеев, Наталья Левданская, Юлия Лидерман, Арсений Штейнер. Край бунтарей. *Современное искусство Владивостока 1960-2010-е.* М.: Майер, 2016. С.105.

（26）Учителя Дины Магомедовой // Радио свобода. 2 апреля 2017. https://www.svoboda.org/a/28407235.html%20%20(2021（二〇二三年一二月二一日確認）

（27）Масштабная ретроспектива Магомеда Кажлаева открылась в театре поэзии // Дагестан. Республиканская государственная вещательная компания. 2 ноября 2019. https://www.rgvktv.ru/kultura/62508（二〇二一年二月二三日確認）

（28）Интервью Виталия Пацюкова с Магомедом Кажлаевым // *Магомед Кажлаев.* М.: Государственный центр современного искусства, 2012. С.78.

（29）Там же. С.76.

（30）Виталий Пацюков. Магомед Кажлаев: художественная материя визуальных смыслов // *Магомед Кажлаев.* С.5.

（31）Ибрагимхалил Супьянов. *Обрывки времени.* М.: Государственный музей востока, 2018. С.8.

（32）Там же. С.21.

（33）Там же. С.22.

（34）Интервью Виталия Пацюкова с Магомедом Кажлаевым // *Магомед Кажлаев.* С.77.

（35）Layton S. *Russian Literature and Empire: Conquest of the Caucasus from Pushkin to Tolstoy*. Cambridge: Cambridge UP, 1994.

（36）*Круг. Современных художники Дагестана.* М. Офсет Принт, 2015. С.8.

（37）ロシアの女性文化については、沼野恭子『アヴァンギャルドな女たち』五柳書院、二〇〇三年を参照。

（38）エカテリーナ・ムロムツェワ「孤独の代替としてのアート」（英語）『Relations』vol.2 https://relations-tokyo.com/2021/02/24/art-instead-of-loneliness/（二〇二三年一二月二一日確認）

（39）未来派に捧げたチシコフの作品としては、角砂糖を積み重ねてマレーヴィチの「アルヒテクトン」を再現するインスタレーション《永遠のキューブ》（二〇一二）等もある。

（40）「ラドミール——ユートピアのオブジェ」については、以下の文献を参照。Leonid Tishkov. *In Search of the Miraculous, 1980-2010.* M.: Krokin Gallery, 2010. p.378-387.

（41）『かぜをひいたおつきさま』（原題『男の子とおつきさま』）鴻野わか菜訳、徳間書店、二〇一四年。この他に、月のインスタレーションを野外や屋内で撮影した叙情的な写真に、チシコフが詩を寄せた、大人のための写真絵本もある。Леонид Тишков, Борис Бендиков. *Частная луна.* М.: типография Линия График, 2005.

（42）Леонид Тишков. *Как стать гениальным художником не имея ни капли таланта.* Издание второе, дополненное. М.: ОГИ, 2013. С.13.

（43）チシコフの幻想生物については、以下の文献が詳しい。鈴木正美「レオニード・チシコフ」北海道大学スラブ研究センター　現代ロシア文学 REFERENCE GUIDE-ON-LINE http://src-h.slav.hokudai.ac.jp/literature/tishkov.html（二〇二四年一月二日確認）

(44) Леонид Тишков. *Водолазы* 1.2.3. М.: Гаятри, 2005. 拙稿での引用は本書から行った。

(45) Leonid Tishkov. *In Search of the Miraculous, 1980-2010*. p.252.

(46) 鴻野わか菜「レオニート・チシコフの共生のユートピア「僕の月」、幻想的生物、未来派の夢」『千葉大学人文社会科学研究』(28)二〇一四年、二一五頁。

(47) Леонид Тишков. *Как стать гениальным художником не имея ни капли таланта*. Издание второе, дополненное. С.24-25.

(48) チシコフからの書簡(二〇一三年一二月一九日)

(49) Леонид Тишков. *Как стать гениальным художником не имея ни капли таланта*. Издание второе, дополненное. С.9.

(50) Там же. С.10.

(51) Вера Дажина. Я делаю небо // *TANYA BADANINA*. Екатеринбург: TATLIN, 2008. С.10.

(52) 筆者によるインタビュー(二〇一四年一〇月二四日、東京・竹橋)。

(53) Таня Баданина. Глоссорайй. (作家提供資料)

(54) 筆者によるインタビュー(二〇一四年一〇月二四日、東京・竹橋)。

(55) Вера Дажина. Я делаю небо. С.10.

(56) Там же. С.11.

(57) Сергей Попов. Государственный культурный центр-музей В.С. Высоцкого, Галерея «Сэм Брук» представляют выставку ТАНИ БАДАНИНОЙ «КРЫЛЬЯ». 5–22 ноября 2003г. (作家提供資料)

(58) *TANYA BADANINA*. С.52.

(59) 筆者によるインタビュー(二〇〇一年、モスクワ、ポレジャエフスカヤの作家アトリエ)

(60) Таня Баданина. Глоссарий.

(61) *TANYA BADANINA*. C.58.

(62) 鏡もバダニナにとっては、「白」のバリエーションの一つであるという。筆者によるインタビュー（二〇一四年一〇月一九日、新潟県十日町市、旧奴奈川小学校）

(63) Пелагея Тюренкова. Михаил Моисеев. Татьяна Баданина и Белые одежды // Интернет-издание «Татьянин день». http://www.taday.ru/text/1382408.html（二〇二四年一月三〇日確認）

(64) *TANYA BADANINA*. C.192.

(65) 《三人姉妹》は、*Chekhov in Vogue* 展（ポリーナ・ロバチェフスカヤ・ギャラリー、モスクワ、二〇〇八年）に出展された。

(66) Таня Баданина. Глоссарий.

(67) 鴻野わか菜、北川フラム『夢みる力——未来への飛翔　ロシア現代アートの世界』市原湖畔美術館、二〇二〇年、九五頁。

(68) 《赤い線》は、故郷ニージニー・タギルの古い工場を舞台にバダニナが制作したインスタレーションで、長年使われていなかった溶鉱炉の入口から真っすぐにのびる赤い光の長い円柱を設置した。作家は、光の赤い線は「炎と記憶のメタファーであり、生の象徴」だと書いている。*TANYA BADANINA*. C.93.

(69) ナセトキンとバダニナは、芸術祭やグループ展に参加する際に、しばしば、互いの作品がコンテクストとなり、一つの世界を創りだすような展示を工夫している。バダニナへの筆者によるインタビュー（二〇一四年一〇月一九日、新潟県十日町市、旧奴奈川小学校）

(70) Джон Э. Боулт. Превосхождение.（作家提供資料）

(71) ロシア語では ПИК (Путешествия. Искусство. Коммуникации)。

（72）*TANYA BADANINA.* C.118

（73）ポノマリョフへの筆者のインタビュー（二〇一二年九月二一日、モスクワ）

（74）ナセトキンへの筆者のインタビュー（二〇〇一年四月七日、モスクワ）。なお、曼荼羅的な配置でありながら、キリスト教の三位一体を意識した三部構成になっているのは、東と西の融合を表すためだという。

（75）Владимир Наседкин. Уроки минимализма // *Vladimir Nasedkin.* Ekaterinburg: TATLIN. 2008. C.202.

（76）Там же. C.201.

（77）Владимир Наседкин. Не стоит делить космос и искусство // Татлин News. No.3. 39(46)_2007. C.105.

（78）Владимир Наседкин. Уроки минимализма // *Vladimir Nasedkin.* C.201.

（79）Джон Боулт. Пророк в пустыне // *Vladimir Nasedkin.* C.12.

（80）Владимир Наседкин. Уроки минимализма // *Vladimir Nasedkin.* C.202.

（81）Там же. C.202.

（82）Там же. C.200.

（83）Там же. C.201.

（84）Эдуард Кубенский. Предисловие // *Vladimir Nasedkin.* C.8.

（85）Виталий Пацюков. В пространстве «текста» - между числом и геометрическим образом // *Vladimir Nasedkin.* C.20.

（86）Джон Боулт. Пророк в пустыне // *Vladimir Nasedkin.* C.14.

（87）*Vladimir Nasedkin.* C.109.

（88）Владимир Наседкин. Не стоит делить космос и искусство // *Vladimir Nasedkin.* С.106.

（89）Виталий Пацюков. В пространстве «текста» - между числом и геометрическим образом // *Vladimir Nasedkin.* С.21.

（90）Владимир Наседкин. Уроки минимализма // *Vladimir Nasedkin.* С.203.

（91）Там же. С. 200.

（92）Владимир Наседкин. Мои иллюстрации к поэзии Иосифа Бродского… // *Joseph Brodsky. Venetian Stanzas. Vladimir Nasedkin. Xylography.* Москва, 2011.

（93）Vladimir Nasedkin. Venetian Stanzas. Università Ca' Foscari Venezia.（二〇一一年六月五日―九月五日）

（94）筆者のインタビュー（二〇一四年九月一〇日、モスクワ）

（95）Владимир Наседкин. Уроки минимализма // *Vladimir Nasedkin.* С.201.

（96）*Vladimir Nasedkin.* С.100.

（97）作家提供資料。

（98）筆者のインタビュー（二〇一四年一〇月一九日、新潟県十日町市、旧奴奈川小学校）

（99）Владимир Наседкин. Уроки минимализма // *Vladimir Nasedkin.* С.200. ナセトキンの描く大地（たとえば《グーグル・アース・オーストリア》）は、時に迷宮を思わせる。このテクストでも語られるように、それは、一つの大地に多層的な時空を重ねる作家の世界観の表れでもある。

（100）筆者のインタビュー（二〇一二年九月二一日、モスクワ）

（101）ポノマリョフはキュレーターとしての活動も行っている。二〇一一年には、ウラジーミル・ナセトキンの版画《ヴェネツィア詩篇》（ヨシフ・ブロツキー詩集の挿画）の展示のキュレーションを行った。

（102）Джон Боулт. Миф о назначении // Alexandre Ponomarev. *Mémoire de l'eau.* Paris: Sismographes;

Cité des sciences et de l'industrie, 2002. P.17.

(103) イリヤ・カバコフへの筆者のインタビュー（二〇一五年八月、ロングアイランド）

(104) *Александр Пономарев*. Екатеринбург: TATLIN, 2010. C.226.

(105) Жан-Мишель Буур. Выход на поверхность? Но есть ли глубина? // *Александр Пономарев*. C.114.

(106) Там же. C.115.

(107) ポノマリョフは、パリのサルペトリエール病院の礼拝堂におけるプロジェクト《平行の垂直線》（二〇〇七）で、潜水艦で使用される潜望鏡を礼拝堂のドームから上空に出し、礼拝堂内部にいる観客が屋外の景色を見ることのできる装置を作った。宗教的空間を潜水艦に見立てたこのプロジェクトも、潜水艦から軍事的な意味を剝奪するという性格を持っている。

(108) *Александр Пономарев*. C.118.

(109) Джон Боулт. Корабли времени // *Александр Пономарев*. C.11.

(110) *Ponomarev's Pocketbook*. Padova: Papergraf S.r.L., 2013. P.5.

(111) ポノマリョフは八〇年代に全ソ海上交通研究所で、コンピューターを用いて船の軌跡を地図上でビジュアル化する研究に携わった。その経験は、船は海上に線を描く（絵を描く）という感覚に結実し、後の創作活動にも影響を与えたのではないか。

(112) Джон Боулт. Корабли времени // *Александр Пономарев*. C.13.

(113) Там же. C.10.

(114) Там же. C.220.

(115) 本作では、空、海上、海中（潜水）という三つの異なる空間を同時に眺める人間の姿が提示されている。ポノマリョフは海に潜ることを「違う空間を航海する」と述べている。Анна Лангре. Вступление //

Александр Пономарев. C.8.

（116）アレクサンドル・ポノマリョフへの筆者のインタビュー（二〇一二年九月二一日、モスクワ）

（117）美術評論家アンナ・レングルは、ポノマリョフの創作全体を評して「彼は、全世界を抱擁したい、世界の大洋全体を拓きたいと願っている」と書いている。Анна Лангре. Вступление // *Александр Пономарев.* C.8.

（118）作家提供資料。

（119）Всеволод Некрасов. Пономарев – это Пономарев //*Александр Пономарев.* C.45.

（120）作家提供資料（二〇一五年一一月二六日）。

（121）ポノマリョフが実際に読んだテクストの内容を提示するため、ここでは、ポノマリョフが親しんだヴェーラ・マルコワによる芭蕉の翻訳からの再和訳を掲載している。

（122）アンナ・レングルは、ポノマリョフの作品について「アヴァンギャルド的な方法論、そこはかとない冒険性にもかかわらず、アレクサンドル・ポノマリョフの作品は、古典主義的画法で創作する作家よりも、世界美術の古典に近い」と述べているが、その傾向はドローイングの細部にも顕著に認められる。Анна Лангре. Вступление //*Александр Пономарев.* C.8.

（123）なお、《水の下の空》の船底の都市における「反転」のイメージは、マラケシュ・ビエンナーレに出展したインスタレーション《非重力》（二〇一一）等とも共通しているが、より広い文脈で見れば、ポノマリョフが一貫して取り組んでいる「視点」という主題と関わっている。

（124）Antarctic Pavilion. *Antarctopia.* Padova: PAPERGRAF.IT.S.R.L. 2014. P.22.

（125）ヴァルドセラは、録音による参加であり乗船はしていない。

（126）鴻野わか菜「ウクライナ侵攻とロシアの現在」『チェマダン』特別号、二〇二二年、九六頁。

初出一覧　本書執筆にあたり、これらの文章を用いたが、大幅な加筆を行った。

一　歴史篇——現代ロシア美術小史

Ⅰ　新生ロシア芸術

・「明日、ロシアで（四）大好きな画廊—モスクワ・現代美術のある場所」『窓』（127）二〇〇三年。
・「海外のアートシーンから モスクワ」『美術手帖』二〇〇三年一二月号。
・「展覧会 渦巻くモスクワ　アート・裁判・ビエンナーレ 第一回国際モスクワ現代美術ビエンナーレ」『美術手帖』二〇〇五年五月号。
・「明日、ロシアで（八）テロルとアート」『窓』（131）二〇〇五年。
・「現代ロシアンアートの五〇年　アーティスト五〇人特集」『AVANTGARDE』vol.4. 二〇〇八年。
・「モスクワ国際現代美術ビエンナーレ 新たな生態系を示す〈Clouds Forests〉」『美術手帖』二〇一七年一一月号。
・「ロシア—特集 ART COLLECTIVE：アート・コレクティブが時代を拓く　世界のコレクティブレポート」『美術手帖』二〇一八年四月号。

Ⅱ　〈ヴォイナ〉＆〈プッシー・ライオット〉のアクション——身体と社会

・「ロシアのパフォーマンス・アート「ヴァイナー」「プッシー・ライオット——身体と社会」『社会システム〈芸術〉とその変容』（平成二三—二五年度科学研究費補助金基盤研究　研究成果報告書）二〇一四年。

Ⅲ　地域とアート——土地の歴史・民族・地域創生

・「連続する過去と現在 ロシアで現代美術展〈マニフェスタ10〉」『読売新聞』二〇一四年一〇月九日朝刊。

・「ワールドニュース　アートシーン　エカテリンブルク 革新と団結を求める自由な都市が生み出すアート」『美術手帖』二〇一八年一〇月号。

・「アートと環境——コーカサス・ロシア・南極・日本（前編）」『Relations』vol.2. 二〇二一年。

・「ニコライ・ポリスキーに聞くウィズコロナ時代の芸術祭の役割」『美術手帖』二〇二一年一二月号。

・「タウス・マハチェワ」『美術手帖』二〇二四年四月号。

二　主題篇——アートと社会

Ⅰ　下着とパレード——現代ロシア美術におけるノスタルジー

・「現代ロシア文化におけるノスタルジー 下着とパレード」『早稲田文学』26(5) 二〇〇一年。

・「海外のアートシーンからモスクワ」『美術手帖』二〇〇六年二月号。

・「海外のアートシーンからモスクワ」『美術手帖』二〇〇七年二月号。

Ⅱ　触れる、ということ　あるいは映像と建築の「蜜月」

・「ふれる、ということ　あるいは映像と建築の「蜜月」」『早稲田文学』27(2) 二〇〇二年。

Ⅲ　聖母の昇天——ジェンダーとセクシュアリティ

・「ロシアの梟はヴィーナスの夢をみるか　ロシア美術とフェミニズム」『窓』(120) 二〇〇二年。
・「ロシア現代美術におけるフェミニズムとLGBT」『美術手帖』二〇一七年一一月号。

Ⅳ　パンデミックとアート――隔離期の芸術と未来の風景

・「パンデミックとロシア現代アート 外出自粛期の芸術と未来の風景」『美術手帖』二〇二〇年八月号。

Ⅴ　ウクライナ侵攻――戦争と美術

・「戦争と美術　ウクライナとロシアのアーティストの状況」『世界』No.967 二〇二三年。
・「ウクライナ侵攻後、ロシアのアーティストの現在。反戦と芸術について作家が語ることとは」『Tokyo Art Beat』二〇二二年。
・「アート・廃墟・再生　ウクライナとロシアの美術界の現在」『現代思想』50(6) 二〇二二年。

Ⅵ　ロシア美術と宇宙――夢みる力

・「ロシア美術における宇宙――宇宙主義・不死・ユートピア」『美術手帖』二〇一九年一〇月号。
・鴻野わか菜、北川フラム『夢みる力――未来への飛翔　ロシア現代アートの世界』市原湖畔美術館、二〇二〇年。

三　作家篇――アートと人間

Ⅰ　共生の夢――レオニート・チシコフ

・「レオニート・チシコフの共生のユートピア「僕の月」、幻想的生物、未来派の夢」『千葉大学人文社会科学研究』(28)二〇一四年。
・鴻野わか菜、レオニート・チシコフ「共生の夢——レオニート・チシコフの宇宙」『Relations』vol.10. 二〇二二年。

Ⅱ　空への階段——ターニャ・バダニナ

・「空への階段　ターニャ・バダニナの芸術」『千葉大学人文社会科学研究』(30)二〇一五年。

Ⅲ　大地の作家——ウラジーミル・ナセトキン

・「大地の作家　ウラジーミル・ナセトキン」『千葉大学大学院人文社会科学研究科研究プロジェクト報告書』(289)二〇一五年。

Ⅳ　海と空の間で——アレクサンドル・ポノマリョフ

・「海と空の間で　アレクサンドル・ポノマリョフ」『千葉大学大学院人文社会科学研究科研究プロジェクト報告書』(299)二〇一六年。
・「舞台は南極。「第一回南極ビエンナーレ」で問い直す人類と芸術の関わり『ウェブ版美術手帖』二〇一七年。
・「南極ビエンナーレの旅」『ゲンロンβ』(31)二〇一八年。
・「ウクライナ侵攻とロシアの現在」『チェマダン』特別号、二〇二二年。
・「南極ビエンナーレの未来」『P2P』第0号、二〇二四年。

ワ行

ヤ行

ラ行

マ行

ナ行

ハ行

タ行

サ行

カ行

人名索引

ア行

鴻野わか菜
1973年神奈川県生まれ。東京外国語大学卒業後、東京大学大学院、ロシア人文大学大学院修了。PhD。千葉大学准教授を経て、早稲田大学教育・総合科学学術院教授。共編著に『夢見る力——未来への飛翔　ロシア現代アートの世界』(市原湖畔美術館)、『カバコフの夢』(現代企画室)、『現代ロシア文学入門』(東洋書店新社)、『ロシア文化事典』(丸善出版)、共著に『イリヤ・カバコフ『世界図鑑』絵本と原画』(東京新聞)、『幻のロシア絵本 1920-30年代』(淡交社)、『私たちの場所はどこ?』(淡交社)等。訳書にレオニート・チシコフ『かぜをひいたおつきさま』(徳間書店)、マリーナ・モスクヴィナ『ぼくの犬はジャズが好き』(小学館)、イリヤ&エミリア・カバコフ『プロジェクト宮殿』(共訳、国書刊行会)、『極東ロシアのモダニズム 1918-1928 ロシア・アヴァンギャルドと出会った日本』(共訳、東京新聞)など。「カバコフの夢」(大地の芸術祭)等、展覧会の企画や監修にも関わる。

生きのびるためのアート——現代ロシア美術

二〇二四年十一月二六日　初版発行

著者　鴻野わか菜

発行者　小川康彦　発行所　五柳書院　〒一〇一-〇〇六四東京都千代田区神田猿楽町一-五-一　電話〇三-三二九五-三二三六
振替〇〇一二〇-四-八七四七九　https://goryu-books.com　装丁　大石一雄　印刷・製本　誠宏印刷

五柳叢書 114
落丁・乱丁本はお取替えいたします。